半导体产业人才发展指南

半导体产业人才发展指南编委会　编

机械工业出版社
CHINA MACHINE PRESS

本书对我国半导体产业的人才发展状况进行了系统性的梳理，从产业角度出发，围绕产教融合，多维度、多视角地展现了我国半导体产业人才发展面临的机遇与挑战。具体内容包括：第 1 章介绍了全球及我国半导体产业现状及前景和趋势；第 2 章分析和介绍了半导体产业人才状况；第 3 章介绍并简要分析了半导体产业人才政策；第 4 章介绍了半导体产业从业人员能力体系，提出了以 DMP-Based（设计、制造、封测为基础）的半导体产业链相关人才能力体系建设的思路和方法；第 5 章介绍了半导体产业贯通人才培养方案；第 6 章就半导体产业从业人员技能提升培训体系与知识更新工程做了具体且有一定前瞻性的介绍和阐述；第 7 章介绍了半导体产业国际化人才培养及引进的相关内容；第 8 章就半导体产业人才培养与发展进行了思考和展望。

本书适合半导体产业从业者及产业相关教育、人才资源管理者，包括人力资源、产业管理、教育培训等人员阅读，也可作为高校教师和学生，以及想要从事半导体产业的各类人员的参考书。

图书在版编目（CIP）数据

半导体产业人才发展指南 / 半导体产业人才发展指南编委会编． —北京：机械工业出版社，2024.4
ISBN 978-7-111-74786-4

Ⅰ．①半⋯　Ⅱ．①半⋯　Ⅲ．①半导体工业－人才培养－发展战略－中国－指南　Ⅳ．① F426.63-62

中国国家版本馆 CIP 数据核字（2024）第 028906 号

机械工业出版社（北京市百万庄大街22号　邮政编码100037）
策划编辑：任　鑫　　　　　　　　责任编辑：任　鑫　间洪庆
责任校对：高凯月　丁梦卓　闫　焱　　封面设计：马若濛
责任印制：张　博
北京雁林吉兆印刷有限公司印刷
2024年4月第1版第1次印刷
169mm×239mm·19印张·381千字
标准书号：ISBN 978-7-111-74786-4
定价：99.00元

电话服务　　　　　　　　　网络服务
客服电话：010-88361066　　机　工　官　网：www.cmpbook.com
　　　　　010-88379833　　机　工　官　博：weibo.com/cmp1952
　　　　　010-68326294　　金　书　网：www.golden-book.com
封底无防伪标均为盗版　　　机工教育服务网：www.cmpedu.com

编辑委员会

联合参编单位（机构）

（排名不分先后）

甘肃省集成电路应用研究会
深圳市半导体行业协会
江苏省照明学会
大连理工大学集成电路学院
上海交通大学微纳电子学系
西安电子科技大学微电子学院
大连东软信息学院
上海电子信息职业技术学院
北京电子科技职业学院
重庆电子工程职业学院
杭州电子科技大学电子信息学院（集成电路科学与工程学院）
南京工业大学浦江学院计算机与通信工程学院
广东轻工职业技术学院信息技术学院
佛山科学技术学院
佛山职业技术学院
深圳大学
深圳职业技术大学
深圳信息职业技术学院
北方工业大学
厦门大学电子科学与技术学院
重庆邮电大学
上海杉达学院
上海中侨职业技术大学
厦门理工学院光电与通信工程学院
上海电机学院电子信息学院
南方科技大学深港微电子学院
上海海洋大学

北京华大九天科技股份有限公司
龙芯中科技术股份有限公司
成都士兰半导体制造有限公司
上海南麟集成电路有限公司
深圳市联得自动化装备股份有限公司
青岛青软晶尊微电子科技有限公司
爱集微咨询（厦门）有限公司
薪郅互联网科技（上海）有限公司
叩持（西安）电子信息技术有限公司
苏州职德教育科技有限公司
芯前程（大连）科技有限公司
重庆微纳教育科技有限公司
浙之芯（杭州）半导体技术有限公司
重庆两江半导体研究院有限公司
埃熙港（上海）数字科技有限公司

前　言

随着全球科技的不断进步，半导体产业已成为当今信息时代的核心驱动力之一。然而，从 2018 年 5 月，美国对中兴通讯的制裁，2019 年 5 月，美国对华为的制裁，到 2022 年 8 月 9 日，美国《芯片和科学法案》的落地，以及自 2021 年以来，全球范围内的"缺芯"问题已经开始对各行各业产生了深远影响。从汽车制造到电子产品制造，再到家用电器，普遍的涨价使得半导体产业对日常生活的影响变得越来越显著。人们开始意识到，这个产业的繁荣与稳健，直接关系到我们生活的质量。

与此同时，"缺芯少人"成为了热点话题。问题的核心在于，芯片短缺的原因不仅仅是软硬件设施的短缺，更是人才的短缺。这正是编写本书的出发点。

在 2022 年年初，一次偶然的机会，半导体业界同仁找到我们，希望能共同出版一本关于半导体产业人才培养的图书。彼时我们从内心来讲是忐忑的，因为当时虽然正在做与半导体产教融合相关的工作，但仅处于探索和实践阶段，不敢妄谈，所以一直在犹豫。通过一番走访和调研，我们意识到当前已经到了半导体产业人才培养和发展的瓶颈期，亟需对相关内容进行梳理，同时这是一件对产业来说非常有意义和有价值的事情，何不为之，于是就答应了下来。

可是当我们把编委老师召集到一起，并正式开始动笔的时候，大家一同又犯了难。这时我们才发现我国半导体产业虽然发展多年，但关于半导体产业人才的系统性阐述，甚至于产业的组织结构、岗位说明、技能要求及提升更新、职业发展和晋升体系等相关内容和素材少之又少。既无指导用书，又无专著支撑，一时编写工作如同产业发展被封锁、"卡脖子"一样陷入了困局。

所幸广大编委们没有放弃，仍然挤出时间参与编辑会议，通过各种方式贡献着自己的力量和才智，提供了各种线索、素材和思路，正是他们的努力付出，才使得本书的编写得以继续并完成，在此向他们以及关心本书编写及出版的各界领导、同仁一并致以深深的感谢！

"不忘初心，方得始终"，我们希望通过本书，帮助读者更深入地理解半导体产业的发展现状和趋势，以及人才在这个产业发展中的核心作用。同时，我们也希望本书能对推动我国半导体产业的持续、健康、稳定发展提供一些启示和参考。在编写本书时，我们虽然在从产业角度出发，又兼顾教育行业，同时又围绕产教融合，努力从多维视角，形成系统性、基础性的半导体产业人才发展的理论框架总结方面，勇敢地迈出了第一步，但本书无论是深度、还是专业度都是远远不够的，也仅能达到"抛砖引玉"的作用。但是我们希望其能成为我国未来半导体产业人才发展探讨与实践过程中的一点点铺垫和实实在在的"基石"，为更多的从业者提供系统性、全面性的参考，并能够持续迭代，如此甚幸。

在阅读本书的过程中，我们期待您能感受到半导体产业以及产业人才培养和发展的重要性和挑战性，以及我们对于这个产业及产业人才培养和发展的关注和期望。我们更加相信，只有通过全面理解和深入研究，加上务实的探索与实践，才能更好地推动产业的健康、有序发展，从而更好地服务于人类社会。

最后，我们希望您能通过本书获得一些新的启示和思考，同时也期待您在阅读过程中能与我们分享您的观点和见解。让我们共同关注和推动半导体产业及产业人才的培养和发展，为未来的科技繁荣做出更多的贡献。

王迎帅　陆　瑛
2023 年 11 月 8 日

目 录

第1章　半导体产业状况

　　半导体（Semiconductor）是指常温下导电性能介于导体与绝缘体之间的材料，常见的半导体材料包括硅、锗、砷化镓、碳化硅、氮化镓等；集成电路（Integrated Circuit，IC）是指通过一系列特定的加工工艺，将晶体管、二极管等有源器件和电阻器、电容器等无源元件，按照一定的电路互连，"集成"在半导体晶片上，封装在一个外壳内，执行特定功能的电路或系统；芯片（Chip）主要包含集成电路（CPU、GPU、FPGA、ASIC、MCU 等）、光电子芯片、功率半导体芯片等。

　　半导体、集成电路与芯片的关系如图 1-1 所示。

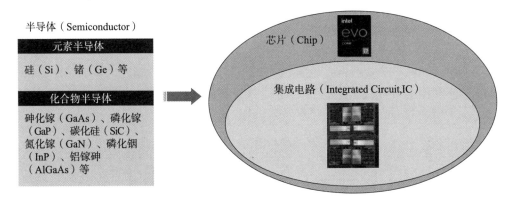

图 1-1　半导体、集成电路与芯片的关系

资料来源：《集成电路产业全书》，电子工业出版社，2018 年 9 月第 1 版，
尚普研究院结合公开资料整理绘制。

　　半导体产品主要分为集成电路、分立器件、光电子器件和传感器四类，其中集成电路在半导体产品中占比超过 80%。半导体产品分类如图 1-2 所示。

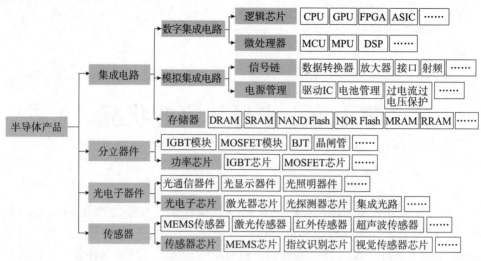

图 1-2　半导体产品分类

资料来源：《集成电路产业全书》，电子工业出版社，2018 年 9 月第 1 版，尚普研究院结合公开资料整理绘制。

1.1　全球半导体产业发展状况

人工智能、汽车电子、物联网、5G 等现代科技行业的发展都离不开半导体产业的支持，因此全球各国政府高度重视半导体产业的发展，全力支持半导体产业。主要国家和地区相继出台了半导体支持政策，以加强自身半导体产业国际竞争力。

主要国家和地区"强芯"政策见表 1-1。

表 1-1　主要国家和地区"强芯"政策盘点

国家和地区	时间	政策	明细（概要）
美国	2022 年 4 月	2022 芯片和科学法案	将为美国半导体行业提供近 520 亿美元（约合人民币 3300 亿元）的拨款和激励措施，用于加强美国国内供应链、先进技术研发和科学研究
日本	2021 年年底	2021 财年预算修正案	提出其中 7740 亿日元（约合人民币 423 亿元）投向半导体产业
	2022 年 2 月	经济安全保障保证推进法案	将寻求授权对半导体、蓄电池、稀土元素和其他重要产品的供应链进行全面审查，以缓解对他国的依赖

（续）

国家和地区	时间	政策	明细（概要）
欧洲	2022 年 2 月	欧洲芯片法案	计划投入超过 430 亿欧元（约合人民币 2987 亿元）公共和私有资金，以提振欧洲芯片产业。欧盟计划到 2030 年全球的芯片生产份额从目前的 10% 增加至 20%
韩国	2021 年 5 月	K 半导体战略	宣布未来十年，将携手三星电子、SK 海力士等 153 家韩国企业，投资 510 万亿韩元（约合人民币 2.9 万亿元），将韩国建设成全球最大的半导体生产基地，引领全球的半导体供应链

1.1.1 全球半导体的市场规模

根据 WSTS（世界半导体贸易统计组织）于 2021 年 8 月发布的最新数据，全球半导体产业规模从 2000 年的 2044 亿美元增长至 2022 年的 6065 亿美元，其中 2010—2022 年复合增长率为 6.09%，增速高于 21 世纪前 10 年水平。但实际上，2022 年全球半导体市场规模为 5735 亿美元，较 2021 年增长 3.2%，行业增速整体有所放缓。在数据中心、新能源汽车、智能驾驶领域的共同驱动下，集成电路、分立器件（IGBT 及大功率 MOSFET）和传感器等将为全球半导体市场贡献主要增长动力。WSTS 在最近即 2023 年 6 月发布的预测称，2023 年全球半导体市场规模将同比减少 10.3%，降至 5150 亿美元。WSTS 2023 年 8 月公布的 2024 年全球半导体市场规模预期数据显示，预计 2024 年半导体市场规模将比 2023 年增加 11.8%，达到 5759 亿美元，并高于 2022 年 5735 亿美元的市场规模。总体来说，虽然全球金融危机等重大事件对半导体产业发展带来一定影响，半导体进入下行周期，但全球经济总量持续增长将带动半导体产业规模不断扩大。

2000—2022 年全球半导体市场规模及全球 GDP 情况（其中 2022 年实际有所变化），如图 1-3 所示。

1. 按区域划分

半导体产业发展区域差异明显，亚太地区成为引领全球半导体产业发展的重要引擎。从全球主要区域半导体产业发展情况来看，自 2002 年以来亚太地区（除日本）已成为全球半导体市场规模最大的区域，并一直保持至今。基于 WSTS 2021 年 8 月发布的预测数据显示，到 2022 年全球半导体市场规模将达到 6065 亿美元，其中亚太地区（除日本）市场规模为 3797 亿美元，在全球半导体市场中占比高达 62.60%，如图 1-4 所示。

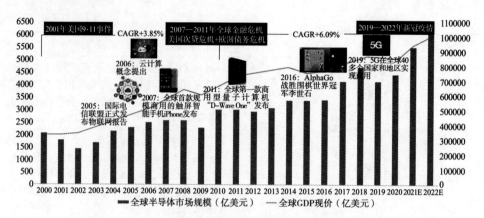

图 1-3 2000—2022 年全球半导体市场规模及全球 GDP 情况

资料来源：WSTS（世界半导体贸易统计组织），World Bank（世界银行），IMF（国际货币基金组织），尚普研究院结合公开资料整理绘制。

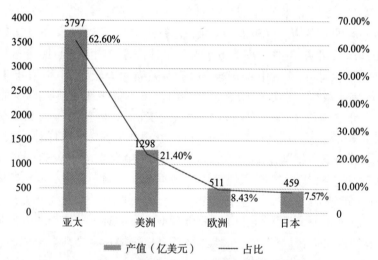

图 1-4 2022 年全球半导体市场规模预测（按区域划分）

资料来源：WSTS（世界半导体贸易统计组织），尚普研究院。

2. 按产品划分

集成电路（IC）作为全球半导体第一大市场，占比多年保持在 80% 以上。半导体产品主要分为集成电路、分立器件、光电子器件及传感器四类，其中集成电路（IC）主要包含逻辑芯片、存储器、微处理器、模拟集成电路。集成电路多年占据全球半导体产品市场首位，具有至关重要的地位。WSTS 预测，到 2022 年全球集成电路市场规模为 5108 亿美元，占比为 84.22%，光电子器件、分立器件、传感器占比分别为 7.42%、5.10% 和 3.26%，如图 1-5 所示。

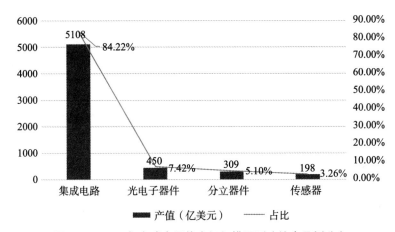

图 1-5　2022 年全球半导体市场规模预测（按产品划分）

资料来源：WSTS（世界半导体贸易统计组织），尚普研究院。

1.1.2　全球半导体的产业结构

全球半导体产业可分为 EDA/IP、芯片设计（逻辑、DAO[⊖]、存储）、半导体制造设备、半导体材料、晶圆制造（前道晶圆制造、后道封装测试）五大细分市场。

1. EDA/IP 细分市场对比

EDA/IP 处于半导体产业链的最前端，虽然其在全球半导体供应链中占比很小，但在价值链上却举足轻重，被称作半导体"皇冠上的明珠"，撬动了几千亿美元的半导体产业。美国在半导体产业"皇冠上的明珠" EDA/IP 细分市场上独占鳌头，市占率高达 72%。中国大陆地区在这一市场上的比重仅为 3%，如图 1-6 所示。

2. 芯片设计细分市场对比

芯片设计是典型的人才和智力密集型产业。芯片设计分为逻辑、DAO和存储。在逻辑和 DAO 细分市场上，美国遥遥领先于其他国家和地区，这两大细分市场市占率分别为 67% 和 37%。在存储方面，韩国占据了主要市场份额，占比高达 58%。而中国大陆地区在存储市场的市占率不到 1%，如图 1-7 所示。

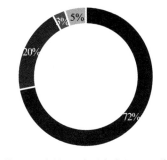

图 1-6　2021 年全球半导体 EDA/IP 制造增加值分布情况

资料来源：BCG、SIA、Capital IQ、Gartner、SEMI、HIS。

　⊖　DAO设计是指分立器件、模拟器件及其他器件的设计。

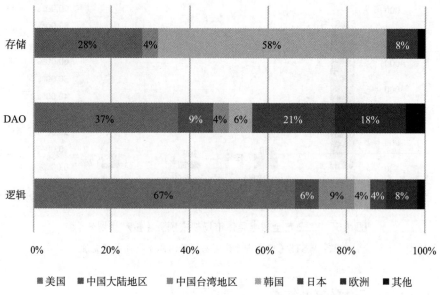

图1-7　2021年全球半导体芯片设计制造增加值分布情况

资料来源：BCG、SIA、Capital IQ、Gartner、SEMI、HIS。

3. 半导体制造设备细分市场对比

半导体制造过程会使用超过50种不同类型的复杂晶圆处理和测试设备。在半导体制造设备细分市场，美国依旧占据了主导地位。2021年美国半导体制造设备制造增加值占据了全球42%的市场份额。日本和欧洲排名第二和第三，市占率分别为27%和21%，如图1-8所示。

4. 半导体材料细分市场对比

半导体材料在晶圆制造中也起着关键性的作用。在半导体材料细分市场，中国台湾地区为全球提供了23%的半导体材料，是全球第一大半导体材料地区；其次是中国大陆地区，市占率为19%，韩国第三，市占率为17%。美国在这一细分市场占比仅为10%，如图1-9所示。

5. 晶圆制造细分市场对比

晶圆制造分为前道晶圆制造和后道封装测试。在前道晶圆制造方面，中国大陆地区占据了主要市场份额，市占率为21%；其次是中国台湾地区、韩国和日本，2021年市占率分别为19%、17%和16%。美国在这一方面占比仅为11%。目前全球封装和测试工厂主要集中在中国大陆地区和中国台湾地区，中国占据了全球晶圆后道封装测试最主要的市场份额。2021年中国大陆地区后道封装市占率为38%，中国台湾地区为19%，合计中国占据了整个全球晶圆后道封装测试的57%，如图1-10、图1-11所示。

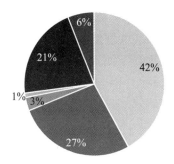

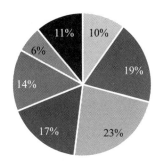

美国　■日本　■韩国　■中国大陆地区　■欧洲　■其他

图 1-8　2021 年全球半导体制造设备制造增加
值分布情况

资料来源：BCG、SIA、Capital IQ、Gartner、
SEMI、HIS。

美国　　　　■中国大陆地区　　　■中国台湾地区
■韩国　　　■日本　　　　　　　■欧洲　　　　　■其他

图 1-9　2021 年全球半导体材料制造增
加值分布情况

资料来源：BCG、SIA、Capital IQ、
Gartner、SEMI、HIS。

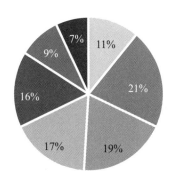

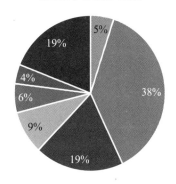

美国　　　　■中国大陆地区　　　■中国台湾地区
■韩国　　　■日本　　　　　　　■欧洲　　　　　■其他

图 1-10　2021 年全球半导体晶圆制造增加值分
布情况（前道晶圆制造）

资料来源：BCG、SIA、Capital IQ、Gartner、
SEMI、HIS。

美国　　　　■中国大陆地区　　　■中国台湾地区
■韩国　　　■日本　　　　　　　■欧洲　　　　　■其他

图 1-11　2021 年全球半导体晶圆制造
增加值分布情况（后道封装测试）

资料来源：BCG、SIA、Capital IQ、
Gartner、SEMI、HIS。

1.1.3　全球半导体的产业发展

1. 技术发展趋势

全球半导体产业发展迅猛，已发展到"后摩尔时代"，不再仅仅是依靠减少
特征尺寸提升集成度和性能，而是考虑其性能 / 功耗的比值标尺。半导体技术发
展势态分为四个方向，即延续摩尔、扩展摩尔、超越摩尔、丰富摩尔。

1）延续摩尔。通过晶体管结构、材料和工艺技术的不断创新，使得关键尺
寸继续按照摩尔定律的节奏成比例缩小。

2）扩展摩尔。采用 SoC 和 SiP 的技术将数字电路、模拟电路、高电压器件、传感器件微机械器件，以及生物芯片与非经典的 CMOS 器件集成在一起。

3）超越摩尔。放弃现有的 CMOS 技术，采用自下而上的自组装方式构成电路的基本单元，例如量子器件、自旋器件、磁通器件和碳纳米管器件等。

4）丰富摩尔。微纳电子技术与其他学科，如数学、物理、化学、生物学等的深度交叉融合，形成新的科学技术领域，潜在地发展出全新形态的信息科学和产业。

2. 产业链发展趋势

1）半导体技术上升到各国从未有过的战略高度。地缘政治因素对半导体供应链影响逐步加剧，导致半导体技术上升到各国从来没有过的战略高度。

2）各国开始将工艺产能视为各行各业的基础设施及未来产业发展的基石。各国政府认为，半导体产能方面不能只依靠市场调节，不能由单一地区或公司主导工艺产能，首先要做好本区域的半导体供应链保障，并力争上游有先进工艺，让各国都形成依赖。

1.2　我国半导体产业发展状况

近年来，随着全球半导体产业的第三次转移，我国半导体产业在设计、制造、封装测试等环节都取得了快速的发展，技术水平迅速提升，形成了相对完整的技术创新体系和较强的产业竞争力。同时在关键产品和核心技术上取得一定的突破，半导体装备和半导体材料具备了部分支撑能力，产业链结构正逐渐趋于合理和平衡，逐步为建立相对自主可控的半导体国产化制造体系奠定了基础。2020年以来，我国已经既是全球最大的半导体市场，也是全球最大的半导体设备市场，但是国产化率依然不高。因而，从自主可控角度看，我国半导体产业发展还面临着诸多挑战。

1.2.1　我国半导体的市场规模

我国是全球最大的信息电子产品制造和消费大国，也是全球最大的半导体消费市场。据中国半导体行业协会（CSIA）统计，2021 年我国集成电路产业销售额为 10458.3 亿元，同比增长 18.2%。其中，设计业销售额为 4519 亿元，同比增长 19.6%；制造业销售额为 3176.3 亿元，同比增长 24.1%；封装测试业销售额 2763 亿元，同比增长 10.1%，如图 1-12 所示。

图 1-12　2017—2021 年我国半导体产业销售额增长情况

资料来源：中国半导体行业协会。

2021 年我国集成电路产品进出口都保持较高增速，根据海关总署统计，2021 年中国进口集成电路 6354.8 亿块，同比增长 16.9%；进口金额 4325.5 亿美元，同比增长 23.6%。2021 年我国集成电路出口 3107 亿块，同比增长 19.6%，出口金额 1537.9 亿美元，同比增长 32%，如图 1-13、图 1-14 所示。

图 1-13　2017—2021 年我国半导体产业进口情况

资料来源：海关总署。

图 1-14　2017—2021 年我国半导体产业出口情况

资料来源：海关总署。

1.2.2　我国半导体的产业结构

我国半导体产业发展较快，产业结构分化态势持续，半导体设计业占比持续增大。据统计数据显示，2020 年我国半导体设计产业规模达到 3778.4 亿元，占整个半导体产业规模的 43%。从全球的半导体产业结构分析来看，世界半导体产业结构比较合理的比例是 3∶4∶3（设计∶制造∶封测），我国的半导体产业结构还有待进一步的完善。在半导体设计和制造环节，我国和世界顶尖水平差距较大，特别是在制造领域最为薄弱，而封测环节则为我国半导体产业三大领域最为强势的环节，现在已经有三家半导体封测公司跻身全球前十大封测公司行列。图 1-15 是我国从 2004 到 2021 年的半导体产业结构组成比例变化趋势图，设计产业持续增大，2021 年，芯片设计销售额在国内半导体产业中已发展至占比最大，达到 43.2%，制造和封测产业占比分别为 30.4% 和 26.4%。

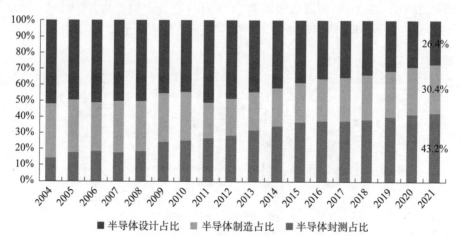

图 1-15　2004—2021 年我国半导体产业结构变化情况

1.2.3　我国半导体的产业发展

近年来，尽管我国半导体产业持续呈现总体平稳增长态势，但仍然难掩大而不强、快而不优等突出问题，产业发展仍然存在诸多隐忧。根据《瓦森纳协定》限制，我国只被允许得到落后全球先进水平两代技术的产品，这极大限制了我国半导体产业的发展速度。目前在我国的半导体制造环节中，主要环节仍然依赖于进口，自给率偏低。

过去十年我国半导体产业快速增长，供应端增速高于销售端推动我国半导体产值占销售比重不断提升。2021 年，我国生产的半导体产品总值约为 312 亿美元，占消费端的比重提升至 16.7%，预计 2026 年我国半导体产值占销售的比重预计将提升至 21.2%；2021 年我国半导体市场总值约为 1865 亿美元，占全球 5105 亿美元的 36.5%。但我国生产的半导体产品仅占我国市场需求的 16.7%，在全球市场的份额仅为 6.1%，如图 1-16 所示。

图 1-16　2010—2026 年我国半导体市场规模与产值变化及预测

资料来源：IC Insights 2022，德邦研究所。

1.3　我国半导体产业链发展状况

从产业链角度划分，半导体产业链可分为上游半导体设备及材料产业、中游半导体制造产业和下游应用产业。其中半导体制造产业包含：芯片设计、晶圆制造以及封装测试，半导体制造出来的半导体产品（集成电路、分立器件、传感器、光电子器件）应用于下游应用行业。图 1-17 说明了典型的半导体产业链构成及主要的半导体产品种类。

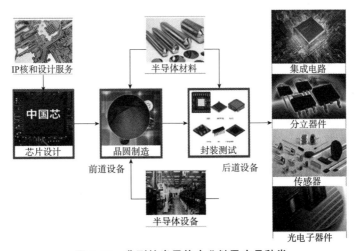

图 1-17　典型的半导体产业链及产品种类

我国的半导体芯片公司也与全球其他半导体公司一样，依据其生产设计及制造能力不同而划分三种产业模式：IDM、Fabless 和 Foundry。

IDM（Integrated Device Manufacturer，集成设备制造商），它是一种集芯片设计、制造、封装、测试和销售等多产业链环节于一体的一条龙产业模式。这种产业模式可以很好地协同设计、制造等环节以实现技术闭环，有助于快速发掘技术潜力，缺点是运作费用较高，通常回报偏低。世界上拥有这种能力的企业并不多，较为典型的代表为英特尔、三星等公司。由于投资大，技术门槛多且高，国内 IDM 公司较少。

Fabless，俗称无晶圆厂，它是一种只从事芯片设计与销售，而不涉及制造、封装和测试等环节的产业模式。这种产业模式运行费用较低，投资规模较小，转型灵活，缺点是无法做到 IDM 的技术协同设计，很难完成严苛的指标，而且由于涉及销售，同时还需承受来自市场的各种风险。我国这种模式企业的典型代表有：海思、韦尔股份、卓胜微、汇顶科技、兆易创新等公司。

Foundry，即常说的芯片制造代工厂，它是一种只负责芯片制造、封装或测试的其中一个环节，不负责芯片设计环节的产业模式。这种产业模式不用承担市场或产品设计缺陷等决策风险，缺点是投资规模大，设备投资费用高，维持产线稳定生产运行的费用较高，而且需要持续投入以提高工艺水平，以保证不被市场淘汰。我国这类企业典型代表有：中芯国际、华虹宏力等。

1.3.1　半导体设计

半导体设计公司也就是常说的 Fabless 公司，我国设计公司主要分布在长三角、珠三角、北京等主要大城市集中地区。根据 2021 年中国半导体协会的数据显示，从销售额情况来看，2021 年半导体设计业销售额预计为 4586.9 亿元，比 2020 年的 3819.4 亿元增长了 20.1%。从销售额和区域角度看，我国长三角为半导体设计产业重点区域，长三角区域半导体设计企业销售额约为 2383.3 亿元，占据近一半的市场份额，珠三角半导体设计企业销售额占市场份额约为 20%。我国部分规模较大的半导体设计公司，见表 1-2。

表 1-2　我国部分规模较大的半导体设计公司

序号	公司	总部所在地
1	海思半导体	广东深圳
2	韦尔股份	上海
3	智芯微电子	北京
4	紫光展锐	上海
5	华大半导体	上海
6	中兴微电子	广东深圳

（续）

序号	公司	总部所在地
7	汇顶科技	广东深圳
8	格科微	广东深圳
9	华润微	江苏无锡
10	士兰微	浙江杭州

1.3.2　半导体制造

根据 SEMI（国际半导体产业协会）统计，自 2017 年以来，我国已建成 39 座半导体晶圆厂。在这些工厂中，35 家为我国独资工厂，其余 4 家为外资独资工厂。我国拥有世界上进行中最多的半导体晶圆厂建设项目，目前有 57 个晶圆厂正在运营，有 26 个晶圆厂正在建设或计划中，其中 12 英寸晶圆厂有 19 个，8 英寸有 7 个。随着产能快速扩充，2016—2021 年我国半导体代工行业产能实现了 113% 的快速增长，在全球产能占比也从 2016 年的 3% 上升到 2021 年的 12%。中芯国际及华虹半导体等半导体晶圆制造公司陪伴中国集成电路产品的发展已经走过了从无到有的阶段，正行进在从有到好和从好到优的大道上。在市场占有率方面，根据 IC Insights 的数据，2021 年，中芯国际在中国区域客户纯晶圆代工市占率约为 19%，华虹半导体约为 8%。

中芯国际作为我国具有代表性的晶圆代工企业之一，拥有最完整的工艺平台及最先进的技术节点。经过多年研发积累，该公司不仅在逻辑芯片上不断追赶先进制程，纵向提升制造技术的深度，同时积极研发非易失性存储器、CMOS 图像传感器和模拟 / 射频等工艺的通用平台，横向拓展技术平台的广度。特殊工艺制程面向各个细分市场，有效地丰富了中芯国际的客户群体以及下游应用领域，使得其产品和客户结构进一步分散化，并带来了更多新的订单来填充成熟制程的产能。

华虹半导体聚焦特色工艺研发，拥有为逻辑 / 射频、嵌入式非易失性存储器、模拟 / 电源管理芯片及功率分立器件等应用打造的特色工艺平台。表 1-3 是 2020 年我国部分半导体制造公司的营收情况。

表 1-3　2020 年我国部分半导体制造公司的营收情况

序号	公司	总部所在地	2020 年营收 / 亿元
1	中芯国际	上海	240
2	华虹半导体	上海	135
3	华润微电子	江苏无锡	26
4	晶合集成	安徽合肥	16
5	武汉新芯	湖北武汉	13

（续）

序号	公司	总部所在地	2020 年营收 / 亿元
6	积碳半导体	上海	11
7	绍兴中芯	浙江绍兴	9.6
8	粤芯半导体	广东广州	5.5
9	方正微电子	广东深圳	3.0
10	宁波中芯	浙江宁波	2.9

1.3.3 半导体封装测试

封装测试是集成电路产品制造的后道工序，指将通过测试的晶圆按产品型号及功能需求加工得到独立集成电路的过程，可分为封装与测试两个环节。根据 Gartner 的数据，从价值占比看，集成电路封装环节价值占比为 80%~85%，测试环节价值占比为 15%~20%。

根据《中国半导体封装行业发展趋势分析与投资前景研究报告（2023—2030 年）》，迄今为止全球集成电路封测行业可分为五个发展阶段，自第三阶段起的封装技术统称为先进封装技术。当前，我国封装企业大多以第一、第二阶段的传统封装技术为主，例如 DIP、SOP 等，产品定位中低端；而全球封装业的主流技术处于以 CSP、BGA 为主的第三阶段，并向系统级封装（SiP）、倒装焊封装（FC）、芯片上制作凸点（Bumping）为代表的第四阶段和第五阶段封装技术迈进。先进封装技术更迎合集成电路微小化、复杂化和集成化的发展趋势，是封测产业未来的发展方向。

按照技术储备、产品线、先进封装收入占比等指标，可将我国半导体封测企业大致分为三个梯队：第一梯队已实现了 BGA、LGA 和 CSP 稳定量产，具备部分或全部第四阶段封装技术量产能力，同时在第五阶段晶圆级封装领域进行技术储备或产业布局，国内企业以长电科技、通富微电和华天科技为代表；第二梯队企业产品以第一、二阶段为主，并具备第三阶段技术储备，这类企业大多为国内区域性封测领先企业；第三梯队企业产品主要为第一阶段通孔插装型封装，少量生产第二阶段表面贴装型封装产品，这类企业以众多小规模封测企业为主。根据最新 2021 年营收数据情况，表 1-4 列举了我国部分具有代表性的封测企业。

表 1-4 我国半导体封测行业部分具有代表性的封测企业

序号	公司	总部所在地	2021 年营收 / 亿元	企业类型
1	江苏长电	江苏无锡	309	上市公司
2	通富微电	江苏南通	145	上市公司
3	华天科技	甘肃天水	119	上市公司

（续）

序号	公司	总部所在地	2021 年营收／亿元	企业类型
4	沛顿科技	广东深圳	25	
5	华润微电子	江苏无锡	21	
6	甬矽电子	浙江宁波	20	
7	晶方半导体	江苏苏州	14	上市公司
8	颀中封测	安徽合肥	14	
9	紫光宏茂	上海	8.8	
10	新汇成电子	安徽合肥	8.1	

根据中国半导体行业协会的数据，2019 年国内集成电路产业销售额 7562.3 亿元人民币，同比增长 15.8%，其中设计、制造、封测环节的销售额分别为 3063.5 亿元、2149.1 亿元、2350 亿元，分别同比增长 21.6%、18.2%、7.1%，其中封测环节收入占比约为 31.1%。如图 1-18 所示，中商产业研究院预计 2022 年我国封装测试业销售额将达 3197 亿元。

图 1-18　2016—2022 年我国半导体封装测试行业市场规模

资料来源：中商产业研究院整理。

1.3.4　半导体专用设备

设备是半导体产业快速发展的基石，半导体设备主要用于集成电路的制造和封装测试两个流程，分为晶圆加工设备、检测设备和封装设备，以晶圆加工设备为主，占全部设备比重超过 80%，检测设备在晶圆加工环节（前道检测）和封测环节（后道检测）均有使用。

根据 SEMI 最新报告显示，2021 年全球半导体制造设备销售额增至 1026 亿美元的历史新高。继 2020 年之后，2021 年我国又一次成为全球最大的半导体设备市场，达到 296 亿美元。但是，国产设备全球市场占有率仍然较低，且在国内的市占率提升缓慢，严重依赖进口。表 1-5 是根据 2020 年相关行业报告整理的数据得出的半导体制造各环节以及相对应的国内外半导体装备公司的市占率。

表 1-5　半导体制造各环节以及相对应的国内外半导体装备公司的市占率

设备 / 亿美元		市场规模 / 亿美元	市占率	国外主要厂商（市占率）	国内主要厂商（市占率）	国产化率
硅片制造设备		26	4%	德国 PVA Tepla AG、美国 Kayex、日本 Ferrotec	晶盛机电、南京晶能	<20%
前道设备	光刻（176）	光刻曝光 151	21%	阿斯麦（79%）、尼康（12%）、佳能（9%）	上海微电子、中电科（45 所）、华卓精科	<1%
		涂胶显影 19	3%	东京电子（88%）、迪恩士＋细美事＋苏斯微（10%）	芯源微（国内 4%）	4%
		去胶 6	1%	比思科（26%）、日本高科（19%）、泛林半导体（12%）	屹唐股份（31%）	<70%
	刻蚀（123）	干法 111	16%	泛林半导体（47%）、东京电子（27%）、应用材料（17%），合计91%	中微公司（1.4%）、北方华创（0.9%）、屹唐股份（0.1%）	10%
		湿法 12	2%	泛林半导体、迪恩士	芯源微、华林科纳	
	薄膜沉积（172）	CVD 98	14%	应用材料（30%）、泛林半导体（21%）、东京电子（19%），合计70%	中微公司、北方华创、拓荆科技（中微公司持股 11.2%，第三大股东）	2%
		PVD 43	6%	应用材料（85%）	北方华创	
		ALD 31	4%	东京电子（31%）、先域（29%），合计60%	拓荆科技、北方华创	
	离子注入 18		3%	应用材料（70%）、亚克士（20%），合计90%	中电科（中科信）、万业企业（凯世通）	10%
	热处理 16		2%	应用材料（70%）、国际电气（9%），合计近80%	屹唐股份（12%）	<10%
	清洗 26		4%	迪恩士（45%）、东京电子（25%）、细美事（15%）、泛林半导体（13%），合计98%	盛美股份（国内21%）、北方华创（国内1%）、芯源微（国内0.5%）	22%
	CMP 23		3%	应用材料（70%）、荏原机械（25%），合计95%	华海清科、天隽机电	10%
	量测 34		5%	科磊（58%）、应用材料（12%），合计70%	精测电子（上海精）、赛腾股份（Optima）/上海睿励（中微公司持股20.45%，第一大股东）、中科飞测、东方晶源	<5%

（续）

设备 / 亿美元	市场规模 / 亿美元	市占率	国外主要厂商 （市占率）	国内主要厂商 （市占率）	国产 化率
后道 设备	封装　39	5%	Besi、ASM、K&S	艾科瑞思、中电科（45所）	<20%
后道 设备 测试（59）	测试机　38	5%	爱德万（50%）、泰瑞达（40%）、科休（8%），合计98%	长川科技、华峰测控（模拟测试机国内60%）	8%
	探针台　8	1%	东京精密（46%）、东京电子（27%），合计73%	长川科技、中电科（45所）、深圳矽电	<20%
	分选机　10	1%	爱德万+科休+爱普生（60%）	长川科技、上海中艺	<20%
	其他　3	0%			—
总体	712	100%			<20%

资料来源：盛美股份招股书，国际招标网，中商产业研究院，云岫资本，五矿证券研究所。

虽然从 2020 年开始，我国已经连续两年成为全球最大的半导体设备市场，但是在全球前 15 大设备公司行列中并没有我国公司，我国的半导体设备明显落后于美国、荷兰、日本等国家，综合国产化率不足 20%，供给和需求严重不匹配，国产替代、自主可控需求迫切。表 1-6 是我国部分主要半导体设备公司。

表 1-6　我国部分主要半导体设备公司（市值选取为 2022 年 5 月招商证券数据）

序号	半导体公司	2022 年市值 / 亿元	主营业务	备注
1	北京北方华创	1260	多个半导体前道设备	上市公司
2	浙江晶盛机电	650.31	晶体生长设备	上市公司
3	上海中微公司	647.06	刻蚀设备	上市公司
4	上海盛美	330.37	清洗设备	上市公司
5	北京华峰测控	198.09	测试设备	上市公司
6	杭州长川科技	192.18	测试、分选设备	上市公司
7	万业企业	151.7	离子注入机	上市公司
8	沈阳拓荆	150.86	薄膜沉积设备	上市公司
9	至纯科技	113.9	清洗机	上市公司
10	沈阳芯源微	89.4	显影设备	上市公司

我国还有一些半导体装备公司，虽然目前还未上市，但是在行业中也占有一席之地，如中电科电子装备集团有限公司的离子注入机、倒装机等半导体设备，上海微电子的光刻机，天津华海清科的化学机械抛光（CMP）等设备，北京华卓精科的关键精密部件，深圳中科飞测的光学检测设备都在一定程度上基本具备自主研发和配套能力。

1.3.5 半导体材料

半导体材料是半导体工业不可或缺的基础，是制作集成电路和半导体器件的基础材料。根据工艺过程，半导体材料可以分为制造材料和封装材料。制造材料主要包括衬底、光掩模、光刻胶、湿电子化学品、电子特气、溅射靶材、CMP 材料等，主要用于晶圆制造环节。封装材料主要包括基板、引线框架、键合丝、塑封材料、粘晶材料、底部填充料、锡球等，主要用于晶圆封装环节。

据相关行业报告指出，2020 年我国半导体材料整体市场规模达到 878.4 亿元，其中晶圆制造材料市场规模达到 517.3 亿元，封装材料市场规模达到 361.1 亿元。表 1-7 是我国半导体基础通用材料的国产化率以及代表性企业。

表 1-7　我国半导体基础通用材料的国产化率以及代表性企业

序号	半导体基础通用材料	国产化率	代表性企业
1	衬底材料	15%	上海硅产业集团、天津中环、杭州中欣、浙江金泓、山东天岳等
2	光刻胶	<5%	北京科华、晶瑞股份、潍坊星泰克等
3	光掩模	30%	中芯国际、华润微电子、无锡中微掩模等
4	工艺化学品	3%	安集微电子、晶瑞股份、巨化股份
5	电子特气	<5%	南大光电、广东华特、江苏雅克等
6	抛光材料	20%	安集微电子、上海新安纳、成都时代立夫、湖北鼎龙控股等
7	溅射靶材	20%	宁波江丰电子、有研亿金新材等

1.3.6 IP/EDA 工具

IP（Intellectual Property，知识产权）核是一段具有特定电路功能的硬件描述语言程序，是指在集成电路设计中那些已验证的、可重复利用的、具有某种确定功能的、具有自主知识产权功能的设计模块，其与芯片制造工艺无关，可以移植到不同的集成电路工艺中。

EDA（Electronic Design Automation，电子设计自动化）是指利用计算机辅助设计软件（CAD 等），来完成超大规模集成电路（VLSI）芯片的功能设计、综合、验证、物理设计（包括布局、布线、版图、设计规则检查等）等流程的设计方式。EDA 软件作为集成电路领域的上游基础工具，贯穿于集成电路设计、制造、封测等环节，是集成电路产业的战略基础支柱之一，缺少 EDA 就难以进行芯片的设计、研发和生产。

全球市场上，EDA 市场集中度很高，三巨头 Synopsys（新思科技）、Cadence

（楷登电子）和 Siemens EDA（收购 Mentor Graphic）的全球市占率接近 80%，拥有完整的全流程 EDA 工具，且部分流程工具在细分领域拥有绝对优势。华大九天为国产 EDA 行业龙头，概伦电子、广立微、国微集团、芯和半导体、芯华章、芯愿景等 EDA 公司在部分领域具备竞争力。华大九天继承了首款国产 EDA 熊猫系统的核心技术，核心团队深耕行业 30 年，目前已实现模拟电路、平板显示（FPD）领域全流程覆盖，国产厂商中华大九天销售额占比超过 50%。图 1-19 所示为 2015—2025 年我国 EDA 行业市场规模及增长率预测。

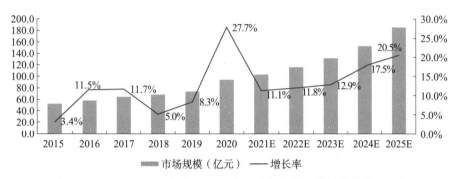

图 1-19　2015—2025 年我国 EDA 行业市场规模及增长率（含预测）

资料来源：中国半导体行业协会（含预测，引自概伦电子招股说明书），中信证券研究部。

1.4　半导体产业发展前景及趋势

1.4.1　半导体产业发展前景

近年来，我国半导体产业发展迅速，市场规模持续扩大。为了进一步提高国产化率，提升自主可控能力，我国先后推出一系列半导体产业鼓励支持政策以及成立国家集成电路产业投资基金，明确支持半导体产业发展，产业迎来加速成长的新阶段。国家政策红利的持续指引，让产业获得深入的关注和持续的资本助力，加速产业链的完善、发展和国产替代。

5G 通信、人工智能等新技术的发展带来了诸多行业的革新，工业电子、消费电子、汽车电子等半导体下游应用行业的持续升级进一步推动了半导体行业的发展。从未来 10～20 年周期来看，技术革新叠加国产替代等因素，我国半导体行业发展前景较为乐观。

1.4.2　半导体产业发展趋势

以碳化硅（SiC）、氮化镓（GaN）等材料为代表的第三代半导体因其宽禁带、高饱和漂移速度、高临界击穿电场等优异的性能而受到了行业关注，成为新型的半导体材料。SiC、GaN 等半导体材料属于新兴领域，具有极强的应用战略性和前瞻性。目前，受下游新能源汽车、5G、快速充电等新兴市场需求以及潜在的硅材料替换市场驱动，国内市场空间巨大。

随着晶圆代工制程不断缩小，摩尔定律逼近极限，先进封装是后摩尔时代的必然选择。在后摩尔时代，我国头部封测公司已经在先进封装领域全面布局，重点发展系统级（SiP）、晶圆级和 2.5D/3D 等先进封装技术，并实现大规模生产。在 5G 通信类、高性能计算、消费类、汽车和工业等重要领域拥有行业领先的先进封装技术，有望持续受益先进封装高成长红利。

我国半导体产业链自主可控任重道远又势在必行。2020 年 8 月，国务院印发《新时期促进集成电路产业和软件产业高质量发展的若干政策》，为今后我国集成电路产业的发展指明了方向，从产业政策推动上，提升集成电路产业的自主创新能力和良好的发展质量，以政策导向加大产业扶持力度。"十四五"期间，集成电路产业链将有更全面的发展，产业也将朝向高质量方向发展，聚焦高端芯片、集成电路装备和工艺技术、集成电路关键材料、集成电路设计工具、基础软件和工业软件的关键技术研发，围绕产业发展的"卡脖子"环节，不断地探索并解决关键核心技术、攻关难题，进一步增强集成电路产业链自主可控的能力。

第 2 章　半导体产业人才状况

2.1　半导体人才需求情况

2.1.1　半导体产业人才需求整体情况

我国目前主要有四个半导体集成电路产业集聚区，分别是以北京为中心的京津冀地区，以上海为中心的长三角地区，以成都、武汉、西安为中心的中西部区域，以及以深圳、广州为中心的珠三角地区（包括粤港澳大湾区）。福建地区这几年也随着国家政策、地方政府的重视，呈现较快发展势头。

1. 从区域产业分布的情况来看

我国半导体集成电路产业分布与我国经济区域发展息息相关，如上述所提到的京津冀、长三角、珠三角和中西部地区构成了我国半导体集成电路的主要区域产业分布。这四个区域都有着各自的发展重点：

- 京津冀地区是国内集成电路设计业和制造业发展的核心地区。
- 长三角地区是国内集成电路产业发展的核心区域，重点涵盖集成电路设计业、制造业和封测业等全产业链。
- 中西部地区的西安、成都、重庆、武汉、长沙、合肥等地是集成电路产业发展的重点城市，处于产业发展第二梯队，也是产业发展最为活跃的地区。
- 珠三角地区是我国集成电路设计业发展的核心区，近年来在制造业有所重点发展。

上述地区从产业发展重点来看，也形成了具有各自特点的产业体系与结构，对产业人才的需求也随着各地区产业发展的不同而有所侧重、有所调整。目前半导体集成电路产业正处于新一轮发展和调整周期，虽有阶段性调整，但整体行业不断发展壮大，行业越来越细分。半导体产业巨头持续加码，大量新兴企业跑步加入半导体集成电路产业赛道，在人才需求端，呈现出需求大、供给缺、培养周期长的态势。

整体上半导体集成电路从业人员结构从设计业和制造业的"前中端重"到封装测试业"后端轻"趋势逐步形成。

2. 从有关市场招聘的岗位类型来看

过去服务对象以外资企业和国内龙头芯片企业为主，热招岗位集中于应用工程师、现场服务工程师、市场营销类、厂务厂建工程师等岗位；现在面向客户更多是创新性或初创型企业，招聘岗位以模拟 IC 设计工程师、物理后端工程师、IP 专家、CPU 内核设计工程师、CPU 验证工程师、ISP 设计工程师、SoC 系统架构师、AI 芯片研发总监、导航芯片研发总监等，以及 FPGA、CPU/GPU、异构计算等高级工程师、领军人才为主。此外，关键工艺设备和材料端需求岗位及研发领军人才需求较多。

3. 从人才特点来看

半导体集成电路产业人才呈现三大特点：

第一，入行门槛高，研发岗位基本只招硕士研究生及以上学历人员。

第二，能力要求强，人才既要掌握扎实的理论知识，也要有较强的动手能力，实战和跨界是芯片领域人才的两大关键词。

第三，顶尖人才缺，欧洲、美国、日本、韩国等地区的芯片公司仍拥有产业链上最核心的人才。这三大特点也表明我国在该领域内人才需求旺盛。

4. 从人才需求方面来看

北京、上海、深圳等人员需求和供给量较高，其中北京企业对人才的学历水平要求更高，基本要求从业者达硕士研究生及以上学历。2020—2021 年期间我国集成电路产业从业人员需求前十大城市保持不变。北京、深圳、上海位居前三，苏州、成都和西安其次，其他人才需求比较旺盛的城市集中在新一线城市。

根据集微网通过对 2022 年 173 家上市公司数据进行整理，从上市公司人员构成、人效、人员学历分布、人员平均工资等多维度进行归类和分析，半导体产业人才需求构成如下。

（1）从人员数量分布来看

根据统计的 173 家上市公司数据显示，2022 年半导体产业上市公司从业人员为 49.55 万人，与 2021 年 45.66 万人相比，同比增长 7.28%。而从不同岗位类型来看，生产人员以 27.04 万人的人员覆盖，位列各岗位类型人员数量占比首位，其次为技术人员，人员规模为 14.04 万人。

设计业因受业务模式的影响，技术人员（研发）在整体人员构成中占比居于高位，占比为 42.97%，通过数据分析结果也可以看出，技术人员占比最高的前十大企业均为设计企业。

半导体行业人员构成分布见表 2-1。

表 2-1　半导体行业人员构成分布

产业链	生产人员	销售人员	技术人员	综合管理	采购仓储	其他人员	职能人员
IDM	61622	1927	26659	35	—	138	10201
材料	33952	2143	11007	1246	66	1379	5511
设备	16459	2874	15191	135	31	417	4621
设计	40590	11146	49577	5063	199	1478	8963
制造	17870	297	2976	—	—	—	2582
封测	71203	2083	26434	—	—	1232	9114
电子元器件	28692	1683	8524	47	—	—	4538
总计	270388	22153	140368	6526	296	4644	45530

资料来源：Wind、集微咨询（JW Insights）。

从产业链分布来看，IDM、封测以及设计业领域的上市公司从业人员数量均突破 10 万人，与 2021 年各领域人员数量对比来看，设备领域人员以 56.17% 的涨幅居于首位，其次是制造业（20.21%）、材料（18.25%），如图 2-1 所示。半导体设备是半导体行业产业链的关键支撑环节，更是制约我国半导体产业发展的关键因素。2021 年，我国国产半导体设备的上市公司实现了跨越式发展，从产业人员大幅增长上也可以看出，我国半导体设备产业正处于高速发展状态，国产替代化进程也在不断加快。

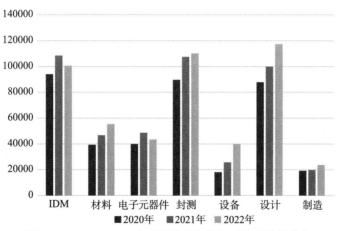

图 2-1　2020—2022 年我国半导体各领域人员数量分布
资料来源：Wind、集微咨询（JW Insights）。

（2）从人员学历分布来看

半导体行业具有产业链条长且各产业链条间又可独立成链的特点，这也使得从事半导体行业工作的人员存在较大差异，特别是占半导体产业份额八成的集成电路板块，人员学历构成差异尤为明显。上游的设计领域属于高知识密集型，也因此汇集了大量优秀院校毕业的高学历专业人才，而中下游的晶圆制造和封装测试，因工厂生产需要，对一线作业人员衡量多以其过往工作经验为主要标准，学历则不是最优先考虑的因素。从上市公司人员学历数据分布来看，2021年我国半导体行业学历占比最高的为专科及以下（43.17%），本科学历（23.86%）位列第三位，2022年上市公司整体学历占比最高的为本科学历，占比为26.87%，如图 2-2 所示。

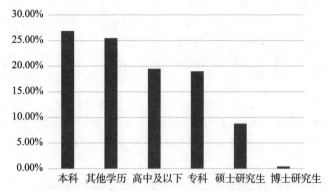

图 2-2　2022 年半导体行业上市公司人员学历分布

资料来源：Wind、集微咨询（JW Insights）。

　　2022年半导体上市企业对于本科及以上学历背景的人才需求上升，对于大专及以下学历背景的人才需求出现一定程度下滑，如图 2-3 所示。随着产业人才供给端的不断补充，产业的快速发展对于人才专业性要求越来越高，具备一定的学历背景也成为企业在人才招聘中特别关注的能力点之一。

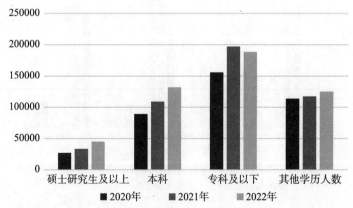

图 2-3　2020—2022 年半导体行业上市公司人员学历差异分布

资料来源：Wind、集微咨询（JW Insights）。

　　从不同产业链环节来看，目前上市公司企业数据显示（见图 2-4），设计业中博士以及硕士研究生学历背景占比最高，占比分别为 38.90%、51.41%。封测业中专科及以下学历背景占比近七成，为 67.20%。产业链属性不同使得对于人才的专业素质要求也存在明显内在差异。

与 2020 年同期相比，各领域的人员学历配比却存在巨大差异。材料业、封测业以及 IDM 在博士研究生学历人员上需求增长明显，其中材料业涨幅达 104.41%。材料和设备是推动集成电路技术创新的引擎，在政策和需求双驱动下，材料业企业也在不断突破原有技术水平，实现产研能力的提升，核心人才在其中发挥的价值不言而喻。而电子元器件产业的博士研究生学历人员出现大量减少，却在大专及以下学历人员需求上出现大幅上涨。

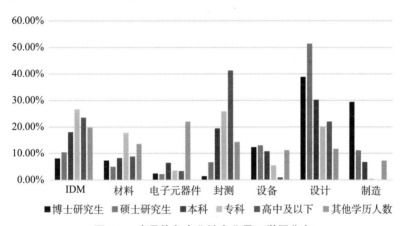

图 2-4　半导体各产业链企业员工学历分布

资料来源：Wind、集微咨询（JW Insights）。

2.1.2　半导体产业链上、中、下游人才需求状况

根据中国半导体行业协会提供的相关数据显示，截至 2022 年 12 月，我国共有 3243 家集成电路设计企业，同比 2021 年的 2810 家多了 433 家，增幅为 15.4%，设计企业数量的增速出现近 3 年来的首次下降。除北京、上海、深圳等传统设计企业聚集地外，无锡、杭州、西安、成都、南京、武汉、苏州、合肥、厦门、珠海等城市的设计企业数量都超过 100 家，后劲态势开始显现。

根据相关数据统计，截至 2022 年 6 月 30 日，2022 年科创板上市企业共有 53 家，其中，半导体产业链企业占据 19 家，包括 2 家材料公司，2 家设备公司，15 家设计公司。我国集成电路产业的快速发展，催生了较为旺盛的人才需求。

从就业城市来看，一线城市具有明显吸引优势。具体来看，华东地区人才需求最大，吸纳市场超三成人才；一线城市人才需求领先，以上海、北京、深圳为代表的一线城市的人才需求占比接近五成。

据有关机构统计，上海、深圳、北京、南京、杭州、合肥、苏州、西安、成都、武汉等城市对于行业人才需求旺盛。上海是我国集成电路产业优质资源集中地，行业的快速发展，使得上海对于行业人才需求持续旺盛，位列全国第一，需求占比为16.45%。另据智联招聘数据显示，在电子半导体／集成电路行业职位数占比前20大城市中，深圳职位数占比为16.6%，排名第一，是当之无愧的招聘大户。深圳发布《培育发展半导体与集成电路产业集群行动计划（2022—2025年）》，打造具有影响力的产业集群，力争在制造、封测等关键环节达到国内领先水平，政策引领和产业布局带动了招聘需求增加。其次是北京、广州、成都，占比分别为6.7%、6.1%和4.3%。西安位居第10位，占比为2.4%。

集成电路企业大多要求学历以本科为主，本硕占比超过六成。一线、新一线城市的学历门槛在保持本科基础要求之外，也在不断向硕士研究生学历集中，而二线城市则是非常偏向于本科。数据显示，电子类半导体／集成电路技术"门槛高"，高学历人才需求高于全行业。电子类半导体／集成电路企业的硕士研究生及以上学历需求占比为2.9%，高于全行业的1.3%。同时，对本科生的招聘职位数占比为31.8%，高于全行业的23.2%。

1. 半导体产业上游企业的人才需求状况

本部分主要指集成电路设计产业链的人才需求状况。

一个完整的芯片研发部门或芯片集成电路设计公司会包含数字设计、模拟设计、解决方案、生产测试以及质量部门等。不同的公司会根据自己的产品需求以及目前的企业规模设置不同的部门。目前芯片主要分为数字和模拟两个方向，而不同方向也对应不同的岗位。

从设计一款芯片的基本流程来看，一般步骤是明确芯片的需求（功能和性能）之后，先由架构工程师设计架构，得出芯片设计方案，前端设计工程师形成RTL（Register Transfer Level，寄存器传输级）代码，验证工程师进行代码验证，再通过后端设计工程师和版图工程师生成物理版图。设计环节到此为止，后面则是制造和封测环节。物理版图以GDSII的文件格式交给Foundry工厂（如台积电、中芯国际这类公司）在晶圆硅片上做出实际的电路，再进行封装和测试，就得到了芯片。

我国集成电路设计业的人才需求旺盛，从业人员需求保持快速增长态势。2021年我国集成电路设计业从业人员规模达22.1万人，比上年同期增长了10.72%。

从集成电路设计现有从业人员岗位分布情况来看，据相关机构及数据整理的情况，设计业作为集成电路产业链的前端，技术研发类岗位的占比最高为62.35%，其次依次为通用类岗位（财务、人事行政等）占比为12.84%，市场销售及客户支持类岗位占比为11.9%，管理类岗位占比为7.21%，生产制造类岗位占比为5.7%。其中大部分为本科及以上学历从业人员。

从紧缺岗位排名前10位统计来看，根据相关数据及整理，排名前五位的芯片设计岗位分别是模拟芯片设计、数字前端设计、数字验证、数字后端设计和模拟版图设计，见表 2-2。

表 2-2　集成电路设计紧缺岗位排名前 10 位

排名	产业链	岗位名称
1	集成电路设计	模拟芯片设计
2	集成电路设计	数字前端设计
3	集成电路设计	数字验证
4	集成电路设计	数字后端设计
5	集成电路设计	模拟版图设计
6	集成电路设计	射频芯片设计
7	集成电路设计	芯片架构设计
8	集成电路设计	芯片功能验证
9	集成电路设计	DFT 可测试性设计
10	集成电路设计	CAD

2. 半导体产业中游企业的人才需求状况

本部分主要指集成电路晶圆和芯片制造产业链的人才需求状况。

芯片制造类的人才主要指进行芯片制造所用原材料晶圆的制造人才，这里又可以分为两大类，一类是晶圆制造的人才，另一类就是晶圆加工的工艺人才。晶圆制造的人才，主要工作是完成芯片制造所用原材料——晶圆的制造，以硅晶圆为例，首先需要获得加工的原材料，就是高纯度的硅，然后获得具有相同晶向的单晶硅，通过拉晶的方法得到一根一根的硅碇，在此过程中可以进行 N 型或者 P 型的掺杂，然后将其打磨、抛光、切片得到晶圆。

通过晶圆的制造过程可知，这类人才主要是从事化学和物理相关专业类的工作，因此人才的来源自然是化学、物理、机械、微电子等相关专业。

晶圆加工的工艺人才主要是 Foundry 工厂的工艺制造流程所需要的各类人才。Foundry 工厂进行芯片制造的晶圆加工工艺流程有几十道工序，包括光罩、掩模、刻蚀、掺杂、离子注入、化学气相沉积、金属互连线制作、研磨等，晶圆加工完成以后还会进行晶圆级的测试。这里面有机械类的、化学类的、物理类的、光学类的各种工艺，需要进行工艺开发及优化、生产流程管控、生产良率提升等工作，需求的人才主要是微电子学专业的器件和工艺方向毕业生。事实上，Foundry 工厂除了工艺人才需求以外，还有诸如器件的建模、工艺设计工具包制作、工艺线验证、EDA 软件相关支持工作等其他人才的需求。

根据《中国集成电路产业人才白皮书（2020—2021 年版）》数据统计，制造业人才需求为 28.27 万人，人才缺口超过 10 万人。

在半导体芯片制造企业中，一个完整建制、有成熟经验的工程师团队对于产线的建立至关重要。

近五年多来，我国已新增 20 多家芯片制造厂，但真正实现投产的制造厂数量并不多。根据国内某知名机构统计，以月产能 4 万片的 12 英寸晶圆厂为例，总监及以上岗位需要 30 人左右，培养周期在 15 年以上；总监以下的部门经理需要近百名，培养周期在 10 年左右；骨干工程师需要 350 人左右，至少需要 3~7 年培养；初级工程师需要 630 人左右，需要 2 年左右培养。进一步分析，如果按照新增的 20 多家芯片制造厂来看，则需要 3 万多名经验丰富的产业老手。仅靠我国本土培养，现阶段很难实现，所以这也是目前半导体产业制造人才短缺的一个重要原因。

3. 半导体产业下游企业的人才需求状况

本部分主要指集成电路封装测试产业链的人才需求状况。

芯片的封装主要完成晶圆的切割、芯片的引线框键合等工作，封装类型也是多种多样，包括 DIP、QFP、QFN、BGA、PGA 等。封装过程中的各类可靠性评估、封装良率提升、仪器设备操作需要各类人才。芯片的封装工作往往被人认为技术含量不高，但是先进的晶圆级封装技术含量是很高的。

芯片封装完成以后要进行电气性能的测试、老化等可靠性测试、芯片筛选自动化测试等，测试方法和测试设备也是五花八门，需要相关的测试人才，这类人才要熟悉测试分析仪器和测试流程及方法。严格的测试是非常耗费时间和精力的，例如汽车电子芯片的测试。

随着摩尔定律发展逐步放缓，我国封测行业往附加值更高的高端封测转化，芯片测试行业人才短缺问题将会进一步凸显。

在企业实际招聘中，有企业反馈发现具备工程化测试经验的人才稀缺，目前高校的集成电路设计、制造工艺、半导体材料等专业基本齐全，但鲜少有高校专门开设测试专业，因此，封测企业急需的既有扎实专业基础又有较高成长性的高端封测人才很难招到。

根据《中国集成电路产业人才白皮书（2020—2021 年版）》数据统计，封装测试业人才需求为 19.55 万人，人才缺口超过 3.5 万人。

从半导体设计、制造、封测来看，设计对于技术积累与人才的要求最高；制造对于资本的投入有巨大的要求，目前更是呈现强者恒强的局面；而封测对于资本与人才的要求相对较低，并且对人工成本更为敏感。

有相关机构统计数据显示，2015 年，我国封测行业上市公司每百万元营收需要的职工数为 2.15 人，是同期设计行业的 5 倍。

有业内人士指出，一个管理较好的封测工厂，人均产值需要在 50 万元以上，产值越高的企业效益越好，如果低于 40 万元，证明该企业可能只做一些低端产品，也表明企业的效益较差。另一方面，这也表明封测的收益率要远低于设计行业，这对于企业也带来资金上的挑战，与此同时，封测厂还需要在设备、材料、研发上持续投入，只能尽力缩减人力成本。

封测企业属于人力密集型企业，需要具有经验的工程师团队来保障设备的利用率和产品质量，而有经验往往意味着昂贵，如果没有经验丰富的工程师，制造出来的产品往往在市场中会失去竞争力。与此同时，由于封测行业的门槛相对要低一些，加上国内封测行业发展也相对成熟，所以导致同行之间大概率会出现较激烈的价格竞争局面。这样一来，很难给出让许多工程师满意的薪酬，这也是进一步造成封测企业招人难、流动性大的原因。

2.1.3　半导体产业相关区域内的人才需求状况

1. 从人才招聘规模来看

（1）半导体设计产业链

半导体设计企业从招聘月度规模的变化趋势来看（见图 2-5），在当年的毕业季 7 月显示出旺盛的招聘需求，以及毕业季的前半年中前年末到次年初呈现招聘小高峰，在 2 月达到最高，而"金九银十"的招聘季则显得较为平淡，且略有下降趋势。

这表明由于半导体设计行业人才的竞争日趋激烈，且人才大多是办公室白领、无工厂化的特点，不用考虑过多像制造类企业淡旺季、春节假期工人归乡等因素影响，人才招聘时间或不得不不断提前。

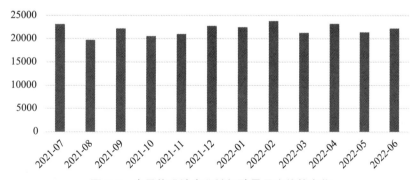

图 2-5　半导体设计产业链招聘量月度趋势变化

（2）半导体制造产业链

从整个制造产业链 2021 年的人员招聘变化来看（见图 2-6），相对于其他行业受到疫情波动的影响，半导体制造产业链在招聘量上的变化并不大，除了春节期间出现短期的用工荒之外，相对来说还是处于较为平稳的状态。

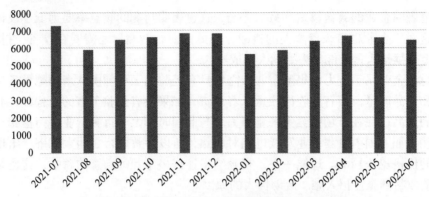

图 2-6　半导体制造产业链招聘量月度趋势变化

设计与制造的分工逐渐盛行，自身没有工厂的设计公司和专门提供半导体生产服务的代工企业分工合作的生产方式慢慢地发展了起来。这种分工的好处是使得设计公司可以避免大规模的工厂投资，将更多精力聚焦在芯片设计方面，而半导体制造企业凭借规模优势，在生产方面降低成本。

这种将设计与制造分工的非垂直一体化的生产方式是当销售额减少时，不会导致企业利润承压，对后续的生产经营造成影响。

（3）半导体封测产业链

封测行业位于集成电路产业链末端，是劳动密集型行业。作为我国半导体领域优势最为突出的子行业，在当前国产半导体产业链中，国产化程度最高、行业发展最为成熟。相对半导体设计、制造领域来说，技术壁垒、对人才的要求相对较低，是国内半导体产业链与国外差距最小的环节。

目前国内封测市场在全球占比达 70%，行业的规模优势明显，更多是通过资源整合和规模扩张来推动市占率的提升。随着上游的芯片设计公司选择将订单回流到国内，大批新建晶圆厂产能释放，以及国内主流代工厂产能利用率提升，晶圆厂的产能扩张也势必蔓延至中下游封装厂商，将带来更多的半导体封测新增需求，也将影响着封测企业的招聘量的变化。

从整个封测产业链一年的人员变化来看（见图 2-7），受到疫情变化的影响，封测企业在 2022 年 4～6 月整个产业链的招聘数量产生了小幅的下降。

2. 从各产业链招聘总量数据来看

通过各个产业链人才招聘分析后发现，设计产业链企业的招聘量最多，紧跟其后的是封测及制造产业链，如图 2-8 所示。

各产业链人才招聘量比例如图 2-9 所示。

根据薪智平台关于 2021 年我国半导体行业的相关岗位招聘数据规整分析也能发现一些行业发展的趋势。

在设计产业链的城市招聘数据里，企业招聘量最多的城市是上海、深圳及北京，如图 2-10 所示。

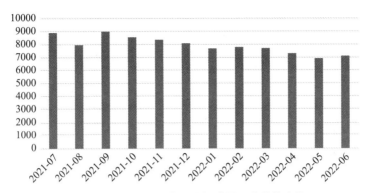

图 2-7　半导体封测产业链招聘量月度趋势变化

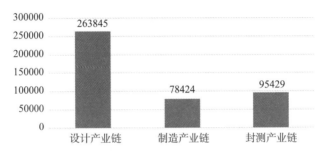

图 2-8　半导体各产业链人才招聘量

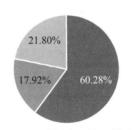

图 2-9　各产业链人才招聘量比例

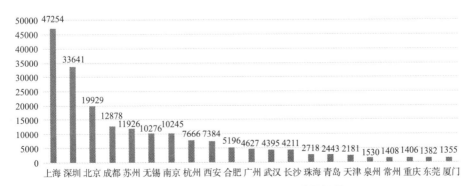

图 2-10　半导体设计产业链城市招聘量柱状图

资料来源：薪智平台。

不难发现的是,除北京、上海、深圳以外,众多企业在成都、苏州、无锡、南京、杭州等二线城市同样有各类技术岗位的布局,并且给予的薪资条件与一线城市相比并没有太多的差距,但工作节奏和生活压力较小,受到越来越多毕业生的青睐。

从设计产业链的区域覆盖来看,仍然是集中分布于珠三角、长三角、中西部地区。但京津冀地区与排在第三的中西部地区的招聘量较为接近了,如图 2-11 所示。

从制造产业链的城市招聘分布中可以看出,企业招聘量最多的城市依然是上海,排在第二、三位的是北京及深圳,如图 2-12 所示。从中不难发现,上海与北京、深圳的招聘量之间的差距还是比较明显的,说明上海仍然是半导体制造产业的领军城市。这与区域薪酬的优势及人才职业生涯规划是密切相关的,也再次证明了半导体产业需要高精尖人才的背后也使得该行业薪资涨幅较高。

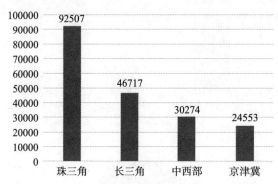

图 2-11　半导体设计产业链区域招聘量柱状图

资料来源:薪智平台。

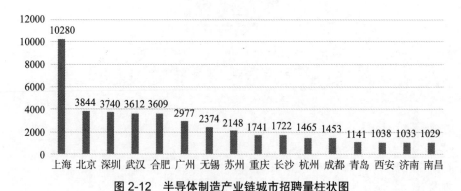

图 2-12　半导体制造产业链城市招聘量柱状图

资料来源:薪智平台。

从制造产业链的区域覆盖来看,集中分布于长三角、中西部、珠三角地区。中西部的招聘量排在了第二,而排在第三和第四的珠三角与京津冀地区之间在招聘量上的差别也并不大,如图 2-13 所示。

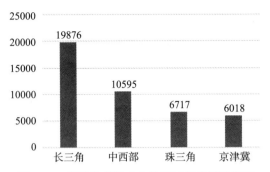

图 2-13　半导体制造产业链区域招聘量柱状图

资料来源：薪智平台。

在封测产业链的城市招聘数据里，企业招聘量最多的城市是深圳，紧跟其后的是苏州及上海，其他城市如西安、南通及珠海等，封测产业链招聘需求量较少，如图 2-14 所示。

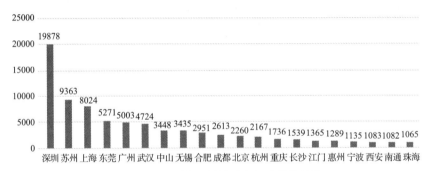

图 2-14　封测产业链的城市招聘量柱状图

资料来源：薪智平台。

从封测产业链的区域覆盖来看，集中分布于珠三角、长三角、中西部地区。珠三角地区的招聘量比排在最后的京津冀地区要超出十倍之多，人才布局差异凸出，如图 2-15 所示。

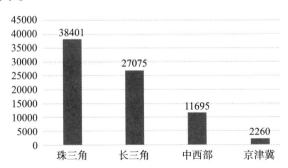

图 2-15　封测产业链的区域招聘量柱状图

资料来源：薪智平台。

此外，从相关专业指数来看，深圳、上海两地人才竞争激烈，苏州人才储备相对较为丰富。新一线城市中，苏州人才储备最为丰富，相对招聘难度最低，杭州招聘难度为最高，TSI（Talent Shortage Index，人才稀缺指数）[○]达 3.08，如图 2-16 所示。

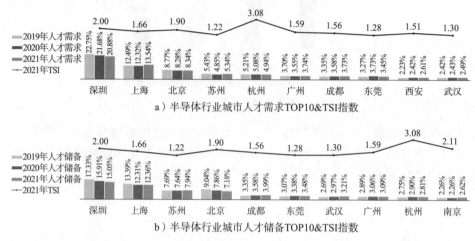

a）半导体行业城市人才需求 TOP10&TSI 指数

b）半导体行业城市人才储备 TOP10&TSI 指数

图 2-16　半导体行业城市人才需求、储备 TOP10&TSI 指数

资料来源：猎聘大数据研究院。

2.2　半导体产业人才薪酬情况

近年来，集成电路行业薪酬整体涨幅明显，自然涨幅及跳槽涨幅均超 30%，并表现为行业全部职位上涨，没有下降的职位。设计类职位依然为涨幅最快的，跳槽涨幅一般从 30% 起，最多可达 50%。

从产业链各环节来看，集成电路领域的设计业、制造业和封装测试业，每个环节对人才的需求度都非常高。设计业作为产业链上游，对于行业发展起着技术指导作用，特别是设计类和研发类人才，因对人员基本素质要求较高，从薪资来看，岗位薪酬水平处于领先水平；制造和封测领域处于行业中下游，对于从事生产和制造等有经验的技能型人才需求量大，薪酬水平与往年相比有一定程度上涨，但涨幅略逊于设计业。从城市分布来看，一线城市因为产业链密集程度高，产业发展迅速，对于人才的渴求程度也远高于其他城市，在岗位薪酬表现上也相对更突出。

○ TSI<1，求职人数多于需求岗位数，供大于求；TSI=1需求岗位数和求职人数1：1，供需平衡；TSI>1需求岗位数多于求职人数，供不应求。

为了吸引优秀的封测人才，据薪智薪酬福利相关报告的数据显示，除了薪资待遇外，相关半导体企业也出台各种措施和对策，开出了许多福利和激励条件，如安家费、额外补贴、签字费、股权等。

根据集微咨询及薪智平台提供的相关数据及报告信息，同时参考有关招聘网站报告，半导体产业人才薪酬情况具体如下。

2.2.1　半导体行业薪酬概览

1. 不同地区行业薪酬水平分布

在平均薪酬水平上，华东地区领跑，华北、华南地区紧随其后。华东地区平均年薪为 24.99 万元，华北、华南地区分别为 22.85 万元、22.27 万元，如图 2-17 所示。由于行业人才短缺，各地区也相继出台和完善人才吸引政策，而华东地区凭借地缘优势，在半导体产业发展成熟度以及企业聚集度上均更具有竞争力，在优秀人才的吸引和保留上，华东地区也是不遗余力，高于行业的平均年薪水平也足可见对于人才的重视。

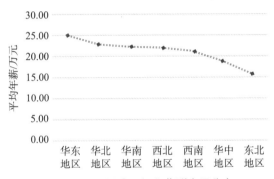

图 2-17　不同地区行业薪酬水平分布

资料来源：集微咨询及薪智平台。

2. 不同城市薪酬水平分布

城市等级分布与薪酬水平分布成正相关，如图 2-18 所示。一线城市的平均薪酬最高，岗位平均年薪达 26.94 万元，其次为新一线城市，平均年薪为 22.54 万元，二线城市平均年薪为 18.35 万元，三线城市的平均年薪最低，仅为 14.64 万元。城市等级划分根据城市的经济发展水平、商业资源汇集度、城市交通密集度等多个维度进行评估，能够入选高位等级的城市，其在经济发展各方面也一定是优于其他城市，经济的高速发展势必会释放出更多机会，各行各业的从业人员也将受益其中。

另据有关招聘网站报告显示，部分核心城市与半导体行业收入信息如下：收入最高的 5 个城市，在全国范围内，北京、上海、广州、深圳和杭州是目前收入最高的 5 个城市。人才需求最大的 5 个城市，根据猎聘大数据研究院，目前深圳、上海、北京、苏州和杭州是近三年人才需求量最大的城市，就业机会也比较多。

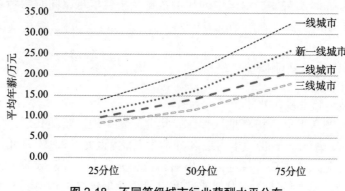

图 2-18　不同等级城市行业薪酬水平分布

资料来源：集微咨询及薪智平台。

3. 不同产业链薪酬水平分布

设计业以 35.45 万元平均年薪位列各类型企业首位，制造业（22.40 万元）、封测业（21.85 万元）分列第二、三位，如图 2-19 所示。近年来随着产业分工日益专业化，各领域技术深耕，不断下沉。我国半导体产业也逐步迈入新的发展阶段，设计业对于整体行业产值贡献率逐步提高，作为知识密集型产业，对于人才的依赖度极高，如何吸引人才是各设计企业均在关注的焦点，薪酬作为重要的人才吸引工具也在关键时刻发挥重要作用。

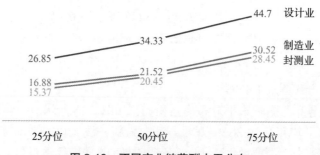

图 2-19　不同产业链薪酬水平分布

资料来源：集微咨询及薪智平台。

4. 不同学历薪酬水平分布

本科及以上学历平均工资均高于行业平均值。学历作为企业招聘人才主要关注的硬指标之一，也直接影响着岗位薪资水平。根据最新的调研数据显示，博士研究生学历的平均年薪为 51.26 万元，硕士研究生学历平均年薪为 46.22 万元，本科学历平均年薪为 32.45 万元，大专及以下学历平均年薪为 21.54 万元，如图 2-20 所示。

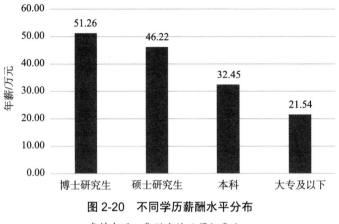

图 2-20　不同学历薪酬水平分布

资料来源：集微咨询及薪智平台。

5. 行业平均薪酬前十大城市排名

上海、北京两个城市平均年薪水平遥遥领先，均突破 40 万元。2022 年，上海、北京平均年薪分别为 32.34 万元、30.29 万元，2023 年同比增幅分别为 24.52%、29.39%。

杭州以微弱优势超越深圳，位居第三位。近年来杭州集成电路产业发展速度惊人，虽然起步相对较晚，但在产业的顶层设计上遥遥领先，加之阿里巴巴集团对于芯片领域的布局，更是带动了很多企业的发展，在人才的招聘和保留上均有突破。

在平均薪酬前十大城市中，有 5 个城市位于华东地区，产业领先的区域优势明显，其他各地区均只有 1 个城市分列其中，见表 2-3。半导体产业发展讲求协同合作，芯片的生产过程是分段完成的，设计、制造、封装、测试在不同公司完成，这对于区域整体产业链条的成熟和完整性提出了更高要求。产业集聚可以创造更高效能，华东地区在这一点上优势明显。

表 2-3　2023 年半导体行业平均薪酬前十大城市

城市	平均年薪 / 万元	排名
上海	42.27	1
北京	41.19	2
杭州	34.70	3
深圳	34.31	4
南京	31.39	5

（续）

城市	平均年薪 / 万元	排名
苏州	30.77	6
西安	30.30	7
成都	29.79	8
广州	28.55	9
合肥	24.20	10

资料来源：集微咨询。

2.2.2 半导体行业薪酬报告

1. 薪酬报告说明

本报告中的薪酬数据信息来自相关机构所服务的主要行业中的领先企业，数据结果仅作为该行业薪酬方案参考数据。

本报告统计职位的税前年薪以人民币万元为单位，指包含年度底薪、提成、绩效奖金和年终奖金的年度整体现金收入，此外由于产业数据与人才相关数据有相对滞后性的特点，所以我们采取 2021 年的数据作为样本统计分析。

本报告统计数据结果不分学历、工作年限、岗位任职要求等具体内容，仅以岗位名称为唯一统计口径。以下为本报告中涉及的相关岗位职级定义：

薪酬分位值主要反映市场的薪酬水平状态。10 分位值表示有 10% 的数据小于此数值，反映市场的低端水平；25 分位值表示有 25% 的数据小于此数值，反映市场的较低端水平；50 分位值（中位值）表示有 50% 的数据小于此数值，反映市场的中等水平；75 分位值：表示有 75% 的数据小于此数值，反映市场的较高端水平；90 分位值：表示有 90% 的数据小于此数值，反映市场的高端水平。

2. 半导体行业全国岗位薪酬报告

半导体行业全国岗位薪酬数据见表 2-4。

表 2-4　半导体行业全国岗位薪酬数据

（单位：万元）

分类	职位名称	25 分位	50 分位	75 分位	平均值
职能岗	总经理助理	9.75	13.00	16.25	14.83
	人事专员	6.83	8.61	10.40	9.53
	人事行政专员	6.83	8.45	10.50	8.28
	人事主管	9.59	11.70	15.00	11.76
	人事经理	14.79	17.88	22.75	18.58

（续）

分类	职位名称	25 分位	50 分位	75 分位	平均值
职能岗	人力资源业务合作伙伴	13.00	15.95	19.50	16.61
	招聘专员	7.18	9.10	11.70	10.07
	法务专员	9.75	11.70	14.95	13.05
	会计	7.15	9.00	12.40	8.96
	总账会计	9.10	11.05	13.00	11.41
	出纳	6.50	7.80	9.10	7.81
	财务专员	7.80	10.10	12.70	9.67
	财务主管	11.05	13.00	16.25	13.64
	财务经理	15.60	19.50	24.75	19.86
	财务总监	27.95	35.75	45.50	37.22
	采购工程师	9.10	11.70	13.65	12.03
	采购主管	11.05	14.00	18.25	13.62
	采购经理	14.63	18.25	22.75	18.45
	IC 销售工程师	11.70	14.95	17.50	16.05
	销售经理	12.35	16.25	22.75	18.56
	销售总监	22.50	31.20	39.00	32.12
设计业	芯片架构师	52.00	68.25	85.50	67.75
	模拟版图设计工程师	24.05	30.00	40.30	34.62
	FPGA 工程师	20.00	26.65	32.50	27.77
	模拟 IC 设计工程师	32.50	39.00	58.50	44.44
	模拟芯片设计工程师	39.00	52.00	67.50	54.27
	高级模拟芯片设计	52.00	61.75	82.00	63.11
	数字 IC 设计工程师	32.50	39.00	48.75	42.32
	数字电路设计工程师	39.00	50.00	66.50	46.50
	模拟电路设计工程师	29.25	35.75	45.00	38.09
	芯片测试工程师	15.60	20.50	28.28	22.27
	数字后端工程师	34.45	46.00	61.50	45.40
	高级数字后端工程师	48.75	60.00	80.50	53.98
	数字验证工程师	33.00	45.00	58.75	44.17
	DFT 工程师	32.50	43.50	55.56	43.17
	数字设计工程师	35.00	45.50	58.50	45.87
	软件工程师	14.95	19.50	22.75	19.53
	高级软件	20.40	27.50	33.48	29.63
	算法工程师	22.75	29.25	39.00	31.95
	射频工程师	19.50	24.85	31.25	25.93
	Layout 工程师 / 版图	14.95	19.50	26.00	20.88
	图像算法工程师	22.75	28.00	35.75	30.35
	可靠性工程师	11.15	14.75	19.13	16.29
	嵌入式软件工程师	18.85	25.00	30.00	25.66
	技术支持工程师	9.10	11.70	15.60	14.28
	PCB Layout 工程师	13.65	16.25	20.15	17.48
	软件测试工程师	10.40	13.33	19.50	15.89

（续）

分类	职位名称	25 分位	50 分位	75 分位	平均值
	结构工程师	11.70	14.63	18.25	14.63
	电子工程师	13.00	16.25	19.50	17.17
	单片机开发工程师	15.09	18.20	22.75	19.42
	SMT 工艺工程师	11.70	14.30	17.55	14.78
	半导体工艺工程师	19.18	23.25	28.50	22.32
	电子工艺工程师	9.40	11.70	14.35	11.49
	工艺工程师	10.40	13.00	15.60	13.43
	工艺整合工程师	14.95	22.75	29.25	21.03
	质量工程师	9.75	11.70	14.95	12.54
	FAE 工程师	13.00	16.25	20.80	18.13
	设备工程师	9.18	11.70	15.45	12.80
	生产组长	8.13	9.80	12.43	8.97
	电子硬件工程师	13.14	16.25	21.78	18.24
	嵌入式硬件工程师	14.95	19.50	23.40	19.27
	硬件工程师	14.95	18.85	22.75	19.46
	高级硬件工程师	20.80	26.00	32.50	27.34
	IE 工程师	10.20	12.35	14.95	12.64
	技术支持工程师	9.10	11.70	15.60	14.28
	PE 工程师	10.40	12.35	14.95	12.80
制造业	软件开发工程师	14.30	19.50	26.00	20.55
	高级算法	26.65	39.00	58.50	43.10
	质量经理	16.25	19.50	26.00	20.60
	系统工程师	16.50	22.75	29.25	22.91
	电源工程师	17.23	22.75	28.05	21.70
	光学工程师	16.25	19.75	26.00	21.83
	高级电气工程师	18.50	22.75	29.00	23.10
	PLC 电气工程师	13.25	16.25	20.00	16.71
	电子测试工程师	10.40	12.35	16.25	14.78
	PQE 工程师	10.40	12.68	15.60	13.48
	生产主管	11.05	13.70	18.00	12.88
	生产经理	14.95	18.25	22.45	17.63
	SQE 工程师	10.40	13.70	16.81	12.47
	QE 工程师	10.40	12.70	16.00	11.74
	PMC	9.10	10.75	13.70	10.46
	研发工程师	11.70	14.65	18.25	15.03
	研发经理	22.75	27.95	38.00	31.07
	电气工程师	11.70	14.95	17.55	15.16
	仓管员	6.83	8.15	9.80	7.28
	DQE 工程师	12.84	15.75	18.70	15.58

（续）

分类	职位名称	25 分位	50 分位	75 分位	平均值
封装测试	项目管理工程师	13.00	15.93	20.04	16.86
	产品测试工程师	10.10	13.00	17.20	15.00
	机械工程师	11.70	15.00	19.50	18.53
	高级电子工程师	18.20	22.75	32.50	25.81
	应用工程师	14.96	20.15	27.79	22.03
	设备维护工程师	9.10	11.40	13.70	10.96
	封装设计工程师	15.44	20.15	30.19	26.95
	售后技术支持工程师	9.10	11.50	14.95	11.74
	售前技术支持工程师	9.75	13.00	18.03	14.62
	运维工程师	10.40	13.65	18.20	14.31
	测试工程师	10.40	12.35	17.55	14.23
	高级测试工程师	17.50	22.75	31.20	24.71
	硬件测试工程师	10.40	13.65	16.90	14.47
	NPI 工程师	11.70	14.25	18.00	14.86
	品质工程师	9.10	10.73	13.00	11.28
	品质主管	10.40	12.70	16.14	12.03
	品质经理	14.60	18.25	22.80	18.22

资料来源：集微咨询。

3. 半导体行业一线城市薪酬报告

半导体行业一线城市薪酬数据见表 2-5。

表 2-5　半导体行业一线城市薪酬数据

（单位：万元）

分类	职位名称	25 分位	50 分位	75 分位	平均值
职能岗	总经理助理	10.40	14.00	18.25	14.91
	人事行政专员	7.80	10.00	12.10	8.69
	人事经理	17.30	20.91	26.62	21.74
	人力资源业务合作伙伴	15.21	18.66	22.82	19.44
	招聘专员	9.10	11.40	14.68	11.30
	会计	8.78	12.10	15.20	10.19
	总账会计	14.30	17.25	22.15	17.43
	财务专员	9.10	11.40	13.70	10.79
	财务主管	11.70	14.63	18.25	15.24
	财务经理	17.50	22.75	28.00	22.14
	财务总监	33.54	42.90	54.60	44.66
	采购工程师	9.40	11.70	14.95	12.96
	采购主管	12.70	15.65	20.25	14.41
	采购经理	14.95	19.25	24.75	18.29

（续）

分类	职位名称	25 分位	50 分位	75 分位	平均值
职能岗	IC 销售工程师	12.70	16.95	20.74	15.74
	销售经理	15.60	19.50	24.78	20.61
	销售总监	22.75	31.20	42.25	34.06
设计业	芯片架构师	59.80	78.49	98.33	77.91
	模拟版图设计工程师	28.00	35.50	45.00	37.04
	FPGA 工程师	24.33	29.25	36.75	30.52
	模拟 IC 设计工程师	39.00	52.00	70.50	47.71
	模拟芯片设计工程师	40.75	56.50	78.06	56.11
	数字 IC 设计工程师	36.94	48.28	60.00	42.57
	数字电路设计工程师	45.00	59.00	78.50	47.81
	模拟电路设计工程师	34.52	42.19	53.10	44.94
	芯片测试工程师	18.41	24.19	33.36	26.28
	数字后端工程师	40.65	54.28	72.57	53.57
	数字验证工程师	38.94	53.10	69.33	52.12
	DFT 工程师	38.35	51.33	65.56	50.94
	数字设计工程师	39.00	45.50	58.50	49.87
	软件开发工程师	18.85	22.75	29.25	23.55
	高级软件	26.00	32.25	39.00	33.48
	算法工程师	26.38	35.00	45.50	35.26
	射频工程师	20.50	27.30	36.56	30.87
	Layout 工程师 / 版图	16.25	22.43	29.25	22.51
	图像算法工程师	26.62	32.76	41.83	35.51
	可靠性工程师	13.05	17.26	22.38	19.06
	嵌入式软件工程师	19.50	24.70	30.25	25.19
	技术支持工程师	10.40	14.03	18.06	15.89
	PCB Layout 工程师	14.95	18.55	22.75	19.33
	软件测试工程师	11.70	16.25	22.75	16.90
制造业	结构工程师	14.95	18.25	22.80	17.83
	电子工程师	13.33	16.25	19.50	17.62
	单片机开发工程师	16.25	19.50	26.65	21.29
	SMT 工艺工程师	13.46	16.45	20.18	17.00
	半导体工艺工程师	22.05	26.74	32.78	25.67
	电子工艺工程师	10.81	13.46	16.50	13.21
	工艺工程师	13.00	15.95	19.25	17.62
	质量工程师	11.41	13.69	17.49	14.67
	FAE 工程师	15.60	20.25	24.75	19.58
	设备工程师	12.19	14.95	18.04	15.99
	电子硬件工程师	14.95	18.85	23.08	19.49
	嵌入式硬件工程师	18.50	22.75	28.40	21.70
	硬件工程师	16.25	19.50	26.00	20.93
	高级硬件工程师	22.75	29.25	36.03	29.39

（续）

分类	职位名称	25 分位	50 分位	75 分位	平均值
制造业	IE 工程师	11.70	14.75	18.11	13.45
	技术支持工程师	10.74	13.81	18.41	16.85
	PE 工程师	10.40	13.35	16.95	13.08
	软件开发工程师	16.73	22.82	30.42	24.04
	系统工程师	18.25	25.00	29.25	24.29
	电源工程师	19.34	24.75	30.00	21.95
	光学工程师	19.50	24.75	29.93	24.42
	电子测试工程师	11.96	14.20	18.69	17.00
	PQE 工程师	11.96	14.58	17.94	15.50
	生产主管	10.40	12.70	15.65	12.40
	生产经理	16.09	19.55	24.75	19.25
	SQE 工程师	11.05	14.35	18.30	12.77
	QE 工程师	11.05	13.70	16.65	12.66
	PMC	10.10	12.40	15.70	10.84
	研发工程师	13.33	16.25	19.50	16.50
	研发经理	26.00	32.75	39.00	33.87
	电气工程师	14.20	17.25	22.50	17.80
	仓管员	7.83	9.48	11.21	7.45
封装测试	项目管理工程师	14.65	18.25	22.95	16.66
	产品测试工程师	12.03	16.25	20.00	19.72
	机械工程师	13.81	17.70	23.01	21.87
	应用工程师	16.94	22.75	29.25	27.37
	设备维护工程师	10.56	13.22	15.89	12.71
	封装设计工程师	18.22	23.78	35.62	31.81
	售后技术支持工程师	8.78	11.70	14.95	12.14
	运维工程师	13.00	16.25	20.15	16.85
	测试工程师	11.70	15.93	19.50	16.80
	硬件测试工程师	11.70	14.95	19.25	15.04
	NPI 工程师	13.00	16.25	20.55	15.80
	品质工程师	10.40	12.35	14.95	12.66
	品质主管	11.05	13.70	18.30	12.35
	品质经理	15.95	20.25	24.75	18.28

资料来源：集微咨询。

此外，通过梳理 Wind 数据中 135 家上市公司的数据发现，135 家上市公司累计营收 6622 亿元，同比增长 34.76%，同期应付员工薪酬总额为 851 亿元，剔除未披露应付员工薪酬的 6 家公司，2021 年半导体行业上市公司员工平均薪酬为 28.9 万元，2020 年为 24.66 万元，同比上涨 17.19%。2021 年，半导体行业上市公司平均人效为 218.72 万元，较 2020 年平均人效 182.94 万元增长 19.56%，2021 年，人工成本占总收入的 17.47%，同比下降 4.42 个百分点。

2.3 半导体产业与高校及相关专业的人才培养情况

高校是人才培养的主阵地、主要基地和人才输送的重要通道，同时也是我国基础研究的主力军和重大科技突破的策源地，半导体集成电路产业人才的培养、产业发展与高校的人才培养更是不能例外。

根据教育部 2022 年相关新闻发布会介绍的十八大以来我国高等教育改革发展成效有关情况，通过"211""985"工程和"双一流"建设计划，我国一批大学和一大批学科已经跻身世界先进水平，我国高等教育整体水平进入世界第一方阵。

在数量上，教育部表示我国高等教育在学总人数已经超过 4430 万人，毛入学率从 2012 年的 30%，提升至 2021 年的 57.8%，我国接受高等教育的人口达到 2.4 亿，新增劳动力平均受教育年限达 13.8 年。

近几年，发展半导体产业逐渐成为国家战略的趋势下，相关人才培养政策也陆续制定，国内高校对于半导体相关学科建设以及人才培养展现出更多的重视。

国务院、教育部及有关部委针对集成电路产业，对高校加强集成电路人才培养工作做出了一系列安排部署：建设国家集成电路人才培养基地、建设国家示范性微电子学院、设立集成电路一级学科，其中国务院学位委员会、教育部下发的《关于设置"交叉学科"门类、"集成电路科学与工程"和"国家安全学"一级学科的通知》中表示，"集成电路科学与工程"正式被设立为一级学科，并要求各相关单位结合自身实际情况，加强"集成电路科学与工程"学科建设，更好构建集成电路产业高速发展的创新型人才培养体系，从根本上解决产业发展的后备人才需求。这意味着具体到集成电路的学科体系，都需要根据产业需求而进行重新调整，比如一级学科下可以设立更加垂直专业的二级学科，如半导体材料、集成电路设计等，同时人才培养的周期也会更长。

为此，各级院校也陆续开设了相关专门的半导体集成电路机构和培训中心等，诸多高校也相继宣布成立集成电路学院，此外，未来技术学院作为 2020 年 5 月教育部提出的新型学院，将为扎实推进新工科建设提供了体制机制创新。

虽然各级院校以及相关人才培养机构推进了众多的举措和实践探索，但培养数量与产业需求仍存在很大差距，培养质量虽在快速提升，但仍存在上升空间。以集成电路设计产业为例，根据相关官方数据调研显示，2021 年 28 所示范类微电子院校微电子与集成电路专业中，真正设计方向的毕业生不足千人，且在设计工作中还分数字前端、数字验证、数字后端、可测试性设计、模拟设计、模拟版图等多个方向，单一方向能匹配的学生更是难以达到产业发展和行业需求，2022

年虽有所增多，但毕业仍需时日的同时，加上人才的自然流失和核心半导体产业人才需要在较长时间的积累，弥补几十万的人才缺口，培养一批优秀人才队伍绝非一朝一夕、一日之功。

2.3.1　与半导体产业相关的高校及部分科研院所的人才培养供给状况

从人才供给角度来看，以我国 28 所示范性微电子院校为例，这 28 所院校中的 20 所（有数据可查询）毕业生人数为 184193 人，其中本科学历毕业生人数为 86937 人，占比 47.20%；研究生学历毕业生人数为 97256 人（硕士 81974 人，博士 15282 人），占比 52.80%。

上述毕业生中，泛微电子专业毕业生人数约为 62000 人，占总毕业生人数比例为 33.67%。

从就业意向来看，协议就业、国内升学、出国出境深造以及灵活就业是各主要目标高校毕业生最主要的毕业去向，占比超过总毕业生人数的 80%。

2.3.2　与半导体产业相关的高校总体状况

据爱集微统计数据显示，全国 1270 所本科院校中超六成院校开设有半导体产业所需强相关目标专业。新一线城市高校资源聚集优势明显，半导体产业相关专业开设院校占比近三成。超 1/4 开设半导体产业所需目标专业的"双一流"（含 10 所"双一流"强基计划院校）院校分布于华东地区。同时，华东地区是微电子科学与工程专业开设院校数量最多的地区，占比达到 36%。

在开设半导体产业所需专业的 822 所高校中，有 65 所高校设有集成电路与集成系统专业，占比仅为 7.91%。

同时目前国内有很多大学已经成立了集成电路学院，包括清华大学、北京大学和华中科技大学等。实际上，原开设有微电子学院的学校都有开设集成电路相关的课程，有电子信息工程相关专业的学校，在芯片产业没有如此火热之前，很多学校集成电路相关的课程都分散在电子信息工程相关专业里，如今这里面的很多院校除了已经获批国家微电子示范学院的之外，更是在以各种形式积极筹建或筹办集成电路产业学院、集成电路现代产业学院、未来技术学院等，为半导体人才培养添砖加瓦。

2.3.3　与半导体人才培养相关的院校建设状况

1. 国家 28 所示范性微电子学院

2015 年，教育部、国家发改委、科技部、工信部、财政部、国家外国专家局联合发文，支持一批高校建设示范性微电子学院或筹备建设示范性微电子学院，加快培养集成电路产业急需的工程型人才。

国家示范性微电子学院包括支持建设的 9 所高校和 19 所支持筹建的高校。9 所支持建设示范性微电子学院的高校包括北京大学、清华大学、中国科学院大学、复旦大学、上海交通大学、东南大学、浙江大学、电子科技大学和西安电子科技大学。19 所支持筹备建设示范性微电子学院的高校包括北京航空航天大学、北京理工大学、北京工业大学、天津大学、大连理工大学、同济大学、南京大学、中国科学技术大学、合肥工业大学、福州大学、山东大学、华中科技大学、国防科学技术大学、中山大学、华南理工大学、西安交通大学、西北工业大学等首批 17 所，后来追加南方科技大学深港微电子学院、厦门大学电子科学与技术学院等 2 所，共计 19 所。

2. 集成电路学院

在集成电路正式成为一级学科之后，国内众多高校也积极响应国家的号召，先后成立集成电路学院、论证设立集成电路一级学科，以此来支持我国集成电路事业的创新发展，突破关键核心技术，积极培养国家急需的半导体集成电路人才。

据不完全统计，仅 2021 年来，包括清华大学、北京大学、华中科技大学等在内的 14 所高校成立了集成电路学院、研究院。据悉 2022 年正在计划成立的集成电路学院日益增多，截至 2022 年 6 月已有多达十多所院校已经成立或正在设立集成电路学院，按时间先后顺序来看有广东工业大学、安徽大学、杭州电子科技大学、清华大学、深圳技术大学、北京理工大学珠海学院、华中科技大学、北京大学、鲁东大学、天津理工大学、广东工业大学、武汉大学、江苏信息职业技术学院等，目前相关数据仍在不断刷新中。

除此之外，由校企合作等各种形成成立的集成电路学院也在不断出现，但质量和效果有待时间验证。

3. 未来技术学院

未来技术学院是 2020 年 5 月教育部提出的新型学院，属于新工科未来学院。为扎实推进新工科建设再深化、再拓展、再突破、再出发，推动高校加快体制机制创新，做好未来科技创新领军人才的前瞻性和战略性培养，抢占未来科技发展先机，经研究，教育部决定在高等学校培育建设一批未来技术学院。教育部办公厅印发通知，正式公布首批未来技术学院名单，12 所高校入选，包括北京大学、清华大学、北京航空航天大学、天津大学、东北大学、哈尔滨工业大学、上海交通大学、东南大学、中国科学技术大学、华中科技大学、华南理工大学、西安交通大学等 12 所。

据悉，这 12 所高校未来将得到政策上的支持，也将给其他高校提供模板，包括半导体集成电路人才培养提供借鉴和参考意义。

4. 开设集成电路设计与集成系统专业的大学

我国开设集成电路设计与集成系统专业的大学有北京大学、北京航空航天大学、天津大学、天津理工大学、中北大学、上海电力大学、南京大学、南京邮电大学、南通大学等数十所大学。

集成电路设计与集成系统专业以集成电路设计能力为目标，培养掌握集成电路基本理论、集成电路设计基本技能，掌握集成电路设计的 EDA 工具，熟悉电路、计算机、信号处理、通信等相关系统知识，从事集成电路研究、设计、教学、开发及应用，具有一定创新能力的高级工程技术人才。

5. 开设微电子科学与工程专业的院校

我国开设微电子科学与工程专业的院校有北京信息职业技术学院、衡水职业技术学院、河北交通职业技术学院、唐山海运职业学院、山西职业技术学院、山西工程职业技术学院、辽宁机电职业技术学院、上海东海职业技术学院、上海电子信息职业技术学院、无锡职业技术学院、苏州职业大学、常州信息职业技术学院、无锡科技职业学院、苏州工业职业技术学院、苏州工业园区职业技术学院等。

6. 开设电子封装技术专业的大学

我国开设电子封装技术专业的大学有北京理工大学、哈尔滨工业大学、江苏科技大学、南昌航空大学、华中科技大学、桂林电子科技大学、西安电子科技大学、上海工程技术大学、厦门理工学院、上海电机学院等。

电子封装技术是一门新兴的交叉学科，涉及设计、环境、测试、材料、制造和可靠性等多学科领域。部分开设院校将其归为材料加工类学科。

7. 开设集成电路科学与工程专业的大学

开设集成电路科学与工程专业的大学包括西安电子科技大学、电子科技大学、清华大学、北京邮电大学、上海交通大学、浙江大学、西安交通大学、北京航空航天大学、北京理工大学、吉林大学、天津大学、西北工业大学、哈尔滨工业大学等。

集成电路科学与工程属于"交叉学科"门类的新兴一级学科，具有知识体系综合交叉的典型特点。集成电路科学与工程一般包含了集成纳电子科学、集成电路制造工程和集成电路设计与设计自动化等学科方向，分别致力于解决集成电路设计、制造及封测等相关核心环节的基础科学及工程问题，培养集成电路基础型人才、工程型人才、创新型人才及领军型人才，支撑和推动集成电路科学技术与产业的持续发展。

8. 集成电路科学与工程一级学科博士学位授权点院校

2021 年教育部公布了全国首批集成电路科学与工程一级学科博士学位授权点名单，18 所高校分布在北京、上海、江苏、浙江、福建、湖北、广东、四川、陕西等省份，包括北京大学、清华大学、北京航空航天大学、北京理工大学、北京邮电大学、上海交通大学、南京大学、东南大学、南京邮电大学、浙江大学、杭州电子科技大学、厦门大学、华中科技大学、华南理工大学、电子科技大学、西北工业大学、西安电子科技大学、中国科学院大学。

2.3.4　与半导体产业相关高校的专业设置情况

半导体集成电路是基于数学、物理、化学、材料、机械、信息和计算机等包括基础学科在内的多学科交叉融合，内容覆盖广。集成电路或者超大规模系统集成电路设计都属于电气及电子工程范畴。有些计算机工程也会有硬件架构的方向。

半导体集成电路人才培养，最相关的专业应该为微电子学、集成电路设计与集成系统，其次是电子信息大类下的专业，如电子科学与技术、电子信息工程、电子信息科学与技术、电子封装技术，其余相关专业也可从事半导体集成电路行业，如通信工程、光电信息科学与工程，如果是芯片制造的话，材料科学、物理、化学等都可以参与，对于芯片设计，基于目前人才紧缺的现状，更多的专业其实也可以参与，如本科类的农业电气化、工业工程、机械工程（输电线路工程）、机械电子工程、测控技术与仪器、电子信息科学与技术、电气工程及其自动化、电气工程及其自动化（创新）、电气工程及其自动化（实践）、自动化、过程装备与控制工程、通信工程等，但目前实际用人企业出现对院校、专业有更加严格的情况，所以其他专业人才向半导体产业转型或院校进行大规模横向半导体专业人才培养时需要慎重决定。

以下为部分专业的介绍及相关高校的情况。

1. 微电子科学与工程

微电子科学与工程专业是理工兼容、互补的专业，是在物理学、电子学、材料科学、计算机科学、集成电路设计制造等多学科和超净、超纯、超精细加工技术基础上发展起来的一门新兴学科，主要研究半导体器件物理、功能电子材料、固体电子器件、超大规模集成电路的设计与制造技术、微机械电子系统以及计算机辅助设计制造技术等。

开设微电子科学与工程专业的院校包括电子科技大学、北京大学、清华大学等。

2. 集成电路设计与集成系统

该专业培养具备微电子材料与工艺技术、电路与系统、电磁场与微波技术、电磁兼容技术、系统封装设计以及多芯片组件设计等多方面的知识，能够在集成电路设计、微电子器件与集成系统领域从事研发、设计、制造的应用型高级专门人才。

3. 电子信息工程

该专业培养具备电子技术和信息系统的基础知识，能从事各类电子设备和信息系统的研究、设计、制造、应用和开发的高等工程技术人才，具备设计、开发、应用和集成电子设备和信息系统的基本能力。全国开设电子信息工程专业的大学有中国科学院大学、湖南大学、四川大学、中国传媒大学、深圳大学、北京大学、北京交通大学、北京工业大学、北京航空航天大学、北京理工大学、北方工业大学、北京化工大学、北京邮电大学、北京电子科技学院、中国农业大学、首都师范大学等众多大学近 500 余所，全国开设电子信息工程技术专业的高职院校有北京工业职业技术学院、北京信息职业技术学院、北京电子科技职业学院、北京经济管理职业学院、天津市职业大学、天津滨海职业学院、天津电子信息职业技术学院、天津工业职业学院、邯郸职业技术学院、河北交通职业技术学院、石家庄信息工程职业学院、石家庄科技信息职业学院等，本书不一一列举。

电子信息工程是一门应用计算机等现代化技术进行电子信息控制和信息处理的学科，主要研究信息的获取与处理，电子设备与信息系统的设计、开发、应用和集成。电子信息工程专业是集现代电子技术、信息技术、通信技术于一体的专业。

4. 光电信息科学与工程

光电信息技术是由光学、光电子、微电子等技术结合而成的多学科综合技术，被誉为微电子之后的技术领跑者。该专业涉及光信息的辐射、传输、探测以及光电信息的转换、存储、处理与显示等众多的内容。

该专业是根据教育部在 2012 年 9 月下发文件，将原属于电子信息科学类的光信息科学与技术、光电子技术科学专业与原属于电气信息类的信息显示与光电技术、光电信息工程、光电子材料与器件五个专业统一修订后的专业。

该专业培养具有现代科学意识、理论基础扎实、知识面宽、创新能力强，可从事光学工程、光通信、电子学、图像与信息处理等技术领域的科学研究，以及相关领域的产品设计与制造、科技开发与应用、运行管理等工作，能够适应当代信息化社会高速发展需要的应用型人才。

5. 材料物理专业

芯片的本质属性还是属于物理范畴的。材料物理专业的主要课程中除了要学习相关的物理知识外，还有两门课程是必修的，那就是半导体材料和器件物理，它们是研究半导体芯片最关键的两门课程和专业。

我国开设材料物理专业的大学有中国人民大学、吉林大学、长春工业大学、吉林化工学院、东北师范大学、哈尔滨工业大学、燕山大学、哈尔滨工程大学、中国民航大学、天津理工大学等。

6. 计算机科学与技术专业

计算机科学与技术是一个计算机系统与网络兼顾的计算机学科宽口径专业，旨在培养具有良好的科学素养，具有自主学习意识和创新意识，科学型和工程型相结合的计算机专业高水平工程技术人才。因为广泛，所以该专业所学的内容中，也有研究半导体芯片的，不过其主要集中在半导体芯片上的软件开发。

开设计算机科学与技术专业的院校众多，主要有清华大学、浙江大学、北京大学、华中科技大学、哈尔滨工业大学、上海交通大学、国防科技大学、电子科技大学、北京航空航天大学、南京大学、西安电子科技大学、中国科学技术大学、西北工业大学、北京邮电大学、大连理工大学、西安交通大学、中山大学、同济大学、东南大学、北京理工大学、天津大学、湖南大学、合肥工业大学、深圳大学、东北大学、中南大学、武汉大学、南京理工大学等众多大学。

第 3 章　半导体产业与人才政策

我国产业政策从财税、投融资及人才等多方面全方位地支持半导体产业下设计、设备、材料、制造、封装测试等各环节的发展。

政策路径由国务院向各部委和地方政府逐级传导。各部委主要涉及国家发改委、工信部、科技部、人社部等机构和部门，以及各省市相关对应地方政府部门等。此外，还有一些相关行业机构和组织像国家及各省市地方的半导体或集成电路行业协会，在推进半导体产业发展过程中发挥了重要作用，如国家级的行业协会中国半导体行业协会（CSIA）是半导体行业的自律组织，主要负责贯彻落实政府产业政策，开展产业及市场研究，向会员单位和政府主管部门提供咨询服务、行业自律管理，代表会员单位向政府部门提出产业发展建议和意见等。

自 2006 年推出《国家中长期科学和技术发展规划纲要（2006—2020 年）》以来，国家将集成电路产业确定为战略性新兴产业之一，为促进集成电路行业发展，我国近年来出台了一系列政策法规，从产业定位、战略目标、税收等各方面实施鼓励，行业内主要产业和人才政策列举分析如下。

3.1　产业政策历程

从我国半导体产业发展的政策历程来看，主要经历了从 1956 年开始的分立器件的起步发展阶段、国产芯片的初级阶段、产业的全面复苏阶段、产业大规模工程阶段，到从 2000 年开始的全国大发展阶段，如图 3-1 所示。

我国早在 1956 年提出"向科学进军"，制定了发展各门尖端科学的"十二年科学技术发展远景规划"，并根据国外发展电子器件的进程，提出了我国也要研究发展半导体科学，把半导体技术列为国家四大紧急措施之一。我国半导体产业的进步是有目共睹的，但是从关键技术、核心领域和重要节点等来讲，与世界先进水平的差距始终没有能够得到真正的弥补，依旧明显。

从 1980 年开始，我国半导体产业政策逐渐进入了新的三个阶段：

1）1980—2000 年，主要通过 1982 年成立的国务院"电子计算机和大规模集成电路领导小组"负责协调半导体等相关产业的发展。从我国国民经济"八五"计划开始，产业政策明确积极支持我国集成电路的发展，强调突破集成电路关键技术，举国体制集中力量发展集成电路。"八五"计划（1991—1995 年）时期明确了我国应积极发展集成电路，"九五"计划（1996—2000 年）时期我国确立了重点发展集成电路的目标，其中包括 908 工程（1990 年 8 月，国务院决定在"八五"计划（1990—1995 年）期间推动半导体产业升级，促成中国半导体产业进入 1 微米下工艺制造时代）、909 工程（1995 年年底，主要涉及的内容包括两大项目：一是中央与上海共同投资建立了 8 英寸晶圆厂——华虹微电子（后更名为华虹集团），二是积极推动面向市场经济的集成电路企业发展）等政策，这期间主要是开始建立国内的晶圆生产线。

2）2000—2014 年，国发"18 号文"（2000 年 6 月国务院印发了《鼓励软件产业和集成电路产业发展的若干政策》）、"十五"计划（2001—2005 年）至"十二五"规划（2016—2020 年）明确了完善集成电路产业链，集中力量整合资源发展集成电路，提升集成电路领域的科技创新能力。其中 01 专项（核高基重大专项，是核心电子器件、高端通用芯片及基础软件产品，是《国家中长期科学和技术发展规划纲要（2006—2020 年）》所确定的国家 16 个科技重大专项之一）、02 专项（是"极大规模集成电路制造装备及成套工艺"项目，因次序排在国家重大专项所列 16 个重大专项第 2 位，在行业内被称为"02 专项"）和各项税收优惠政策，这期间主要是发展产业链配套环节，鼓励研发创新，并给予税收优惠。

3）2014 年至今，直到 2014 年，我国决定要把集成电路上升到国家战略的高度，包括成立工作领导小组、集成电路和软件所得税优惠政策，设立国家大基金一、二期等，主要是从市场 + 基金方式全面鼓励和支持半导体产业的自主可控，半导体集成电路产业发展从此进入了新阶段。尤其是在 2021 年"十四五"规划中进一步提出健全我国社会主义条件下新型举国体制，打好关键核心技术攻坚战，推进科研院所、高校、企业科研力量优化配置和资源共享等。

从我国半导体产业政策对技术的重点关注方向来看，我国半导体产业政策经历了从"八五"计划加强电子工业专用材料研制和生产至"十四五"规划集中优势资源攻关关键元器件零部件和基础材料的转变。

"八五"计划（1991—1995 年）与"九五"计划（1996—2000 年）提出加强电子工业专用材料的研制和生产，"十五"计划（2001—2005 年）至"十二五"规划（2011—2015 年）时期，主要发展目标为大力发展集成电路制造技术及集成电路产业；"十三五"规划（2016—2020 年）与"十四五"规划（2021—2025 年）提出重点突破集成电路元器件零部件及基础材料关键核心技术，有助于加快包括半导体硅片在内的集成电路关键材料的研发与产业化进程，如图 3-2 所示。

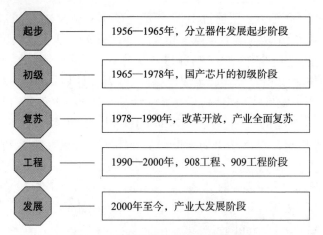

图 3-1 我国半导体产业发展历程图

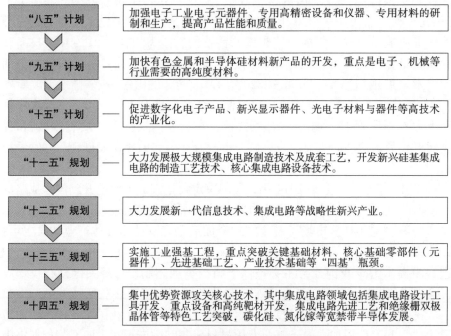

图 3-2 我国半导体产业政策历程图

3.2 国家半导体产业相关政策

国家对半导体集成电路产业相关政策不断推出,本节对国家半导体和集成电路产业部分重点政策进行归纳汇总,并进行相应的重点分析和解读。

3.2.1　半导体集成电路产业政策

国家半导体产业政策与规划突出了半导体集成电路产业的战略意义，支持其作为战略性前瞻性技术大力发展并发挥更大作用，其中在我国"十三五"规划中，提出"提升新兴产业支撑作用"，大力推进先进半导体等新兴前沿领域创新和产业化发展；《"十三五"国家信息化规划》，将"攻克高端通用芯片、集成电路装备等方面的关键核心技术，形成若干战略性先导技术和产品"列入"核心技术超越工程"，鼓励支持集成电路技术发展突破；在"十四五"规划中，集成电路成为强化国家战略科技力量的重点领域，开展前瞻性、战略性的重大科技探索成为领域发展的重点方向；而 2022 年 1 月发布的《"十四五"国家信息化规划》在此基础上，指出完成信息领域核心技术突破也要加快集成电路关键技术攻关，更提出了集成电路产业要"布局战略性前沿性技术"，瞄准可能引发信息化领域范式变革的重要方向，开展前瞻性布局。

不仅于此，国家对于集成电路产业的支持突出集中在财税、人才和投融资等方面，尤其是在财税政策方面近年来不断扩大激励范围，对具备尖端技术水平的企业加大政策优惠力度。

例如，财政部对符合条件的集成电路企业分别给予"两免三减半""五免五减半"的企业所得税优惠政策，并根据国家战略和产业技术的发展变化，调整优惠政策适用标准。2018 年发布的《关于集成电路生产企业有关企业所得税政策问题的通知》将符合条件的企业研发费用占销售（营业）收入总额由"不低于 5%"调整为"不低于 2%"，扩大税收优惠政策适用范围。2020 年《关于促进集成电路产业和软件产业高质量发展企业所得税政策的公告》，更是提出了"十年免税"的优惠政策，提升激励力度，鼓励企业瞄准技术前沿，不断突破创新。

2006 年以来国家层面发布的部分半导体产业相关重要政策，见表 3-1。

表 3-1　2006 年以来我国对于半导体产业的相关重要政策

序号	发布时间	发布单位	政策名称
1	2006 年	国务院	《国家中长期科学和技术发展规划纲要（2006—2020 年）》
2	2009 年	国务院	《电子信息产业调整和振兴规划》
3	2010 年 10 月	国务院	《国务院关于加快培育和发展战略性新兴产业的决定》（国发 [2010]32 号）
4	2011 年	国务院	《进一步鼓励软件产业和集成电路产业发展的若干政策》
5	2012 年	国务院	《"十二五"国家战略性新兴产业发展规划》
6	2012 年	工信部	《集成电路产业"十二五"发展规划》

（续）

序号	发布时间	发布单位	政策名称
7	2014 年 6 月	国务院	《国家集成电路产业发展推进纲要》
8	2015 年 3 月	财政部、国家税务总局	《关于进一步鼓励集成电路产业发展企业所得税政策的通知》（财税 [2015]6 号）
9	2015 年 5 月	国务院	《中国制造 2025》
10	2016 年 3 月	十二届全国人大四次会议	《中华人民共和国国民经济和社会发展第十三个五年规划纲要》
11	2016 年 5 月	财政部、国家税务总局、国家发改委、工信部	《关于软件和集成电路产业企业所得税优惠政策有关问题的通知》（财税 [2016]49 号）
12	2016 年 5 月	国家发改委	《关于印发国家规划布局内重点软件和集成电路设计领域的通知》（发改高技 [2016]1056 号）
13	2016 年 7 月	国务院	《关于印发"十三五"国家科技创新规划的通知》（国发 [2016]43 号）
14	2016 年 7 月	中共中央办公厅、国务院办公厅	《国家信息化发展战略纲要》
15	2016 年 12 月	国务院	《关于印发"十三五"国家战略性新兴产业发展规划的通知》
16	2016 年 12 月	国务院	《"十三五"国家信息化规划》
17	2017 年 2 月	国家发改委	《战略性新兴产业重点产品和服务指导目录（2016 版）》
18	2017 年 9 月	科技部	《国家高新技术产业开发区"十三五"发展规划》
19	2017 年 12 月	工信部办公厅	《促进新一代人工智能产业发展三年行动计划（2018—2020 年）》
20	2018 年 3 月	国务院	《2018 年政府工作报告》
21	2018 年 3 月	财政部、国家税务总局、国家发改委、工信部	《关于集成电路生产企业有关企业所得税政策问题的通知》
22	2018 年 4 月	工信部办公厅	《工业和信息化部办公厅关于印发〈2018 年工业通信业标准化工作要点〉的通知》
23	2018 年 7 月	国务院	《关于优化科研管理提升科研绩效若干措施的通知》
24	2018 年 7 月	工信部、国家发改委	《扩大和升级信息消费三年行动计划（2018—2020 年）》
25	2018 年 11 月	国家统计局	《战略性新兴产业分类（2018）》
26	2019 年 10 月	工信部	《关于政协十三届全国委员会第二次会议第 2282 号（公交邮电类 256 号）提案答复的函》

（续）

序号	发布时间	发布单位	政策名称
27	2019年10月	工信部、国家发改委等十三部委	《制造业设计能力提升专项行动计划（2019—2022年）》
28	2019年11月	国家发改委	《产业结构调整指导目录（2019年本）》
29	2020年1月	商务部等部委	《关于推动服务外包加快转型升级的指导意见》（商服贸发[2020]12号）
30	2020年8月	国务院	《新时期促进集成电路产业和软件产业高质量发展的若干政策》
31	2020年9月	国家发改委	《关于扩大战略性新兴产业投资培育壮大新增长点增长极的指导意见》（发改高技[2020]1409号）
32	2020年	国务院	《中华人民共和国国民经济和社会发展第十四个五年规划和2035年远景目标纲要》
33	2020年12月	财政部、国家税务总局、国家发改委、工信部	《关于促进集成电路产业和软件产业高质量发展企业所得税政策的公告》
34	2021年1月	工信部	《基础电子元器件产业发展行动计划（2021—2023年）》
35	2021年7月	工信部、科技部、财政部、商务部、国务院国资委、中国证监会	《关于加快培育发展制造业优质企业的指导意见》
36	2021年11月	工信部	《"十四五"信息通信行业发展规划》
37	2021年12月	中央网络安全和信息化委员会	《"十四五"国家信息化规划》
38	2021年12月	国务院	《"十四五"数字经济发展规划》
39	2022年3月	国家发改委、工信部、财政部、海关总署、国家税务总局	《关于做好2022年享受税收优惠政策的集成电路企业或项目、软件企业清单制定工作有关要求的通知》

资源来源：根据中国政府网及财政部等相关部委网站的资料整理。

针对上述政策，部分分析、解读如下：

1）2014年国务院颁布的《国家集成电路产业发展推进纲要》确定了集成电路产业是信息技术产业的核心，是支撑经济社会发展和保障国家安全的战略性、基础性和先导性产业。当前和今后一段时期是我国集成电路产业发展的重要战略机遇期和攻坚期。加快推进集成电路产业发展，对转变经济发展方式、保障国家安全、提升综合国力具有重大战略意义。

纲要提出突出企业主体地位，以需求为导向，以整机和系统为牵引、设计为龙头、制造为基础、装备和材料为支撑，以技术创新、模式创新和机制体制创新为动力，破解产业发展瓶颈，推动集成电路产业中的突破和整体提升，实现跨越发展，为经济发展方式转变、国家安全保障、综合国力提升提供有力支撑。纲要提出设立国家产业投资基金，主要吸引大型企业、金融机构以及社会资金，重点支持集成电路等产业发展，促进工业转型升级。支持设立地方性集成电路产业投资基金。鼓励社会各类风险投资和股权投资基金进入集成电路领域。

2）2016 年国务院颁布的《"十三五"国家战略性新兴产业发展规划》，提出"提升新兴产业支撑作用"，先进半导体是新的增长点，国家鼓励其创新和产业化发展；集成电路成为强化国家战略科技力量的重点领域，开展前瞻性、战略性的重大科技探索成为领域发展的重点方向。提出提升核心基础硬件供给能力，提升关键芯片设计水平，发展面向新应用的芯片，加快 16/14 纳米工艺产业化和存储器生产线建设，提升封装测试业技术水平和产业集中度，加紧布局后摩尔定律时代芯片相关领域等规划。

3）2020 年 8 月，国务院颁布的《新时期促进集成电路产业和软件产业高质量发展的若干政策》（以下简称"若干政策"），提出从财税政策、投融资政策、研究开发政策、进出口政策、人才政策、知识产权政策、市场应用政策、国际合作政策八个方面出台政策，促进集成电路产业发展，该政策将对未来我国集成电路产业发展起到引领性作用。

若干政策首提"举国体制"，开展软件关键核心技术攻关，因为我国工业软件市场上，国产软件只占据了 1/10，成为芯片产业链上除光刻机外的又一"卡脖子"的环节。若干政策也已注意到这个问题，其中提及，聚焦高端芯片、集成电路装备和工艺技术、集成电路关键材料、集成电路设计工具、基础软件、工业软件、应用软件的关键核心技术研发，探索关键核心技术攻关新型举国体制。此举有被形象地比喻为半导体通"经络"的重要举措，因为芯片和软件是半导体行业"硬""软"的两个方面，好比一个是产业的"筋骨"，另一个则是产业的"经络"。若干政策还从多个角度促进软件行业发展，此外也提及，探索建立软件正版化工作长效机制，凡在我国境内销售的计算机所预装软件须为正版软件，禁止预装非正版软件的计算机上市销售。

相较于 2011 年颁布的《进一步鼓励软件产业和集成电路产业发展的若干政策》，2020 年增加了国际合作政策方面，强调推动高校和科研院所的国际合作，为国际企业在华投资发展营造良好环境，体现了全球视野和战略布局。

表 3-2 为除财税政策以外部分的重点政策梳理。

表 3-2　2020 年若干政策中关于投融资政策等七项政策内容摘要梳理

政策	内容摘要
1a. 投融资政策（上市）	支持科创板、创业板上市融资 加快境内上市审核流程 通畅原始股东的退出渠道

（续）

政策	内容摘要
1b. 投融资政策（融资）	鼓励发行债券、公司债券、短期融资券和中期票据等 加大中长期贷款支持力度
2. 研究开发政策	关键核心技术攻关新型举国体制 国家重点研发计划、国家科技重大专项等给予支持 研发支出可作资本化处理
3. 进出口政策	可办理暂时进境货物海关手续 推动集成电路、软件和信息技术服务出口
4. 人才政策	加快推进集成电路一级学科设置工作 支持高校联合企业，加快推进示范性微电子学院建设 支持高校联合企业开展人才培养专项资源库建设
5. 知识产权政策	探索建立软件正版化工作长效机制 禁止预装非正版软件的计算机上市销售
6. 市场应用政策	加大推广力度，带动技术和产业升级
7. 国际合作政策	推动"走出去"，便利国内企业在境外共建研发中心

后面将针对若干政策中关于财税方面的政策做进一步相关具体分析和解读。

4）2021 年 3 月，第十三届全国人民代表大会第四次会议表决通过了《中华人民共和国国民经济和社会发展第十四个五年规划和 2035 年远景目标纲要》的决议，纲要提出需要集中优势资源攻关多领域关键核心技术，其中集成电路领域包括集成电路设计工具开发，重点装备和高纯靶材开发，集成电路先进工艺和绝缘栅双极晶体管（IGBT）、微机电系统（MEMS）等特色工艺突破，先进存储技术升级，碳化硅、氮化镓等宽禁带半导体发展，进一步坚定地把发展半导体产业上升至国家重点战略层面，并提出了更具体的方向和目标。

5）2021 年 11 月，工信部《"十四五"信息通信行业发展规划》指出，要完善数字化服务应用产业生态，加强产业链协同创新。丰富 5G 芯片、终端、模组、网关等产品种类。加快推动面向行业的 5G 芯片、模组、终端、网关等产品研发和产业化进程，推进芯片企业丰富产品体系，加快模组分级分类研发，优化模组环境适应性，持续降低功耗及成本，增强原始创新能力和产业化基础支撑。

6）2021 年 12 月，中央网络安全和信息化委员会《"十四五"国家信息化规划》指出，完成信息领域核心技术突破也要加快集成电路关键技术攻关。推动计算芯片、存储芯片等创新，加快集成电路设计工具、重点装备和高纯靶材等关键材料研发，推动绝缘栅双极型晶体管（IGBT）、微机电系统（MEMS）等特色工艺突破。加强人工智能、量子信息、集成电路、空天信息、类脑计算、神经芯片、DNA 存储、脑机接口、数字孪生、新型非易失性存储、硅基光电子、非硅基半导体等关键前沿领域的战略研究布局和技术融通创新。

7）2022 年 3 月，国家发改委、工信部、财政部、海关总署、国家税务总局发布《关于做好 2022 年享受税收优惠政策的集成电路企业或项目、软件企业清单制定工作有关要求的通知》指出，重点集成电路设计领域：高性能处理器和FPGA 芯片；存储芯片；智能传感器；工业、通信、汽车和安全芯片；EDA、IP 和设计服务，如业务范围涉及多个领域，仅选择其中一个领域进行申请。选择领域的销售（营业）收入占本企业集成电路设计销售（营业）收入的比例不低于 50%。

8）在半导体产业相关税收及政策补贴方面，主要陆续出台了如下政策。

一是 2011 年国务院颁布的《进一步鼓励软件产业和集成电路产业发展的若干政策》，该政策明确了继续实施软件增值税优惠政策，进一步落实和完善相关营业税优惠政策，对新办集成电路设计企业给予企业所得税"两免三减半"优惠政策。

二是 2016 年财政部、国家税务总局、国家发改委、工信部发布《关于软件和集成电路产业企业所得税优惠政策有关问题的通知》（财税 [2016]49 号），明确了在集成电路企业的税收优惠资格认定等非行政许可审批取消后，规定集成电路设计企业可以享受《关于进一步鼓励软件产业和集成电路产业发展企业所得税政策的通知》（财税 [2012]27 号）有关企业所得税减免政策需要的条件，再次从税收政策上支持集成电路设计行业的发展，见表 3-3。

三是 2018 年发布的《关于集成电路生产企业有关企业所得税政策问题的通知》将符合条件的企业研发费用占销售（营业）收入总额由"不低于 5%"调整为"不低于 2%"，扩大税收优惠政策适用范围，见表 3-3。

表 3-3　2016—2018 年制定并发布的半导体集成电路企业税收政策汇总摘要

发布时间	文件名称	内容摘要	
2016 年	关于软件和集成电路产业企业所得税优惠政策有关问题的通知	明确了集成电路企业的税收优惠资格认定等行政许可审批取消，规定了享受税收优惠的条件，进一步从政策上支持集成电路产业发展	
2018 年	关于集成电路生产企业有关企业所得税政策问题的通知	"两免三减半" 2018 年 1 月 1 日后投资新设的集成电路线宽小于 130 纳米，且经营期在 10 年以上的集成电路生产企业或项目	"五免五减半" 2018 年 1 月 1 日后投资新设的集成电路线宽小于 65 纳米或投资额超过 150 亿元，且经营期在 15 年以上的集成电路生产企业或项目
		符合条件的企业研发费用占销售（营业）收入总额由"不低于 5%"调整为"不低于 2%"	

资料来源：根据中智数字科技事业部整理。

四是 2020 年 5 月，《关于集成电路设计企业和软件企业 2019 年度企业所得税汇算清缴适用政策的公告》中指出，依法成立且符合条件的集成电路设计企业和软件企业，在 2019 年 12 月 31 日前自获利年度起计算优惠期，第一年至第二年免征企业所得税，第三年至第五年按照 25% 的法定税率减半征收企业所得税，并享受至期满为止。

五是 2020 年 8 月，国务院正式印发《新时期促进集成电路产业和软件产业高质量发展的若干政策》（以下简称"若干政策"，行业称为"新八条"）中，关于财政税收方面的政策，主要体现了制造工艺越先进减免力度越大、重点技术设备免征关税、推动集成电路"走出去"等特点，体现了强化半导体芯片制造工艺支持，重视行业"筋骨"发展，同时支持企业走出去，促进国际合作，强壮产业"双腿"的政策思路，见表 3-4。

如若干政策中提到，集成电路线宽小于 28 纳米（含），且经营期在 15 年以上的集成电路生产企业或项目，第一年至第十年免征企业所得税。这其中的两个条件的设置值得关注：一是"线宽小于 28 纳米（含）"，二是"经营期在 15 年以上"，这一方面是因为线宽越小则意味着工艺越先进，另一方面则是因为制程升级不仅需要巨额资金，想在半导体芯片的制造工艺上追赶国际先进水平，还需要更多时间。

再如除企业所得税之外，若干政策还对相应的逻辑电路、存储器生产、特色工艺集成电路生产、化合物集成电路生产及先进封装测试企业给予进口关税的政策优惠，以及重点进口自用设备技术（含软件）及配套件备件等免征进口关税。

表 3-4 2020 年若干政策中关于财政税收政策内容摘要梳理

政策	内容摘要			
		制程要求	经营期条件	优惠期
1. 集成电路生产制造企业或项目财税政策	新增政策	小于 28 纳米（含）	15 年以上	十年免税
	已有政策	小于 65 纳米（含）	15 年以上	五免五减半
		小于 130 纳米（含）	10 年以上	两免三减半
	备注	企业享受税收优惠政策的，优惠期自获利年度起计算 项目享受税收优惠政策的，优惠期自取得第一笔收入所属纳税年度起计算 线宽小于 130 纳米（含）发生亏损，准予向以后年度结转，最长不超过 10 年		
2. 其他减税政策	企业类型		优惠期	
	重点集成电路设计企业和软件企业		五年免税，接续年度 10% 税率	
	重点集成电路设计企业和软件企业		两免三减半，接续年度 10% 税率	
	集成电路设计、制备、材料、封装、测试企业		两免三减半	

（续）

政策	内容摘要		
	制程要求	企业类型	免税进口产品
3.集成电路进出口免税政策	小于65纳米（含）	逻辑电路、存储器生产企业	原材料、消耗品、净化室专用建筑材料、配套系统和集成电路生产设备零配件
	小于250纳米（含）	特色工艺集成电路生产企业（含掩模板、8英寸及以上硅片生产企业）	
	小于500纳米（含）	化合物集成电路生产企业和先进封装测试企业	原材料、消耗品
	上述企业及重点集成电路设计企业和软件企业		进口自用设备，及按照合同随设备进口的技术（含软件）及配套、备件

3.2.2 半导体人才培养及人才相关政策

随着经济发展和改革深入，各行各业对人才标准逐渐提高，我国人才类型也得到了细分，国家政策也基本上是围绕国家人才发展规划、各类人才队伍建设、海外高层次人才引进、高校毕业生就业、人才工作基础建设等几个方面来制定和调整相关人才政策，各省市相关部门也基本上是在国家产业和人才政策基础上，围绕人才的培养、引才、激励、流动、评价、待遇、服务等若干方面制定和推进人才政策的落实。

1. 我国的人才分类

我国人才类型划分标准不同，本书中大致分为学术型、应用型人才两大类，其中应用型人才又可分为工程型、技术型和技能型等三类人才。其中技术型人才和技能型人才最为常见，随着科技和社会的进步与发展，人才的概念有部分交叉重叠。工程型人才可再细分为工程研究型、工程规划型和工程应用型。工程应用型人才主要是运用工程理论和技术手段去实现工程目标的人才，主要是指工程、工业类应用型人才，即工科类应用型人才，可分为应用技术型本科和专业硕士等类型。

表3-5为相关人才类型的示意。

表3-5　我国人才类型示意

	学术型人才	应用型人才		
		工程型人才	技术型人才	技能型人才
概述	从事学术研究、理论研究的人才	2013年公布的教育学名词，指掌握精深的科学原理，并能将其转化为指导生产实践的工程原理或工作原理的人才	掌握和应用技术手段为社会谋取直接利益的人才，介于工程型人才和技能型人才之间	在生产和服务等领域岗位一线，掌握专门知识和技能，具备一定的操作技能，并在工作实践中能够运用自己的技术和能力进行实际操作的人员
常见职业	教授、院士	**工程师**、设计师、建造师	老师、律师、会计师、护士	**一线操作工**、轨道列车司机、美发师

从表 3-5 及相关分析可以看出，半导体集成电路相关人才主要以学术型人才、工程型人才以及技能型人才为主。

2. 国家人才计划

我国从 2008 年起，提出要统筹资源、完善政策、健全机制，组织实施海外高层次人才引进计划和多个人才计划，大力引进海外高层次人才回国或来华创新创业，国家及各省市地方政府的人才政策很多都是参照国家相关人才计划、产业政策制定的，由于国家相关产业政策关于人才相关的政策在产业政策说明中已经有所涉及，本节仅重点介绍国家相关人才计划，半导体产业人才应属国家人才计划范畴内。

（1）国家高层次人才特殊支持计划

2012 年，国家高层次人才特殊支持计划（又称"万人计划"）正式启动实施，是国家级重大人才工程，总体目标是用 10 年时间，遴选支持 1 万名左右高层次创新创业人才。

该计划是由中央人才工作协调小组统一领导，中组部、人社部等 11 个部委成立领导小组负责统筹协调，下设专项办负责具体实施。

"万人计划"分为三个层次，设置七类人才，主要考虑是覆盖国家发展需要的重点领域，兼顾创新与创业人才、应用研究与基础研究人才、自然科学与哲学社会科学人才等。第一层次为从事探索性、原创性研究，处于国际国内先进水平，具有成长为世界级科学家潜力的杰出人才，计划支持 100 名。第二层次是国家科技和产业发展急需紧缺的领军人才，包括科技创新领军人才、科技创业领军人才、哲学社会科学领军人才、教学名师、百千万工程领军人才五类，计划支持 8000 名。第三层次是 35 岁以下具有较大发展潜力的青年拔尖人才，计划支持 2000 名。

这项计划是落实中央对"人才强国"战略总体部署、立足国内培养支持高层次创新创业人才的国家级重大人才工程。计划重点支持活跃在科技创新创业各个领域的优秀人才，特别是正在从事重大原始创新的领军型人才、具有发展潜力的青年优秀人才。

（2）中国科学院"百人计划"

"百人计划"是 1994 年中国科学院启动的一项高目标、高标准和高强度支持的人才引进与培养计划。朱日祥、曹健林、卢柯等 14 人成为 1994 年首批支持对象。该项目原计划在 20 世纪的最后几年中，以每人 200 万元的资助力度从国外吸引并培养百余名优秀青年学术带头人。20 多年来，"百人计划"为我国科学事业凝聚了大批优秀人才，其中从海外引进的杰出青年人才达上千位。

（3）教育部"长江学者奖励计划"

"长江学者奖励计划"主要宗旨在于通过特聘教授岗位制度的实施，延揽大批海内外中青年学界精英参与我国高等学校重点学科建设，并在若干年内培养、造就一批具有国际领先水平的学术带头人，以大大提高我国高校的学术地位和竞争实力。

该计划主要由教育部统筹推动，主要针对教育人才，每年支持各大高校选拔200名青年学者、150名特聘教授、50名讲座教授，对获奖人才给予一定资金奖励。

（4）教育部"创新团队发展计划"

为进一步发挥高等学校创新平台的投资效益，凝聚并稳定支持一批优秀的创新群体，形成优秀人才的团队效应和当量效应，提升高等学校科技队伍的创新能力和竞争实力，推动高水平大学和重点学科建设，教育部有计划地在高等学校支持一批优秀创新团队。

创新团队一般应以国家实验室或近五年内经过国家评估且结果为优良的国家重点实验室、教育部重点实验室以及业绩优秀的国家或教育部工程化基地和国家重点学科为依托，承担国家重大科技任务。创新团队带头人一般应为在本校科研教学第一线全职工作的两院院士、长江学者、国家杰出青年科学基金获得者、"百人计划"入选者、国家重大项目主持人或首席科学家等中青年专家。

（5）人社部"百千万人才工程国家级人选"

该计划由中组部、人社部等11部门统筹推进，从2012年起，用10年左右时间，有计划、有重点地选拔培养4000名左右百千万人才工程国家级人选，重点选拔培养瞄准世界科技前沿，能引领和支撑国家重大科技、关键领域实现跨越式发展的高层次中青年领军人才。

国家百千万人才工程与国家重大人才计划、各地各部门专业技术人才培养工程相互协调衔接，形成分层次的高层次人才培养选拔体系。

（6）科技部"创新人才推进计划"

该计划由科技部、人社部等部门统筹推进，主要任务是设立科学家工作室、造就中青年科技创新领军人才、扶持科技创新创业人才等。这是一项具有完善机制的人才项目，从基地到团队，再从团队到个人，创新人才推进计划是旨在建设一个能源源不断输出人才的大环境。其主要目标是培养一批世界水平的科学家、科技领军人才，遴选对象主要为45周岁以下，在科技前沿和新兴产业领域取得较高成果的人才。

创新人才推进计划旨在通过创新体制机制、优化政策环境、强化保障措施，培养和造就一批具有世界水平的科学家、高水平的科技领军人才和工程师、优秀创新团队和创业人才，打造一批创新人才培养示范基地，加强高层次创新型科技人才队伍建设，引领和带动各类科技人才的发展，为提高自主创新能力、建设创新型国家提供有力的人才支撑。

（7）国家杰出/优秀青年科学基金

国家杰出青年科学基金于1994年3月14日由国务院批准设立，由国家自然科学基金委员会负责统筹管理，每年受理一次。该项目是中国为促进青年科学和技术人才的成长，鼓励海外学者回国工作，加速培养造就一批进入世界科技前沿的优秀学术带头人而特别设立的。主要遴选对象是 45 周岁以下，具有高级专业技术职务的青年学者。

国家优秀青年科学基金也被称为"小杰青"，其设立目标主要是支持杰出青年学者自主创新研究。支持在基础研究方面已取得突出成绩的青年学者自主选择研究方向开展创新研究，促进青年科学技术人才的成长，培养造就一批进入世界科技前沿的优秀学术带头人。

以上我们介绍了国家相关人才计划，从计划的统筹管理部门来看一般会涉及相关的国家设立的领导小组、各部委办、机构以及相关国家级的基金会等。虽然目前有些计划已经接近尾声，但新的人才政策一定会根据新的科技和形势发展需要出台，作为国家战略的半导体产业，相关人才政策也一定会融入相关政策的内容里面。各产业相关单位在关注国家相关部门的政策网站、信息发布的同时，要密切联系当地相关管理和机构等服务部门、人才办公室等信息公开渠道，将人才政策与产业发展紧密融合。

3. 半导体集成电路相关人才培养政策

2015 年《关于支持有关高校建设示范性微电子学院的通知》发布，为尽快满足国家集成电路产业发展对高素质人才的迫切需求，加快培养集成电路产业急需的工程型人才，提出示范性微电子学院（含筹备建设的示范性微电子学院）要坚持以人才培养为中心，加快培养集成电路设计、制造、封装测试及其装备、材料等方向的工程型人才。鼓励高校根据集成电路产业发展需求和自身优势，合理确定本科、硕士、博士层次的人才培养方向和类型，建设有特色的示范性微电子学院。

在相关政策支持方面，针对相关收费政策，开展国际合作交流，鼓励在职人员接受工程硕士、工程博士教育，鼓励企业开展校企合作育人等提出了指导性意见。

2016 年《教育部等七部门关于加强集成电路人才培养的意见》发布，提出扩大集成电路相关学科专业人才培养规模、加强集成电路相关学科专业和院系建设、创新集成电路人才培养机制、建设集成电路人才培养公共实践平台、建设产学合作育人服务平台、提升集成电路从业人员专业能力、优化集成电路人才引进与使用、加大对集成电路人才培养的政策支持、加强对集成电路产业人才工作的领导等九项内容。

2020 年 8 月，国务院颁布的《新时期促进集成电路产业和软件产业高质量发展的若干政策》进一步强调了对集成电路相关领域的政策倾斜，督促高校加强集成电路一级学科设置，开展集成电路人才培养专项资源库建设。制定并落实集成电路和软件人才引进和培训年度计划，推动国家集成电路和软件人才国际培训基地建设，重点加强急需紧缺专业人才中长期培训。在产业聚集区或相关产业集群中优先探索引进集成电路和软件人才的相关政策，重点加强急需紧缺专业人才中长期培训等。

（1）"集成电路科学与工程"一级学科的设立

2020年12月30日，国务院学位委员会和教育部宣布"交叉学科"为第14个研究生学科门类，将"集成电路科学与工程"提升为一级学科，紧密结合产业发展需求及时调整课程设置、教学计划和教学方式，努力培养复合型、实用型的高水平人才。加强集成电路和软件专业师资队伍、教学实验室和实习实训基地建设，由此集成电路学科内涵与外延扩大，同时有利于人才培养和研究资金拨款。

此举就是要通过半导体集成电路人才培养的政策导向和支持，为构建支撑集成电路产业高速发展的创新人才培养体系，从数量上和质量上培养出满足产业发展需求的创新型人才。

（2）强基计划的试点开展

2020年1月，教育部试点开展强基计划，强基计划聚焦国家重大战略需求，在确保公平公正的前提下，探索建立多维度考核学生的评价模式，逐步形成基础学科拔尖创新人才选拔培养的有效机制，重点破解基础学科领军人才短缺和长远发展的瓶颈问题。聚焦高端芯片与软件、智能科技、新材料、先进制造和国家安全等关键领域以及国家人才紧缺的人文社会科学领域。

首批试点高校包括北京大学、清华大学、复旦大学、上海交通大学、电子科技大学、大连理工大学、兰州大学在内的39所高校，2022年又新增三所试点高校。

（3）增列"集成电路科学与工程"一级学科博士点

2021年10月，教育部官网发布《国务院学位委员会关于下达2020年审核增列的集成电路科学与工程一级学科学位授权点名单的通知》。新增"集成电路科学与工程"一级学科博士学位授权点的18所高校具体为：北京大学、清华大学、北京航空航天大学、北京理工大学、北京邮电大学、上海交通大学、南京大学、东南大学、南京邮电大学、浙江大学、杭州电子科技大学、厦门大学、华中科技大学、华南理工大学、电子科技大学、西北工业大学、西安电子科技大学、中国科学院大学。

此举意在通过高校培养更多半导体集成电路领域的高级人才，进而为我国半导体集成电路产业发展提供更多核心和重要的中坚力量和人才储备。

4. 半导体集成电路相关人才引进及激励等政策

2020年，国务院印发《新时期促进集成电路产业和软件产业高质量发展的若干政策》中也有明确的人才政策，即鼓励地方按照国家有关规定表彰和奖励在集成电路和软件领域做出杰出贡献的高端人才，以及高水平工程师和研发设计人员，完善股权激励机制。通过相关人才项目，加大力度引进顶尖专家和优秀人才及团队。在产业集聚区或相关产业集群中优先探索引进集成电路和软件人才的相关政策。

鼓励有条件的高校采取与集成电路企业合作的方式，加快推进示范性微电子学院建设。优先建设培育集成电路领域产教融合型企业。纳入产教融合型企业建设培育范围内的试点企业，兴办职业教育的投资符合规定的，可按投资额 30% 的比例，抵免该企业当年应缴纳的教育费附加和地方教育附加等。

此外，2021 年 9 月 29 日，由人社部办公厅 、工信部办公厅发布实施《集成电路工程技术人员国家职业技术技能标准》，为集成电路技术人才的认定、选拔与聘用奠定了基础。

其他人才政策也可参照前面所介绍的国家相关人才计划，半导体产业相关人才也是国家战略方向人才，在各相关国家人才计划中也有不同程度的体现。

3.3　各省市半导体产业相关政策

目前，我国半导体集成电路产业主要分布在长三角、珠三角、京津冀等经济较为发达的地区，根据"十四五"规划，"十四五"期间，我国将支持北京、上海、粤港澳大湾区发展集成电路，建设北京怀柔、上海张江、大湾区、安徽合肥等综合性国家科学中心，支持有条件的地方建设区域科技创新中心。

3.3.1　全国各地区及省份集成电路产业"十四五"期间发展重点与目标

1. 长三角地区

长三角地区是国内最主要的集成电路开发和生产基地，电路产业基础设计、制造、封测等产业链全面发展，产业主要分布在上海、无锡、苏州、杭州等城市，在国内集成电路产业中占有重要地位。

2. 京津冀地区

京津冀地区是国内重要的集成电路研发、设计和制造基地，基本形成了从设计、制造、封装、测试到设备、材料的产业链，具备了相互支撑、协作发展的条件。

3. 珠三角地区

珠三角地区是国内重要的电子整机生产基地和主要的集成电路器件市场，十分重视区域半导体集成电路发展。

表 3-6 为全国各地区及省份集成电路行业"十四五"期间重要政策。

表3-6　全国各地区及省份集成电路行业"十四五"期间重要政策

地区	省份	"十四五"规划内容
全国		强化国家战略科技力量。制定科技强国行动纲要，健全社会主义市场经济条件下新型举国体制，打好关键核心技术攻坚战，提高创新链整体效能。瞄准集成电路等前沿领域，实施一批具有前瞻性、战略性的国家重大科技项目
长三角	江苏	《江苏省国民经济和社会发展第十四个五年规划和二〇三五年远景目标纲要》：要加快关键核心技术攻坚突破。组织实施关键核心技术攻关工程，力争形成一批具有自主知识产权的原创性标志性技术成果，加快改变关键核心技术受制于人的被动局面 鼓励和支持民营企业开展关键核心技术攻关。重点聚焦集成电路，积极发展新一代信息技术、新材料、节能环保、新能源、新能源汽车等产业，实施未来产业培育计划，前瞻布局第三代半导体，到2025年，战略性新兴产业产值占规模以上工业比重超过42% 《江苏省"十四五"制造业高质量发展规划》：建设集成电路与新型显示集群。面向新一代智能硬件、工业互联网、物联网、智慧家居等数字经济新需求，大力提升设计业发展水平，稳步提高制造工艺和能力，加快发展集成电路关键设备和专用材料，加快TFT-LCD产业链配套能力建设，持续推进AMOLED产品技术不断完善和产业化，推动Micro-LED、硅基OLED等新一代显示技术的关键技术突破和产业化进程，统筹优化产业布局，推进集成电路产业链协同发展，打造综合实力国内领先的集成电路与新型显示集群 《无锡市国民经济和社会发展第十四个五年规划和二〇三五年远景目标纲要》：提升集成电路全产业链发展水平，优化无锡国家芯火双创基地等载体平台，推动一批产业链重大项目建设，形成以新吴区制造设计、滨湖区设计、江阴市封装测试、宜兴市材料、锡山区装备等集成电路产业链分工协作体系，到2025年全市集成电路产业规模达到2000亿元
	浙江	浙江公布的《浙江省人民政府办公厅关于印发浙江省数字经济发展"十四五"规划的通知》中显示，集成电路作为基础产业发展重点方面，要增强芯片设计能力，加快第三代半导体技术突破，开发5G、汽车、数字安防、智能家居等专用芯片和边缘计算、存储器、处理器等通用芯片 《浙江省全球先进制造业基地建设"十四五"规划》：提出重点发展新兴产业、新一代信息技术产业，聚焦数字安防、集成电路、网络通信、智能计算标志性产业链，打造国家重要的集成电路产业基地，谋划布局未来产业，谋划布局人工智能、区块链、第三代半导体、类脑智能、量子信息、柔性电子、深海空天、北斗与地理信息等颠覆性技术与前沿产业 《浙江省加快新材料产业发展行动计划（2019—2022年）》：重点发展电子级多晶硅、200毫米和300毫米单晶硅片、大尺寸碳化硅单晶、氮化镓晶片等先进半导体材料 《新时期促进浙江省集成电路产业和软件产业高质量发展的若干政策》：依托"关键核心技术攻关在线"应用，围绕高端芯片设计、集成电路制造关键工艺、核心装备材料、关键软件等重点领域的科技重大专项，推动产业链协同创新，推动集成电路和软件首台套产品工程化攻关突破，打造"芯机联动"平台，加强标准体系建设等工作

（续）

地区	省份	"十四五"规划内容
长三角	上海	《上海市先进制造业发展"十四五"规划》：在集成电路方面，以自主创新、规模发展为重点，提升芯片设计、制造封测、装备材料全产业链能级 强化高端产业引领功能。加快先进制造业与现代服务业融合发展，强化"高端、数字、融合、集群、品牌"的产业发展方针，加快产业链供应链长板、补短板，努力掌握产业链核心环节、占据价值链高端地位。推动集成电路、生物医药、人工智能三大先导产业规模倍增，打造具有国际竞争力的高端产业集群，推进特色产业园区建设。同长三角区域产业集群加强分工协作，突破一批核心部件、推出一批高端产品、形成一批中国标准 《上海市战略性新兴产业和先导产业发展"十四五"规划》："十四五"期间，集成电路产业规模年均增速达到 20% 左右，力争在制造领域有两家企业营收稳定进入世界前列，在设计、装备材料领域培育一批上市企业。到 2025 年，基本建成具有全球影响力的集成电路产业创新高地。先进制造工艺进一步提升，芯片设计能力国际领先，核心装备和关键材料国产化水平进一步提高，基本形成自主可控的产业体系 《中国（上海）自由贸易试验区临港新片区集成电路产业专项规划（2021—2025）》提到："高端引领、全链发展、创新卓越、跨界融合"。到 2025 年，产业规模突破 1000 亿元；引进培育 5 家以上国内外领先的芯片制造企业；形成 5 家年收入超过 20 亿元的设备材料企业；培育 10 家以上的上市企业，在细分领域发展壮大一批独角兽设计企业；汇聚超过 2～5 万名硕士研究生以上学历的集成电路从业人员；园区集成电路产业投资强度 1500 万元／亩，产出强度 1500 万元／亩。到 2035 年，构建起高水平产业生态，成为具有全球影响力的"东方芯港"
	安徽	安徽省发布的《安徽省国民经济和社会发展第十四个五年规划和 2035 年远景目标纲要》提出，需打好关键核心技术攻坚战，明确关键核心技术攻坚方向 安徽将聚焦人工智能、量子信息、集成电路、生物医药、新材料、高端仪器、新能源等重点领域，瞄准"卡链""断链"产品和技术，以及工业"四基"瓶颈制约，扩容升级科技创新"攻尖"计划，实施省科技重大专项、重大创新工程攻关、重点领域补短板产品和关键技术攻关等计划
珠三角	广东	广东省发布的《广东省国民经济和社会发展第十四个五年规划和 2035 年远景目标纲要》指出，广东省"十四五"时期经济社会发展努力实现经济发展迈上新台阶、创新强省建设取得新突破、现代产业竞争力赢得新优势等主要目标。其中，创新强省建设取得新突破 粤港澳大湾区国际科技创新中心建设取得阶段性成效，综合性国家科学中心加快建设，创新体系更加完备，科技体制改革取得重大成效，集聚一批具有国际水平的科技领军人才 《广东省制造业高质量发展"十四五"规划》：打造我国集成电路产业发展第三极，建成具有国际影响力的半导体及集成电路产业聚集区。其中集成电路设计业业务收入超 2000 亿元，设计行业的骨干企业研发投入强度超过 20%，全行业研发投入强度超过 5%，集成电路制造业业务收入超 1000 亿元，建成较大规模特色工艺制程生产线，先进封测比例显著提升

（续）

地区	省份	"十四五"规划内容
珠三角	广东	《深圳市国民经济和社会发展第十四个五年规划和二〇三五年远景目标纲要》提出，深圳"十四五"时期发展总体目标是，到2025年，建成现代化国际化创新型城市，基本实现社会主义现代化。其中，经济实力、发展质量跻身全球城市前列，经济总量超过4万亿元，战略性新兴产业增加值超过1.5万亿元 深圳将加强关键核心技术攻关，探索关键核心技术攻关新型举国体制深圳路径，聚焦集成电路、关键元器件、工业母机、基础软件等领域实施梯度攻关，突破一批前沿性、引领性、颠覆性技术
京津冀	北京	《北京市"十四五"时期高精尖产业发展规划》指出，集成电路将以自主突破、协同发展为重点，构建集成电路创新平台、集成电路设计、集成电路制造、集成电路装备和材料于一体的集成电路产业创新高地，打造具有国际竞争力的产业集群。力争到2025年集成电路产业实现营业收入3000亿元 北京经济技术开发区管理委员会印发的《"十四五"时期北京经济技术开发区发展建设和二〇三五年远景目标规划》中写道，"十四五"期间，北京经开区在产业链创新链上将进一步发力，以"白菜心"工程等重大攻坚项目为抓手，继续强化集成电路制造和装备环节优势，确立北京经开区在全国集成电路全产业链发展的领导地位
	天津	《天津市国民经济和社会发展第十四个五年规划和二〇三五年远景目标纲要》指出，重点发展CPU、5G、物联网、车联网等领域的处理器芯片设计，在系统级芯片（SoC）、图形处理器（GPU）、可编程逻辑门阵列（FPGA）等领域突破一批关键技术。做强芯片用8～12英寸半导体硅片制造，布局12英寸晶圆生产线项目 《天津市制造业高质量发展"十四五"规划》：发展新一代信息技术材料，扩大8～12英寸硅单晶抛光片和外延片产能，加快6英寸半绝缘砷化镓等研发生产。推动氟化氢光刻胶、正性光刻胶材料绿色发展，改进光刻胶用光引发剂等高分子助剂材料性能，提升抛光液材料环保性等
	河北	《河北省国民经济和社会发展第十四个五年规划和二〇三五年远景目标纲要》中指出，培育壮大半导体器件产业，大力发展第三代半导体材料及器件，推动高端传感器、大功率器件、专用集成电路研发及产业化 《河北省制造业高质量发展"十四五规划"》提出，坚持智能化、终端化、链条化主攻方向，重点推动新型显示、半导体器件、现代通信、人工智能、大数据与物联网、软件和信息技术服务、卫星导航等产业，加快发展强化基础材料、关键芯片、高端元器件、传感器等技术支撑，加快突破新型显示、集成电路、5G通信、工业软件、人工智能等重点关键技术，巩固第三代半导体材料、柔性显示等比较优势
中西部	湖北	《武汉市国民经济和社会发展第十四个五年规划和2035年远景目标纲要》：围绕国家战略性新兴产业发展领域和方向，集中力量发展集成电路、新型显示器件、下一代信息网络、生物医药四大国家级战略性新兴产业集群。发展"光芯屏端网"新一代信息技术。聚焦光电子、硅光及第三代化合物半导体芯片、5G通信与人机交互、虚拟现实、智能终端、信息网络等，打造"光芯屏端网"万亿产业集群。到2025年，"光芯屏端网"产值5000亿元

（续）

地区	省份	"十四五"规划内容
中西部	重庆	重庆市发布了《关于印发重庆市国民经济和社会发展第十四个五年规划和二〇三五年远景目标纲要》的通知，重点发展功率器件，微机电系统（MEMS）传感器，模拟/数模混合芯片，存储芯片，人工智能芯片，硅基光电芯片等半导体；高密度、柔性印制电路板，片式元器件，高端滤波器，天馈线等新型电子元器件。在新材料方面，也提及了重点发展化合物半导体材料 《重庆市制造业高质量发展"十四五"规划（2021—2025 年）》提出要重点发展包括半导体在内的新一代信息技术。依托重庆市电源管理芯片发展基础，以 IDM（整合元件制造）为路径，加快后端功率器件发展，打造重庆市半导体产业核心竞争优势
	四川	《成都市"十四五"新经济发展规划》：以"固根基、扬优势、显特色、补短板"工作思路，大力支持集成电路、区块链和工业互联网等面向共性需求的基础赛道。到 2025 年，成都高新区集成电路产值规模将达到 2000 亿元，其中设计业规模达到 200 亿元，跻身国内第二方阵前列，超过杭州、西安；培育上市企业 10 家，实现营收超 10 亿元设计企业零的突破，争取培育 2 家超 10 亿元集成电路设计企业，打造国内领先集成电路设计高地和国家重要的集成电路产业基地
	陕西	《陕西省"十四五"制造业高质量发展规划》：以集成电路制造为核心，做精半导体及集成电路产业链，积极支持半导体设备及材料研发生产，大力发展集成电路设计与封装测试产业，着力补齐产业链短板，提高集成电路生产线工艺水平，提升电子级硅材料及硅片自主配套能力
	甘肃	《甘肃省国民经济和社会发展第十四个五年规划和二〇三五年远景目纲要》中提出抢抓新一轮科技革命和产业变革机遇，推动新兴产业特色化、专业化、集群化发展，大力发展半导体材料等新兴产业 《甘肃省"十四五"数字经济创新发展规划》中指出，为提升集成电路产业发展水平，支持华天科技、天光半导体、长风电子等龙头企业建设高水平集成电路装备材料和芯片封装测试生产线，提升集成电路芯片、模块、系统的测试水平。积极引入芯片设计企业，优化集成电路设计制造产业布局，加快集成电路设计产业关键技术研究与要素集聚
东北	辽宁	《中共辽宁省委关于制定辽宁省国民经济和社会发展第十四个五年规划和二〇三五年远景目标的建议》中指出，聚焦人工智能、高端装备、精细化工、新材料、集成电路等产业部署一批创新链，还重点强调，壮大集成电路产业，推动设计、制造、封装、装备、材料等全产业链发展
	吉林	实施基础再造和产业链提升工程，打造电子信息及数字产业高地，推进集成电路等产业向上下游拓展延伸。深入开展质量提升行动，完善国家质量基础设施，加强标准、计量、专利等体系和能力建设
	黑龙江	重点攻关卫星激光通信元器件、先进传感器、高压大电流功率器件、智能化仪表等电子元器件，以及石墨烯、高纯及超高纯石墨、柔性石墨、碳纳米管、碳化硅等材料

（续）

地区	省份	"十四五"规划内容
其他	福建	推动集成电路等基础产业迈向中高端，打造具有较强竞争力的数字产业集群。深化优势产业融合，引导和支持台资企业参与强链补链，加快建设海峡两岸集成电路产业合作试验区
	山西	围绕5G、电力电子、LED等关键应用，重点支持太原碳化硅、氮化镓第三代半导体、红外探测芯片，忻州砷化镓第二代半导体，长治深紫外半导体等光电半导体产业发展
	山东	《山东省国民经济和社会发展第十四个五年规划和2035年远景目标纲要》明确，山东将在"十四五"期间，重点聚焦集成电路、高端装备、新材料、生物医药、氢能源、现代农业等领域，每年实施100项左右重大技术攻关项目，集中突破一批"卡脖子"技术
	贵州	《贵州省国民经济和社会发展第十四个五年规划和二○三五年远景目标纲要》中提到，重点发展高性能计算机、集成电路、电子功能材料潜力产业
	江西	《江西省国民经济和社会发展第十四个五年规划和二○三五年远景目标纲要》中指出，在关键核心技术攻坚行动方面，聚焦航空领域的飞机及重要零部件、新一代信息技术领域的人工智能、大数据、5G、移动物联网、新能源领域的储能技术和LED芯片等关键核心技术，开展核心技术攻坚

资料来源：全国各省份集成电路"十四五"规划、各地"十四五"集成电路产业发展规划和产业规模目标等。

3.3.2 全国各重点地区城市（含直辖市）半导体集成电路行业专项政策

全国各重点地区城市（含直辖市）半导体集成电路行业专项政策见表3-7。

表3-7 全国各重点地区城市（含直辖市）半导体集成电路行业专项政策

地区	城市	政策名称
京津冀	北京	《中关村国家自主创新示范区集成电路设计产业发展资金管理办法》（中科园发[2016]38号）
	天津	《天津滨海新区加快发展集成电路设计产业意见》（津滨政发[2014]7号）
	石家庄	《石家庄市人民政府关于支持石家庄（正定）中关村集成电路产业基地发展的若干意见》（石政发[2016]57号）
长三角	上海	《上海市集成电路设计企业工程产品首轮流片专项支持办法》（沪经信法[2017]673号）、《上海市软件和集成电路企业设计人员、核心团队专项奖励办法》（沪经信规范[2018]4号）、《上海市软件和集成电路产业发展专项支持实施细则》（沪经信法[2017]633号）
	昆山	《关于印发昆山市半导体产业发展扶持政策意见（试行）的通知》（昆政发[2018]16号）
	无锡	《无锡市关于进一步支持集成电路产业发展的政策意见（2018—2020）》（锡委发[2018]11号）

（续）

地区	城市	政策名称
长三角	南京	《南京市政府关于加快推进集成电路产业发展的意见》（宁政发 [2016]42 号）
	苏州	《苏州市政府印发关于推进软件和集成电路产业发展的若干政策的通知》（苏府 [2016]29 号）
	杭州	《杭州市人民政府办公厅关于印发进一步鼓励集成电路产业加快发展专项政策的通知》（杭政办函 [2018]94 号）
	合肥	《中共合肥市委办公厅、合肥市人民政府办公厅关于印发〈合肥市加快推进软件产业和集成电路产业发展的若干政策〉的通知》（合办 [2018]27 号）、《合肥市发展改革委、合肥市财政局关于印发合肥市加快推进软件产业和集成电路产业发展的若干政策实施细则（集成电路产业）的通知》（合发改高技 [2018]941 号）
	芜湖	《关于印发芜湖市加快微电子产业发展政策规定（试行）的通知》（芜政办 [2018]22 号）
珠三角	深圳	《深圳市人民政府办公厅印发关于加快集成电路产业发展若干措施的通知》（深府办规 [2019]4 号）
	广州	《关于印发广州市加快发展集成电路产业的若干措施的通知》（穗工信规字 [2018]6 号）
	珠海	《关于印发〈珠海市促进新一代信息技术产业发展的若干政策〉的通知》（珠科工信 [2018]1479 号）
中西部	成都	《关于印发支持集成电路设计业加快发展若干政策的通知》（成办函 [2018]194 号）
	重庆	《关于印发重庆市加快集成电路产业发展若干政策的通知》（渝府办发 [2018]121 号）
	武汉	《武汉东湖新技术开发区管理委员会、中国（湖北）自由贸易试验区武汉片区管理委员会印发关于促进集成电路产业高质量发展的若干政策及实施细则的通知》（武新规 [2019]5 号）
	长沙	《长沙经济技术开发区促进集成电路产业发展实施办法》（长经开管办发 [2018]16 号）、长沙高新区《关于促进长沙高新区功率半导体及集成电路发展的若干政策》
其他	大连	《大连市人民政府关于促进集成电路产业发展的实施意见》（大政发 [2015]46 号）
	厦门	《厦门市人民政府办公厅关于印发加快发展集成电路产业实施细则的通知》（厦府办 [2018]58 号）、《厦门市人民政府办公厅关于调整加快发展集成电路产业实施细则的通知》（厦府办 [2018]185 号）
	济南	《济南市支持宽禁带半导体产业加快发展的若干政策措施》（济政办字 [2018]91 号）

3.4 各省市半导体产业人才政策

各省市地方性的半导体集成电路产业及其人才相关政策在国家产业宏观政策、国家人才计划的基础上，根据各自地方区域经济发展和人才需要各有侧重。目前各地均纷纷设立人才办公室，进一步推进和加快城市人才引进的步伐和节奏。在 2019 年之后，全国有超过 150 座城市发布了各种人才政策，在引进人才的同时，各城市制定和完善了以"引"和"留"为主的人才引进保障类政策，以"育"为主的人才培养发展类政策，以"管"为主的人才管理和人才评价政策等四方面政策。

表 3-8 为各省市产业政策中与人才政策相关的内容。

表 3-8　各省市半导体产业政策中与人才政策相关的内容

省市	年份	政策名称	相关内容
北京	2017	北京市加快科技创新发展集成电路产业的指导意见	支持在京高校加大学科建设与人才培养力度，建立健全人才培养、培训体系、指定人才引进支持政策
	2021	关于进一步加强中关村海外人才创业园建设的意见	扩大人才引进自主权，支持留学人员在京落户，支持符合条件的海外人才申报中关村"高聚工程""雏鹰"计划
		北京市国民经济和社会发展第十四个五年规划和二〇三五年远景目标纲要	集聚全球顶尖人才，大力吸引培育青年人才，充分激发人才创新活力，优化人才服务管理
		北京市"十四五"时期国际科技创新中心建设规划	加大国际化人才引进力度，进一步突出青年人才的聚集和培育，持续优化人才发展生态环境，构建从战略科学家到领域顶尖人才、专业人才、青年科技人才的多层次创新人才梯队，提高人才的宽度、高度和厚度，激发人才活力，加快形成集聚国际化人才的科研创新高地
上海	2017	关于本市进一步鼓励软件产业和集成电路产业发展的若干政策	对引进的海外高端人才，保障其子女教育等方面的福利待遇。对在产业做出杰出贡献的高端人才，给予一定资助、表彰、奖励；鼓励集成电路企业强化产研用合作
	2018	上海市软件和集成电路企业设计人员核心团队专项奖励办法	对核心团队成员，依据其对社会及所在企业发展所做的贡献、所在岗位的重要性，由市级评审工作小组审核确定奖励金额

（续）

省市	年份	政策名称	相关内容
上海	2021	中国（上海）自由贸易实验区临港新片区集成电路产业专项规划（2021—2025）	完善人才梯队建设。打造覆盖高、中、低的集成电路产业人才梯队，推动产业发展与人才集聚相互促进。积极引进集成电路领域国际顶尖人才，鼓励通过兼职、短期聘用等灵活方式吸引，更多国内外高端人才为新片区服务；完善人才培养体系，推进集成电路产教融合创新平台等产学研合作人力资源建设，支持企业人才梯度建设；鼓励创新、创业，创新人才激励政策，落实购（租）房、落户等人才政策，研究实施更具竞争力的个人所得税激励政策，营造产业创新、创业氛围，建立国内外人才创新、创业的绿色通道等
	2022	新时期促进上海市集成电路产业和软件产业高质量发展的若干政策	优化研发设计人员和企业核心团队奖励政策。加大境外高端紧缺人才扶持力度。支持企业引进人才。加强企业人才住房保障。加强高校人才培养能力建设。建立软件人才职业资质认证与职业能力评价衔接机制
天津	2018	天津市新能源产业发展三年行动计划（2018—2020 年）	充分利用"海河英才"行动计划，加大对海内外高层次新能源领域创新人才的引进力度，加大高水平管理人才和科技人才的引进和培养力度
	2021	关于深入实施人才引领战略加快天津高质量发展的意见	支持留学回国人员创新创业；创新人才和团队引进方式；加快培养创新创业领军人才；广泛储备创新后备人才；建立更加顺畅的人才流动机制
		天津市产业链高质量发展三年行动方案（2021—2023 年）	打造"海河英才"行动计划升级版，以 10 条产业链重点企业需求为导向，加大对引进海内外高层次人才的资助力度，不断提升人才吸附力。进一步完善细化人才政策，在随迁落户、住房就医、子女入学等方面提供有力保障
		天津市制造业高质量发展"十四五"规划	发挥十大产业人才创新创业联盟作用，加强创新型、技术型、应用型人才培养，引进高端产业需求的领军人才，加强企业家队伍建设
重庆	2018	重庆市人民政府办公厅关于印发重庆市加快集成电路产业发展若干政策的通知	集成电路企业享受我市人才支持政策。区县可根据项目实际情况给予针对性的人才支持
	2022	重庆市战略性新兴产业发展"十四五"规划（2021—2025 年）	造就高水平人才队伍；培养青年科技人才生力军；加快引进高层次人才；通过完善人才管理政策、完善收益分配机制激励人才更好发挥作用

（续）

省市	年份	政策名称	相关内容
河北	2018	河北省人民政府办公厅关于加快集成电路产业发展的实施意见	大力引进培养高端人才。结合省"巨人计划""百人计划""外专百人计划""三二三人才工程"等，在集成电路技术领域着力引进一批海内外高层次人才和创新团队
		石家庄市人民政府办公厅关于加快集成电路产业发展的实施意见	引进行业高层次人才。鼓励高校开展集成电路专业人才培养联合办学，引导高职院校培养专业化人才
	2021	石家庄市关于高质量建设人才强市的实施意见	拓展人才绿卡服务对象、提高领军人才支持标准、提高博士租房购房补贴标准、调整"市高层次人才支持计划"入选者支持标准、提高重大科技创新平台支持标准、加强对创新创业人才金融支持、完善公积金贷款购房政策
江苏	2017	江苏省国民经济和社会发展第十三个五年规划纲要	深入实施苏北科技与人才支撑工程，支持苏北地区大力引进技术和人才。实施重点人才工程计划积极引导优秀博士后向企业流动推行企业新型学徒制
	2018	无锡市关于进一步支持集成电路产业发展的政策意见（2018—2020）	贯彻落实"太湖人才计划"升级版相关政策，对无锡集成电路产业做出突出贡献的杰出人才给予奖励
		昆山市半导体产业发展扶持政策意见（试行）	鼓励各类研发机构与企业、高校开展多种形式合作，给予补贴人才培育及引进、企业上市扶持奖励参照昆山市相关政策执行。集成电路产业发展重点企业相关人才（团队）享受人才安居等相关政策。实施集成电路人才掐尖计划
	2019	南京市打造集成电路产业地标行动计划	领域企业均直接纳入新区人才安居支持范围。发放人才金卡。实施集成电路人才集聚计划：完善社会化、市场化人才认定机制
		关于印发《南京江北新区集成电路人才试验区政策（试行）》的通知	制定鼓励集成电路人才创新创业的奖励政策和分配激励机制。创新集成电路领域优秀人才的评价办法与认定标准，建立相应的激励机制
	2020	苏州市促进集成电路产业高质量发展的若干措施	支持重点人才引进、支持产业人才培养、支持培训基地建设
		常州市推进集成电路产业发展若干政策	贯彻落实常州市相关人才政策，加大对集成电路相关领域各类人才（团队）的招引力度，全面做好人才服务保障工作
		关于促进自贸区人才发展、优化升级"创业江北"人才计划十策实施办法（南京市江北新区）	拓展海外人才引进渠道；大力引进海内外优秀博士后人才；支持企业引才主体作用发挥；加大高层次人才举荐力度；扩大高层次人才奖励范围；建立企业高层次人才职称评审"绿色通道"；扩大青年大学生集聚效应；加强人才公共服务
	2021	南通市市区企业高水平创新型人才享受生活津贴和购房补贴实施细则	明确将高层次人才享受津贴补贴的范围，由市区工业企业放宽至市区企业，并将海门区纳入实施范围

（续）

省市	年份	政策名称	相关内容
江苏	2021	无锡高新区关于进一步加快推进集成电路产业高质量发展的政策意见（试行）	对企业新招聘的关键骨干、研发人才给予安家费，对在集成电路企业工作的副总经理以上管理人员和研发人员给予薪酬补贴
		苏州市促进集成电路产业高质量发展的若干措施	支持重点人才引进，对符合条件的集成电路产业人才在补助、人才落户、子女入学、医疗保健、住房保障等方面给予保障，支持产业人才培养
		关于加快国家一流产业科创中心建设的若干政策措施（昆山市）	聚焦打造人才集聚、产才融合、平台赋能、人才服务"四大高地"，创新推出 20 项举措，增强人才资源"虹吸"效应，为高质量发展注入强劲动能
		关于加快集成电路产业人才队伍建设的若干政策（徐州市）	市外引进的领军人才、专门人才，分别按照 30 万元、20 万元的标准，给予集成电路企业引才奖补；对全职在徐工作的领军人才、专门人才、大学毕业生，分别给予每人每年不高于 10 万元、5 万元、2 万元的生活补贴，同一人累计享受时间不超过 3 年；对集成电路企业聘用的、并在徐州市缴纳个人所得税的、年薪 30 万元以上的集成电路各类人才发放岗位补贴，用在徐购（租）房、购车、装修、家具家电添置、培训、未成年子女教育方面的消费支出。参照标准为：三年内按实缴个税地方留成部分等额补贴，之后两年减半补贴。首次在徐州市购房的，按照领军人才、专门人才、大学毕业生类别和层次，分别给予实际购房金额的 50%、15%、10%，最高不超过 120 万元、40 万元、15 万元的一次性购房补贴，每人只能申领一次补贴。由企业所在县（市）区安排公办优质中小学、幼儿园学位，专项用于保障集成电路各类人才子女就学
	2022	苏州工业园区关于加快发展集成电路产业的若干措施	支持人才集聚。在"领军登峰""企业撷英""青春园区"人才支持计划中，通过列入紧缺目录、适当增加名额等方式，加大对集成电路产业人才的支持力度
		南通市启东市《关于加快推进集成电路产业发展若干政策（试行）》（启政办发〔2022〕42 号）	鼓励人才集聚，支持企业引进科技人才，包括企业高管人才落户奖励，支持企业人才交流导入，开设人才绿色通道
浙江	2017	浙江省人民政府办公厅关于加快集成电路产业发展的实施意见	制定鼓励集成电路人才创新创业的奖励政策和分配激励机制创新集成电路领域优秀人才的评价办法与认定标准，建立相应的激励机制
		宁波市人民政府办公厅关于加快推进集成电路产业发展的实施意见	对本地集成电路材料企业以及封装测试企业核心团队给予奖励
	2018	杭州市人民政府办公厅关于印发进一步鼓励集成电路产业加快发展专项政策的通知	在人才及团队引进等方面，给予集成电路企业重点保障，提供便捷服务，形成政策合力，助推产业发展

（续）

省市	年份	政策名称	相关内容
浙江	2018	浙江省中长期教育改革和发展规划纲要（2010—2020年）	坚持培养和引进相结合。结合重点学科、重点专业建设，引进国内外高层次人才。建立健全人才机制
	2021	绍兴市加快推进集成电路产业发展若干政策（试行）	对企业核心团队（具体由企业自行界定）按企业年度营业收入规模，经专业机构认定，分类给予奖励。集成电路企业引进符合条件的高层次人才直接纳入我市人才支持范围，享受子女教育、医疗安居政策。鼓励头部企业在符合城市规划前提下自建人才住房并享受优惠政策
	2022	新时期促进浙江省集成电路产业和软件产业高质量发展的若干政策	支持企业人才引进。对入选省"鲲鹏行动"计划的专家，在项目经费等方面予以"一事一议""一人一策"支持；加快紧缺人才培养
安徽	2018	关于印发芜湖市加快微电子产业发展政策规定（试行）的通知	微电子产业引进创新人才
		合肥高新区促进集成电路产业发展政策的通知	享受购房补贴、租房补贴、入住"人才公寓"三项优惠政策中的一项。人才奖励与激励政策。发放培训补贴
		合肥市加快推进软件产业和集成电路产业发展的若干政策	引进产业紧缺人才资助指标优先向集成电路企业倾斜
	2020	合肥市加快集成电路产业人才队伍发展的若干政策	鼓励引进高层次专业人才；引导高层次人才稳定就业；加大紧缺人才生活补贴力度；多渠道保障人才安居；优化专业人才服务保障
福建	2017	南安市人民政府关于促进半导体产业发展的实施意见	对高端人才发放培训补贴，对人才给予购房租房优惠与补助，保障优秀人才子女就学，制定半导体产业优秀人才认定标准
	2018	厦门市人民政府办公厅关于印发加快发展集成电路产业实施细则的通知	对集成电路产业高端人才给予一次性安家补助。在厦门市集成电路企业中担任高管和技术团队核心成员，予以奖励
		泉州市人民政府办公室关于加快泉州市数字经济发展七条措施的通知	对引进的集成电路设计人才，按照相关规定享受相应的工作生活待遇与补助
	2022	福建省做大做强做优数字经济行动计划（2022—2025年）	深入实施省引才"百人计划""八闽英才"培育工程等重点人才计划，加快引进数字经济领域海内外战略型人才、科技领军人才、创新团队，促进人才与技术交流落地
		厦门市先进制造业倍增计划实施方案（2022—2026年）	细化高层次人才配偶安置、子女入学、住房保障、医疗保健等服务保障措施，全方位支持企业引才聚才用才。对列入先进制造业倍增计划企业的中层以上管理及技术岗位人才按个人贡献给予适当奖励

（续）

省市	年份	政策名称	相关内容
福建	2022	泉州市高层次人才认定和团队评审及政策支持规定	共整合提出 26 项惠才待遇
		加快泉州市数字经济发展若干措施	培育引进 5G 专家人才。鼓励高校院所针对企业的技术需要和发展需要，结合企业技术攻关课题，重点培养一批高素质 5G 工程技术人才；建立泉州市 5G 专家库，为我市 5G 建设、应用和产业发展提供智力支撑。按泉州市有关人才政策办理
山东	2018	济南市支持宽禁带半导体产业加快发展的若干政策措施	对相关技能人才，兑现有关扶持和奖励政策
	2022	青岛市加快集成电路产业发展的若干政策（征求意见稿）	支持引进掌握集成电路领域关键核心技术、引领产业发展的顶尖人才（团队），全职引进的，给予500 万元安家费。支持企业（项目）引进集成电路领域具有较强影响力的产业高端人才，全职引进的，连续三年按照上年度企业实际给付计缴所得税年度薪酬总额的 30% 给予奖励。对驻青高校增设集成电路紧缺专业、重点企业与在青高校科研院所联合培养应用型硕博研究生，成效突出的，可给予最高 300 万元奖补。支持集成电路企业引进全球 TOP200 高校、自然指数前 100 名高校、科研院所以及"双一流"建设高校的毕业生，按每名本科生 3000 元、硕士生 5000 元、博士生 10000 元标准给予一次性培养经费补贴
湖北	2017	武汉东湖新技术开发区关于促进招商引资的实施意见	对引进顶尖人才和团队、重大产业项目和重大研发机构等按"一事一议"方式给予支持，为经认定的各类高端人才及家属提供全方位支持。推进"双百万"工程，支持人才引进
	2018	推进"光谷制造 2025"的若干政策（试行）	加快制造业领军人才的引进和培养。建设技能人才实训基地打造高技能型人才队伍
	2020	武汉东湖新技术开发区"3551 光谷人才计划"暂行办法	对人才实施收入奖励、设立光谷合伙人投资引导基金、奖学金以及人才安居暖心行动等，加强人才保障工作
	2021	关于推动人才创新创造支撑东湖科学城建设的若干措施的通知	提供项目资金资助、安家补贴、股权投资等全方位支持
	2022	武汉市人民政府办公厅关于促进半导体产业创新发展的意见	实施国家、省、市、区的高层次人才计划，建立高层次人才柔性流动与共享机制，从薪资、购房、职业发展、家属安置、教育医疗等各个方面提升人才政策的激励力度和覆盖范围
广东	2018	深圳市坪山区人民政府关于促进集成电路第三代半导体产业发展的若干措施	支持企业通过新设或并购方式，在境外设立研发中心，吸收当地研发人才

（续）

省市	年份	政策名称	相关内容
广东	2018	广州市加快发展集成电路产业的若干措施	强化人才引进机制，引进一批国内外集成电路领域的人才。鼓励和支持龙头企业与高校、科研院所共建集成电路实践教学基地
	2019	深圳市进一步推动集成电路产业发展行动计划（2019—2023年）	对符合我市人才标准的人才在住房保障、医疗、子女上学等方面给予优先支持。着力引进国际顶尖人才及团队，打造集成电路人才集聚高地。建立集成电路领军人才库
	2020	广东省加快半导体及集成电路产业发展的若干意见	鼓励各市在个税奖励（返还）、住房保障、医疗保障、子女上学、创新创业等方面对集成电路人才给予优先支持。适当放宽人才认定标准，充分发挥港澳青年创新创业基地的平台优势
		关于促进珠海市集成电路产业发展的若干政策措施	加快建设国际集成电路创新人才高地，充分发挥横琴新区全国人才管理改革试验区作用，建立与国际接轨的人才管理和服务体系，支持港澳青年来珠海进行集成电路创新创业
	2022	广州市半导体与集成电路产业发展行动计划（2022—2024年）	实施"广聚英才计划"，积极引进一批国内外半导体与集成电路领域的创新创业人才、高端研发人才、海归高端人才、工程技术人才及团队，落实国家、省有关个税优惠政策，在创新创业、入户、人才绿卡、住房、医疗、子女教育、个税补贴等方面按政策规定落实相关待遇
		珠海高新区促进集成电路产业发展若干政策措施	建立产业人才库，支持人才引进，加强人才培养，加强安居保障，加强人才服务
		深圳市关于促进半导体与集成电路产业高质量发展的若干措施（征求意见稿）	构建高质量人才保障体系：加强人才激励保障、实施集成电路全球人才回溯计划、产学联动培养各层次专业人才
四川	2018	成都市人民政府办公厅关于印发进一步支持集成电路产业项目加快发展若干政策措施的通知	将满足条件的产业人才纳入"营城人才绿卡"服务体系，加强集成电路类高层次创新创业人才（团队）的引进及本土优秀人才的培育、激励，在"蓉漂计划"专家、引进和本土专家培育中对集成电路人才予以倾斜。
	2020	成都高新技术产业开发区关于支持集成电路设计产业发展的若干政策	在相关人员落户、住房保障、医疗保障等方面给予支持，对企业高级管理人员和集成电路设计研发人员给予奖励。在相关人员创新创业等方面给予支持
湖南	2018	长沙经济技术开发区促进集成电路产业发展实施办法	集成电路企业优秀人才每年所缴纳的个人所得税中区财政留存部分，以奖励的形式等额补贴给纳税人
	2021	中国（湖南）自由贸易试验区长沙片区人才聚集发展若干措施	加速引进高层次人才和海外人才；积极储备青年人才；创新人才分类认定；加强引才主体激励；加强创新创业支持；实施人才（企业）贡献奖励；提升人力资源服务；推进海外人才出入境和居留便利；强化人才工作生活保障；做好人才家属服务

3.4.1　半导体产业人才相关政策

人才作为集成电路产业发展的核心资源，也是各地发展集成电路产业抢夺的重点。例如，重庆、芜湖、杭州、南京、深圳、济南、大连等地的集成电路人才吸引政策主要参照当地已有政策执行或在子女就学、配偶就业、人才公寓、社保户口等方面给予一定的倾斜，并未明确支持额度。其他城市分别从直接奖励、人才聘用等方面对人才引进给予明确的支持标准及额度。

通过在北大法宝政策数据库查询，经过整理去除掉表彰通知、授予头衔、活动评选、行政批复、名单公布、换届通知和任免通知类政策，截至 2021 年 4 月底，我国共有地方性人才政策共计 3191 条，其中以人才培养及发展政策为主，其占人才相关政策的 82%，人才引进及激励政策占 9%，人才管理与维护占 5%，人才评价与考核占 4%。

据前瞻研究院《2021 年中国 31 省市人才政策对比及效益评价深度分析报告》显示，截至 2021 年 4 月底，我国人才引进及激励政策以人才引进和人才住房政策为主，占比分别为 49% 和 30%；人才培养及发展政策以人才培养和人才队伍建设为主，占比分别为 50% 和 17%。由于人才政策发布量在 2012 年前暴增所带来巨大的地区补贴成本，2012 年后我国各地区减少各类人才政策的发布，数量逐渐趋于稳定。

从各省份的人才"十四五"规划中可以看到，北京目前较重视人才培养，西藏和海南偏重干部人才队伍建设，安徽和河南则关注人才基金，宁夏、重庆和福建均较重视人才与产业融合。

据前瞻研究院《2021 年中国 31 省市人才政策对比及效益评价深度分析报告》显示，2020 年有 29 个城市新上榜最具人才吸引力城市，31 个城市排名出现上调。从整体来看，新一线城市中杭州表现亮眼，排名在 50 名以后的城市名单更容易出现更迭。四个直辖市中，除北京外均出现排名下滑，其中天津的排名较上年下滑 10 名。

进一步分析发现，在"2020 年中国最具人才吸引力 100 强城市"的归属省份中，除直辖市外，江苏和浙江的 100 强城市最多，分别为 11 个。从城市群来看，京津冀、长三角和珠三角为最具人才吸引力的城市群。

1. 部分省市人才引进相关政策

部分省市人才引进相关政策见表 3-9 所示。

<h3 style="text-align:center">表 3-9　部分省市人才引进相关政策</h3>

省市	主要政策名称及期限	计划名称或内容
北京	1）《北京市引进人才管理办法（试行）》 2）《深化北京市新一轮服务业扩大开放综合试点建设国家服务业扩大开放综合示范区工作方案》 3）《关于优化住房支持政策服务保障人才发展的意见》 4）《关于支持外籍人才来京创新创业有关事项的通知》 5）《中关村国家自主创新示范区优化创业服务促进人才发展支持资金管理办法》实施细则（试行） 6）《关于促进中关村顺义园第三代半导体等前沿半导体产业创新发展的若干措施》 7）《北京经济技术开发区支持高精尖产业人才创新创业实施办法（试行）》	1）海聚工程 2）北京海外人才聚集工程
上海	1）《上海市引进人才申办本市常住户口办法实施细则》 2）《上海加快实施人才高峰工程行动方案》 3）《新时期促进上海市集成电路产业和软件产业高质量发展的若干政策》 4）《关于优化本市居住证转办常住户口政策的通知》 5）《"十四五"加快推进新城高质量发展的支持政策》 6）《浦东新区推进张江科学城创新发展实施意见》 7）《中国（上海）自由贸易试验区临港新片区支持人才发展若干措施》	1）雏鹰归巢计划 2）上海人才高峰工程
湖北	1）《湖北省引进海外高层次人才实施办法》 2）《湖北省关于为引进海外高层次人才提供工作条件和生活待遇的若干规定》 3）《湖北省引进海外高层次创业人才工作细则》 4）《湖北省"青年拔尖人才培养计划"实施方案》	1）3551光谷人才计划 2）"我选湖北"计划
河北	1）《河北省引进海外高层次创新创业人才"百人计划"实施办法》 2）《河北省青年拔尖人才支持计划实施办法》 3）《河北省高校百名优秀创新人才支持计划实施办法》	1）外专百人计划 2）青年拔尖人才支持计划 3）海外高层次创新创业人才"百人计划"
安徽	1）《关于加强引进海外高层次人才工作的实施意见》 2）《安徽省关于建立引进海外高层次人才和急需紧缺人才职称评审绿色通道的指导意见》 3）《安徽省江淮优才卡管理办法》	1）芜湖紫云英人才计划 2）六安鸿雁人才计划 3）江淮英才计划

（续）

省市	主要政策名称及期限	计划名称或内容
山东	1）《关于加快引进海外高层次人才的实施意见》 2）《人才引育创新 2022 年行动计划》 3）《山东省重点扶持区域引进急需紧缺人才项目管理办法》 4）《关于进一步完善提升泰山学者工程的意见》 5）《关于实施泰山产业领军人才工程的意见》	1）泰山学者工程 2）泰山产业领军人才工程
陕西	1）《陕西省引进高层次人才暂行办法》 2）《陕西省创新人才攀登计划实施方案》	1）西安英才计划 2）新世纪三五人才工程
甘肃	1）《"陇原人才服务卡"制度实施办法》 2）《中共甘肃省委、甘肃省人民政府关于加快推进人才工作创新发展的意见》	陇原人才计划
青海	1）《青海省高层次人才配偶就业安置暂行办法》 2）《青海省高层次人才子女入学实施办法》 3）《青海省"十四五"科技人才发展规划》	1）昆仑英才 2）高端创新创业人才计划
贵州	1）《贵州省"百千万人才引进计划"实施办法》 2）《贵州省"十四五"人才发展规划》	
苏州	1）《苏州市引进顶尖人才（团队）"一人一策"实施办法》 2）《苏州市人才乐居工程实施意见》 3）《苏州市高层次人才享受生活待遇暂行办法》	1）苏州市海鸥计划 2）海外高层次人才引进工程（1010 工程） 3）姑苏人才"青春无忧"计划 4）姑苏乡土人才培养集聚行动计划
天津	1）《天津市创业房租补贴管理办法》 2）《天津市"海河英才"行动计划》 3）《中共天津市委办公厅、天津市人民政府办公厅关于印发天津市引进人才"绿卡"管理办法的通知》 4）《天津市人才公寓认定支持办法（试行）》	海河英才计划
重庆	1）《重庆市引进高层次人才若干优惠政策规定》 2）《重庆市留学人员回国创业创新支持计划实施办法》 3）《重庆市引进海内外英才"鸿雁计划"实施办法的通知》	1）百名青年优秀人才引进计划 2）"巴渝工匠 2020"计划 3）百千万工程领军人才培养计划
武汉	1）《武汉市引才育才年度重点任务及资金安排》 2）《关于建立完善人大工作体系推动武汉高质量发展的实施意见》 3）《关于加快构筑国际性人才高地的若干意见》 4）《关于支持百万大学生留汉创业就业的若干政策措施》 5）《武汉市房票（人才住房券）使用管理办法（试行）》	1）"千企万人"支持计划 2）黄鹤英才计划 3）高端人才"引育"工程

（续）

省市	主要政策名称及期限	计划名称或内容
福州	1）《福州市创业创新人才住房保障办法（试行）》 2）《关于鼓励引进高层次人才的八条措施》 3）《福州市引进高层次优秀人才办法》	1）"引进培养千名博士"计划 2）留学人员来闽创业启动支持计划
厦门	1）《厦门市加快发展集成电路产业实施细则》 2）《厦门市软件和信息服务业人才计划暂行办法》 3）《厦门市重点产业紧缺人才计划实施办法》 4）《留厦六条》 5）《厦门市高层次创新人才和领军型创业人才"双百计划"实施意见》 6）《关于实施柔性引进人才激励支持若干措施的通知》 7）《关于实施高技术高成长高附加值企业倍增计划的意见》 8）《重点群体来厦落户实施细则》 9）《关于深化人才发展体制机制改革加快推进人才强市战略的意见》 10）《海沧区关于进一步加强集成电路产业人才引进培育的若干意见》 11）《厦门火炬高新区管委会关于进一步加大高层次创业人才引进培育力度的补充通知（试行）》	1）高层次人才"双百计划" 2）本土领军人才支持计划

2. 主要城市人才培养相关政策

主要城市人才培养相关政策见表 3-10。

表 3-10　主要城市人才培养相关政策

城市	人才培养政策	计划名称	人才培养内容
北京	1）《北京市优秀人才培养资助实施办法》 2）《北京市人才发展"十四五"规划》 3）《首都科技领军人才培养工程实施管理办法》	1）千人计划 2）万人计划 3）高创计划	资助周期内，为青年骨干个人提供不超过10万元资助经费，为青年拔尖个人提供20~80万元资助经费，为青年拔尖团队提供200~300万元资助经费，为人才工作集体项目受资助单位提供10~50万元资助经费
上海	1）《关于在本市行业企业中开展建立高技能人才培养基地试点工作的通知》 2）《上海领军人才队伍建设实施办法》 3）《上海市人才发展"十四五"规划》 4）《上海市重点领域（产业类）紧缺人才开发目录》	1）浦江人才计划 2）千人计划	上海着力在重点产业领域，包括现代服务业、先进制造业、高新技术产业和战略新兴产业领域建成一批"航母级"培养基地，经审核符合条件的"高技能人才培养基地"有效期为3年

（续）

城市	人才培养政策	计划名称	人才培养内容
广州	1）《广州市关于加快吸引培养高层次人才的意见》 2）《广州市人才发展"十四五"规划》 3）《广州市高层次人才培养资助申请指南（修订）》 4）《专业技术人才知识更新工程实施方案》	1）百人计划 2）珠江人才计划 3）广州市"121人才梯队工程" 4）红棉计划 5）岭南英杰工程 6）菁英计划	实施百名南粤杰出人才培养工程、实施博士后培养工程、实施现代生产性服务业人才培养工程、实施企业家培养工程、加强人才培养载体建设、建立吸引培养高层次人才责任机制引进和培养高层次人才专项
深圳	1）《深圳市优秀科技创新人才培养项目管理办法》 2）《深圳市人才发展"十四五"规划》 3）《深圳市杰出人才选拔培养实施办法（试行）》 4）《中共深圳市委、深圳市人民政府关于加强高层次专业人才队伍建设的意见》 5）《深圳市高端紧缺人才目录（2021年）》	1）鹏城英才计划 2）客座专家"智库计划" 3）企业经营管理人才素质提升工程 4）教育名师造就工程 5）技能精英培育工程	实施杰出人才培养专项，根据国家战略和深圳重点领域、重点产业发展需要，每两年遴选不超过10名具有成长为本市A类人才潜力的培养对象进行重点培养
南京	1）《南京市人才发展"十四五"规划》 2）《中青年拔尖人才选拔培养实施办法》 3）《关于推进职业技能提升行动计划（2017—2020年）的实施意见》 4）《关于加强技能人才队伍建设的意见》 5）《2020年度重点产业紧缺人才需求目录》	1）"345计划" 2）创新人才培养计划 3）优化青年大学生"宁聚计划"	最高50万元项目配套资助，津贴补助、培训进修、导师结对。南京市财政投入2.2亿元用于购买技能实训设备，建设16家先进制造业和现代服务业市级公共实训基地
苏州	1）《苏州市人才发展"十四五"规划》 2）《苏州市高层次人才培养资助实施办法》 3）《苏州市人才培养工程实施意见》 4）《加快紧缺专业人才培养的意见》	1）金鸡湖人才计划 2）阳澄湖人才计划 3）姑苏创新创业领军人才计划 4）姑苏重点产业紧缺人才计划 5）姑苏高技能人才计划 6）姑苏知识产权人才计划	制定了一系列政策措施，强化政府宏观引导，加快优质教育资源整合，全面实施紧缺人才培养工程。针对重点高层次人才制定了《苏州市高层次人才培养资助实施办法》，对高层次人才或创新创业团队骨干人才的短期进修、学术交流等培养项目给予2万~20万元的经费资助

（续）

城市	人才培养政策	计划名称	人才培养内容
杭州	1）《杭州市人才发展"十四五"规划》 2）《杭州市技能类紧缺职业（工种）目录（2020版）》 3）《杭州市人民政府办公厅关于建设创新型人才队伍的若干意见》	1）"115"引智计划 2）"815"高技能人才培训倍增工程 3）杰出创业人才培育计划 4）新世纪人才工程 5）杭州市"131"中青年人才培养计划	加快大学科技园和科技企业孵化器建设、进一步加强留学人员创业园区建设、加快博士后科研工作站建设、开辟高层次创新型人才引进的绿色通道、开拓海外引才新渠道、完善人才柔性流动机制、加快杭州人才市场建设、加强对"131"人才的培养、突出紧缺人才的培养、强化企业经营管理人才创新能力培养、注重高技能人才队伍培养
成都	1）《成都市人才发展"十四五"规划》 2）《关于支持中国西部（成都）科学城建设的人才行动计划》 3）《成都实施人才优先发展战略行动计划》	1）成都优秀人才培养计划 2）产业生态圈人才计划 3）成都城市猎头行动计划 4）"蓉贝"软件人才计划	鼓励高校围绕主导产业订单式培养人才。成都将着眼推动"产教融合"，鼓励知名高校来蓉设立特色学院，支持校企合作开展订单式人才培养
重庆	1）《重庆市人才发展"十四五"规划》 2）《重庆市高等教育发展行动计划（2018—2022年）》 3）《关于进一步加强基层人才队伍建设的建议》	1）"巴渝工匠2020"计划 2）重庆英才计划	探索高职、应用本科、专业硕士贯通培养，构建产业人才培养新体系，建成20所市级优质高职（高专）院校。实施"双基地"建设计划，大力推行产教融合、校企合作，带动"双师双证"建设。建设市级示范性校企联盟、行业联合的职教集团30个
天津	1）《天津市人才发展"十四五"规划》 2）《天津市2021年自主创新人才培养培训工作计划》 3）《天津开发区促进产业技能人才队伍建设行动计划（2019—2025年）》 4）《天津市进一步加快引育高端人才若干措施》	1）天津"131人才工程" 2）天津市青年人才托举工程	市级重点支持"项目+团队"带头人及成员；天津市"131"创新型人才培养工程第一层次人选和创新型人才团队带头人及成员；联盟内企业自主创新人才；博士后人才以及具有高级职称的专业技术骨干人才

（续）

城市	人才培养政策	计划名称	人才培养内容
武汉	1）《武汉市人才发展"十四五"规划》 2）《武汉市中长期人才发展规划（2010—2020 年）》 3）《武汉市职业技能提升行动实施方案》	1）十百千人才工程 2）青年干部成长工程 3）"武汉工匠"培育计划 4）"学子留汉"工程	实施武汉设计之都青年设计师培训计划，搭建服务平台，提供国际交流与培训信息，对纳入培训计划的青年设计师赴国外学习给予每人每次不超过 5 万元补助。对在汉设计企业或者设计人才获得国内外著名设计大奖或者国家科技进步奖的，按照获奖等级一次性给予最高 50 万元奖励

3.4.2　我国部分城市人才政策介绍

对于各城市的具体半导体人才相关政策，由于各地区的产业发展阶段、目标以及区域特征等不尽相同，所以各城市也制定了不同的人才政策，但总体上来说，基本上都是围绕半导体尤其是集成电路产业人才的吸引与保留、培养与激励等制定的相关措施。

限于篇幅，本书仅做部分举例列举，读者可结合前面的相关内容及企业所在城市相关各部门，如工信、科技以及人社等的相关网站、通知等，做好相关人才的"选用育留"工作。

例如，北京市为凝聚优秀企业家和产业领军人才，建立首席专家特聘制度。加大创新型科技人才的引进培养力度，鼓励在京高等院校开设高精尖重点产业学科，并引入一批高水平的创新人才团队。主要通过各类补贴与奖励，促进人才、技术、产业链的发展，争取打造覆盖全产业链的集成电路产业集群。

例如，广州市对于集成电路产业人才的吸引与保留、培养与激励，都提出了相关措施：引进一批国内外集成电路领域的创新创业人才、高端研发人才、海归高端人才、工程技术人才等，符合引进条件的外籍人士优先办理绿卡；将集成电路企业列入整体租赁新就业无房职工公租房的优先配租单位范围，鼓励符合条件的集成电路人才按规定申请公租房保障，并按有关规定做好引进人才的子女入园入学工作；鼓励和支持龙头企业与高校、科研院所共建集成电路实践教学基地；支持集成电路高层次人才举办或参与集成电路学术会议、行业峰会论坛、行业展览、行业培训等，对符合条件的集成电路杰出专家、优秀专家、青年后备人才按规定给予资料津贴；每年奖励一批集成电路产业高端人才和急需紧缺人才，按不超过其上一年度对广州市发展做出贡献的一定比例给予薪酬补贴，最高每人 150 万元。

再如厦门市，在现有人才政策优惠措施基础上，对符合《厦门市集成电路产业高端人才评定标准》，经集成电路办审核确认的 A 类、B 类、C 类集成电路高端人才，分别给予 100 万、50 万、30 万元，分 3 年按 40%、30%、30% 发放。

上海自贸区临港新片区积极引进集成电路领域国际顶尖人才，鼓励通过兼职、短期聘用等灵活方式吸引更多国内外高端人才为新片区服务。完善人才培养体系，推进集成电路产教融合创新平台等产学研合作人力资源建设，支持企业人才梯度建设。鼓励创新、创业，创新人才激励政策，落实购（租）房、落户等人才政策，研究实施更具竞争力的个人所得税激励政策等。

在个人所得税、奖励及补贴等方面，例如上海对集成电路设计、制造、设备企业研发人员专项奖励的金额，按照工作年限，年度应纳税所得，以及对企业的贡献综合评定，个人奖励金额最高不超过 50 万元。厦门对集成电路企业中的高管和技术团队核心成员，以年薪（税前）30 万元（含）以上为标准，按人才工资薪金所得三年内缴纳个人所得税地方留成部分的 25% 予以奖励。相比之下，北京目前缺乏对集成电路高端人才的专项政策。在人才培训补贴方面，主要分为按培训人次补贴和按机构、基地补贴两种。其中，合肥和武汉按人次进行补贴；苏州、厦门、成都、昆山对符合条件的培训机构或基地给予一定的支持。按人次进行补贴的最高支持额度在 50～100 万元左右，而对于培训基地的补贴，厦门补贴的力度最大，额度可达 500 万元。

3.5 我国半导体产业人才政策的趋势与建议

据相关机构报告，伴随着社会、经济及科技产业的发展，我国的人才政策主要呈现区域间的竞争加剧、产地融合、市场化、均等化、专业化和数智化六大发展趋势，结合半导体产业发展特点及规律，我们建议如下：

1. 竞争加剧下的精准与灵活

区域转型任务艰巨，在人才政策各个环节不断加码，加大招才引智竞争。尤其是半导体行业人才，政府和企业要针对行业特点和产业岗位工作特点，制定相对灵活、精准的人才政策，即要做好"选用育留"，又要有的放矢。

2. 产地融合的多元发展

按照本地产业结构和资源禀赋，系统科学有效地构建人才地图。半导体行业人才必须适合本区域、本地产业特点发展，做好人才发展规划，使得本地产业与人才发展融合，使人才对所在地方的产业的发展有愿景、有信心，这样方能"引进来"和"留得住"。

3. 市场化下的"政企"转型

从"政府主导"转型"企业主导"，在人才发现、评价、培养、效能提高等领域发挥市场和用人主体的作用。要充分发挥企业作为用人主体的能动性和责任感，促使企业自身提高人才"选用育留"的能力和工作环境等，以适应自身对人才需求和企业经营发展的双重要求。

4. 均等化下的特殊机制

近年来，各地逐步取消了一些"特殊性"的优惠政策，在政策层面对海内外人才一视同仁。半导体行业人才在目前来说，海内外人才尤其是领军型人才还是非常短缺，在人才"一视同仁"的同时，根据所在产业链的关键程度及现状等，仍需要设立相对应的特殊机制。

5. 专业化下的合理机制

由人力资源公司、第三方人才服务机构、专业人才协会、社会组织或者企业来主导招才引智。由此，需要设立合理的机制，如供应链的管理、人才链的搭建、服务链的贯通等。

6. 数智化中的主动高效

通过信息的集成、数据的集成、办理流程的网络化以及服务的平台化，实现招才引智的全面数智化，这也是很好地实现半导体行业招才引智的必要和重要手段，有利于人才的平台化管理以及参与各方的动态管理和相关机制的建立。

第4章　半导体产业从业人员能力体系

由于半导体产业链庞大繁杂，限于篇幅，本书仅介绍以半导体集成电路设计、制造工艺、封装测试产业链为主的半导体产业从业人员能力体系，我们称为DMP-Based（Design、Manufacturer、Package Testing-Based）。

4.1　从业人员能力体系构建

4.1.1　职业能力与职业发展体系构建的意义

能力，是指完成一定活动的本领，它是一个人面对竞争，进入目标职业的决定条件，是能否胜任职业工作的主观条件。我们这里所说的能力，是指半导体产业从业者从事半导体产业相关生产活动的能力，也指职业工作能力。

半导体产业更需要长期、稳定的人才从事相关岗位的工作，既首先要"坐得住"，至少三五年，同时又要"做得长"，才会"守得云开见月明"，因此在各级院校各层次教育阶段就要做好进入半导体产业前的职业能力体系的规划，无论是对学生、从业者和半导体产业界而言都具有十分重要的意义。

1. 职业能力的重要性

职业能力的重要性体现在以下三个方面：

1）随着经济、科技的发展与市场竞争的日趋激烈，全社会对人才的认识正在发生着微妙的变化，这种变化就是在注重文凭的同时，更注重实际能力，半导体产业以及工程型人才更是如此。

2）文凭高，但缺乏专业能力、专业素养或者操作能力的人，并不一定受市场欢迎，成长性有限，那些能力与技能高的人才则越来越受到市场青睐，甚至身价大涨。专业能力强、专业素质好、技能水平高的人才，正是半导业产业发展以及在实际工作中适用和急需的人才。

3）对国家而言，高素质的科技工作者、专业从业者和有强大竞争力的企业，无疑是经济发展、社会进步的重要推动力量，也是半导体产业发展的重要基石。

2. 职业发展规划的重要性

企业在发展过程中，员工激励一般主要由三个基本方面组成，包含薪酬、文化环境氛围及职业规划发展，对于不同类别、不同层级的员工，这三个维度的激励强度不同。技能型员工，对薪酬激励更敏感，知识型员工则对职业规划发展和文化环境氛围更加敏感。所以，由于半导体企业知识型员工居多，越来越多的半导体企业开始注重人才职业规划和发展的建立，为员工提供更为广阔和通畅的晋升条件及路径。

在人才培养和教育阶段帮助广大教育工作者、学生或学员了解半导体产业的职业发展体系，无疑对产业高层次和知识型人才增强对半导体产业的兴趣和认识，并愿意积极投身到半导体产业，持续为半导体产业做贡献，能够起到"推波助澜"的作用。

3. 职业能力与职业发展体系构建目的

职业能力和职业发展体系构建的根本目的是为了更高效地实现院校人才培养、专业建设以及产业人才发展和企业人力资源规划的目标。

基于国家相关政策和产业发展战略，各院校和企业能够根据自身实际情况并结合产业规划与发展趋势等，制定和调整本单位的整体人才培养、专业建设以及产业人才发展规划和企业人力资源体系，以便能够清晰并明确需要培养和"选用育留"什么样的人才，职业发展体系为未来和现有人才提供了通往基于现在和未来的人才培养道路的支撑。

4. 职业能力与职业发展体系构建意义

对企业来说，可以构建起企业人才"选用育留"的高效举措和机制：

1）需要什么样的队伍？

2）具体的要求是什么？

3）如何培养或挑选出合适的人才？

4）企业人才的晋升通道和职业发展如何结合产业和企业实际来设计，从而达到"留住"人才的目标，增强企业人才稳定性？

对院校来说，可以提供更加具有鲜明特色化和高素质学生的人才培养模式与专业建设规划：

1）需要什么样的教师队伍和人才培养与教学方案？

2）产业人才具体的要求是什么？

3）如何培养出适合产业发展又适合岗位要求的人才？

4）学生的职业能力和职业发展教育如何结合产业和企业实际来设计，从而达到高素质人才的培养目标？

对学生或员工来说，注重于清晰了解半导体产业的方向和要求：

1）在半导体产业整体通道中，我在哪里？

2）我可以往哪里走（发展）？

3）去往那里的要求是什么（标准 / 要求）？

从而推动员工有效选择并主动追求职业成长，同时也推动高价值员工的留用。

4.1.2　产业通识、半导体从业人员能力体系

整个半导体产业链都是受研发和技术高度驱动的，对技术和人才的要求较高。在半导体集成电路这样的高科技人才密集型产业领域，我们综合评定一名产业人才在产业链企业中的任职能力，分别可以从以下三个方面入手得以判断。

首先是其具备的职业能力，指的是从业人员的一般性学习能力、数理运用能力、分析判断能力、计算推理能力、手眼协调能力等综合通用能力要素。同时，在进行职业活动时，从业者要遵循职业行为准则和社会道德规范。在与团队成员合作互动中，能够适当处理各种人际关系，具备社会化的适应能力。

其次，从事半导体产业链环节中的某一职业，所必不可少的是从业人员所具备胜任岗位的专业能力，例如，单点或体系化的半导体专业基础知识和技术基础知识，在集成电路的设计、制造、封装测试领域具备单个 / 多个或跨领域复合型的专业技术能力。

最后是从业人员的综合素质能力，包括：在人际沟通领域、团队协作领域、领导力领域、商务礼仪领域、法律法规领域、安全生产领域以及知识产权领域的素质模型，以及面对行业的发展革新，具备的终身学习能力、信息收集于分析能力、问题解决能力和创新能力。

总的来讲，具备合格的职业能力、专业能力以及规范必要的素质是半导体从业人员胜任其职业岗位的必要条件，是高质量有序开展工作的先决条件以及推动人才不断提升科技创新能力的坚实根基。

1. 芯片设计产业人才通用能力概要

芯片设计产业人才通用能力和专业方向见表 4-1、表 4-2。

表 4-1　芯片设计产业人才通用能力

序号	能力类别	能力概要
1	综合能力	熟悉集成电路设计的流程和方法 具备良好的内外部沟通能力，了解集成电路设计领域的应用业务需求，并提供相应的解决方案
2	专业知识	具备集成电路设计和半导体工艺等基础知识 熟悉常见的 CPU、GPU、IP 和 SoC 总线架构，以及常见的音视频、通信、人工智能等方面的算法

（续）

序号	能力类别	能力概要
3	技能	掌握 Verilog 编程技能 掌握 C/C++、Python、Bash、Tcl、Perl 等脚本编程语言 熟悉 Linux 操作系统以及 vim 等文本编辑工具的操作 熟悉主流的集成电路设计 EDA 工具，比如逻辑仿真、物理验证等
4	工程实践能力	熟悉复杂 SoC 芯片架构以及前端和后端设计流程，具备芯片设计经验 具备一定的项目经验，熟悉超大规模集成电路设计的前端和后端的设计流程 具备大规模芯片量产和流片的经验

表 4-2　芯片设计产业人才专业方向

类别	专业方向
本科专业指引	电子信息工程 电子科学与技术 微电子科学与工程 光电信息科学与工程 集成电路设计与集成系统 计算机科学与技术 智能科学与技术
专科专业指引	电子信息工程技术 应用电子技术 微电子技术 电子电路设计与工艺 计算机应用技术 软件技术

2. 芯片制造产业通识

芯片制造类的人才主要指进行芯片制造所用原材料晶圆的制造人才，可以分为两大类，一类是晶圆制造的人才，另一类就是晶圆加工的工艺类人才。

晶圆制造的人才，主要工作是进行芯片制造所用原材料——晶圆的制造，晶圆又分为硅晶圆和砷化镓等化合物晶圆。以硅晶圆为例，首先需要获得加工的原材料，就是高纯度的硅，然后获得具有相同晶向的单晶硅，通过拉晶的方法得到一根一根的硅锭，在此过程中可以进行 N 或者 P 型的掺杂，然后将其打磨、抛光、切片得到晶圆。通过晶圆的制造过程可知，这类人才主要是从事化学和物理相关类的工作，因此人才来源自然是化学、物理、机械、微电子等相关专业。

晶圆加工的工艺类人才，被很多人认为是真正意义上的芯片制造人才，主要是 Foundry（制造）代工厂的工艺制造流程所需要的各类人才。芯片设计完成以后得到版图文件（一般叫 GDS 文件），该文件交付代工厂进行芯片的生产制造。代工厂进行芯片制造的晶圆加工工艺流程有几十道工序，包括光罩、掩模、刻蚀、掺杂、离子注入、化学气相沉积、金属互连线制作、研磨等，晶圆加工完成以后还会进行晶圆级的测试。这里面有机械类的、化学类的、物理类的、光学类的各种工艺，需要进行工艺开发及优化、生产流程管控、生产良率提升等工作，需求的人才主要是微电子学专业的器件和工艺方向毕业生。事实上，代工厂除了工艺类的人才需求以外，还有很多其他人才的需求，例如器件的建模、PDK（工艺设计工具包）制作、工艺线验证、EDA 软件相关支持工作等。

通过上面的分析我们知道芯片制造业公司的工艺、流程众多，职位也非常之多，如设备工程师（Equipment Engineer，EE）、制程工程师（Process Engineer，PE）、制程整合工程师（Process Integration Engineer，PIE）、产品工程师（Product Engineer，PDE）、良率提升工程师（Yield Engineer，YE）等，后面会有职业及职业发展方向的进一步详细介绍。

关于芯片制造工艺，这里我们按照芯片制程最重要的四大工序：扩散、薄膜、刻蚀、光刻及这四大工序的制程工程师所需要的专业及技能进行介绍。

一是扩散工艺（Diffusion Process），这里的扩散工艺是指所需要的杂质在一定条件下对硅（或其他衬底）进行掺杂，如在硅中掺磷、硼等。广义上讲，氧化与退火也是一种扩散；前者指氧气在 SiO_2 中的扩散，后者指杂质在硅（或其他衬底）中的扩散。其目的是要为了改变原材料的电学特性或化学特性。

二是薄膜工艺（Film Process），这里的薄膜工艺指通过蒸镀、溅射、沉积等工艺将所需物质铺盖在基片的表层，根据其过程的气相变化特性，可分为物理气相沉积（PVD）与化学气相沉积（CVD）两大类。

三是光刻工艺（Litho Process），芯片光刻是通过一系列生产步骤（主要包含涂胶、曝光、显影），将晶圆表面的薄膜与光刻板中的图形做相同动作的选择性的显开或遮蔽。而光刻机的图形转移能力（最小线宽）是整条工艺线的重要指标，这与设计时可做的集成度大小有直接关联。

四是刻蚀工艺（Etch Process），芯片刻蚀技术，实际上就是光刻腐蚀，先通过光刻将光刻胶进行光刻曝光处理，然后通过其他方式实现腐蚀处理掉所需除去的部分。刻蚀是用化学或物理方法有选择地从硅片表面去除不需要的材料的过程，其基本目标是在涂胶的硅片上正确地复制掩模图形。在半导体制程中，刻蚀就是用化学的、物理的或同时使用化学和物理的方法，在光刻的基础上有选择地进行图形的转移。刻蚀技术主要分为干法刻蚀与湿法刻蚀。

这四项工艺技术在芯片生产和加工过程是最重要的工艺，都需要较强的专业和技术背景，其中刻蚀工艺是最难攻克的，如果从职业前途来看，刻蚀工艺工程师最有机会做到管理层。

3. 能力细分

职业能力标准通识主要由以下几个部分组成：

1）职业能力定义：按本书 DMP-Based 的范围与原则，半导体从业人员一般分为三个主要的职业发展方向：集成电路设计、集成电路制造工艺实现和集成电路封装测试。

2）从业人员岗位定义：从事集成电路需求分析、集成电路架构设计、集成电路详细设计、测试验证、网表设计、版图设计、集成电路工艺开发与维护、集成电路测试与失效分析的工程技术人员。

3）职业能力基本特征：具有较强的学习、分析、计算、推理、判断能力。按受教育程度分为研究生、本科、专科、高职。

4）专业能力分为专业基础知识和技术基础知识两个部分，专业能力具体见表4-3。

表4-3　芯片制造产业人才专业能力

专业基础知识	1）半导体物理与器件知识
	2）信号与系统知识
	3）模拟电路知识
	4）数字电路知识
	5）微机原理知识
	6）集成电路工艺流程知识
	7）集成电路计算机辅助设计知识
技术基础知识	1）硬件描述语言知识
	2）电子设计自动化工具知识
	3）集成电路设计流程知识
	4）集成电路制造工艺开发知识
	5）集成电路封装设计知识
	6）集成电路测试技术及失效分析知识

5）素质能力分为基本素质、其他相关知识、相关法律法规知识。素质能力具体见表4-4。

表4-4　芯片制造产业素质能力

基本素质	职业沟通素养
	团队协作能力
	领导力
	商务礼仪
其他相关知识	安全知识
	知识产权知识
	环境保护知识
相关法律法规知识	《中华人民共和国劳动法》
	《中华人民共和国劳动合同法》
	《中华人民共和国知识产权法》

6）能力分级规范。在专业技术等级中，从业人员能力体系分为三个等级，分别为初级、中级、高级。三个等级专业能力要求和相关知识要求依次递进，高级别涵盖低级别的要求。初级、中级、高级专业技术板块具体见表4-5。

表4-5 半导体产业人才专业技术板块

集成电路设计方向	模拟与射频集成电路设计
	数字集成电路设计
	集成电路测试设计与分析
	设计类电子设计自动化工具开发与测试
集成电路制造端工艺实现方向	集成电路工艺开发与维护
	集成电路生产与维护管理
	生产制造类电子设计自动化工具开发与测试
	工艺制程技术
	器件设计与工艺仿真
集成电路封测方向	集成电路封装研发与制造
	封装制程技术
	集成电路测试设计与分析
	晶圆测试技术
	成品测试技术

职业能力体系分级细则如下：

初级：集成电路设计方向的职业功能包括模拟与射频集成电路设计、数字集成电路设计、集成电路测试设计与分析、设计类电子设计自动化工具开发与测试；集成电路制造端工艺实现方向的职业功能包括集成电路工艺开发与维护；集成电路封测方向的职业功能包括集成电路封装研发与制造、生产制造类电子设计自动化工具开发与测试，见表4-6。

表4-6 半导体产业人才初级职业能力体系分级细则列举

职业能力	工作内容	专业能力要求	相关知识要求
1. 模拟与射频集成电路设计	1.1 模拟与射频集成电路原理设计	1.1.1 能根据电路图、工艺文件和模型文件，分析电路的具体工作原理 1.1.2 能根据功能定义，完成基本功能模块的设计或电路结构的简单优化 1.1.3 能使用设计类电子设计自动化工具，完成基本电路模块的功能仿真	1.1.1 元器件参数及模型知识 1.1.2 基础电路结构知识
	1.2 模拟与射频集成电路版图设计	1.2.1 能根据工艺流程和设计文件，完成器件的结构特点分析 1.2.2 能根据工艺设计规则，使用设计工具，完成简单版图设计 1.2.3 能根据工艺设计规则，使用检查工具，完成版图的设计规则检查、电路版图间的匹配检查及寄生参数提取	1.2.1 工艺流程基础知识 1.2.2 版图设计工具基本操作知识 1.2.3 器件版图结构知识

（续）

职业能力	工作内容	专业能力要求	相关知识要求
2. 数字集成电路设计	2.1　数字集成电路前端设计	2.1.1　能根据硬件描述语言代码，分析数字电路基础逻辑功能的设计原理 2.1.2　能根据功能规范，使用硬件描述语言进行数字电路基础功能模块的设计开发 2.1.3　能使用仿真工具对代码进行仿真、编译和调试，完成功能仿真	2.1.1　数字逻辑电路基础知识 2.1.2　硬件描述语言基础知识
	2.2　数字集成电路验证	2.2.1　能根据数字电路设计方案，提取验证功能点，撰写简单数字电路验证文档 2.2.2　能使用计算机高级编程语言与脚本解释程序，开发简单的模块级数字电路验证环境，并正确分析数字电路的逻辑时序 2.2.3　能使用数字电路电子设计自动化工具，进行模块级数字电路测试及覆盖率分析	2.2.1　数字集成电路设计及验证基础知识 2.2.2　计算机高级编程语言、硬件描述语言、脚本编写语言的基础使用知识 2.2.3　数字电路覆盖率分析基础知识
	2.3　数字集成电路后端设计	2.3.1　能根据前端设计要求，编写数字后端流程的脚本文件 2.3.2　能完成基础数字电路后端布局规划、电源规划、时钟树综合、布局布线、ECO 等流程 2.3.3　能对数字集成电路版图进行物理验证 2.3.4　能使用工具对数字后端流程的标准单元库进行规范化操作 2.3.5　能使用数字后端电子设计自动化工具进行基本操作	2.3.1　数字后端脚本语言基础知识 2.3.2　时序电路基础知识
	2.4　可测性设计	2.4.1　能根据设计方案、电路架构和制造工艺，撰写模块级集成电路的可测性设计方案 2.4.2　能根据可测性设计方案，使用可测性设计工具，完成简单模块的 DFT 测试向量生成，以及简单模块测试向量插入后的仿真验证 2.4.3　能进行 DFT 仿真验证的调试，定位跟踪问题	2.4.1　集成电路可测性设计知识 2.4.2　集成电路量产测试知识 2.4.3　集成电路可测性设计相关电子设计自动化工具的操作知识
3. 集成电路工艺开发与维护	3.1　设备使用与维护	3.1.1　能撰写和更新设备的标准作业流程、异常处理、风险管控等技术文件 3.1.2　能完成工艺设备的日常维护保养，排除简单的设备故障	3.1.1　集成电路工艺设备使用和维护知识 3.1.2　半导体工艺制程知识
	3.2　工艺技术开发	3.2.1　能完成简单工艺研发、调试优化、工艺管控及生产维护 3.2.2　能完成数据收集，定性分析工艺问题，提供解决方案 3.2.3　能完成工艺模型提取和验证，制定器件管控指标，选择可靠性标准	3.2.1　工艺设备和系统的操作知识 3.2.2　实验操作和样品分析知识 3.2.3　器件工艺仿真知识

（续）

职业能力	工作内容	专业能力要求	相关知识要求
3. 集成电路工艺开发与维护	3.3 工艺流程优化与整合	3.3.1 能完成工艺和设计方案优化，提高产品性能及良率 3.3.2 能分析和处理工艺制程中的异常情况 3.3.3 能进行量产产品的可靠性监控及数据分析	3.3.1 集成电路工艺原理知识 3.3.2 工艺可靠性控制知识 3.3.3 数据分析知识
	3.4 工艺维护与改进	3.4.1 能进行工艺的日常维护 3.4.2 能及时处理产品和设备异常、资材短缺，确保生产线连续平顺运转 3.4.3 能改善工艺控制，使用统计过程控制和相关统计方法，提高工艺参数综合制程能力 3.4.4 能建立监控体系，制定监控规范，实时监控产品制程异常和产品缺陷	3.4.1 工艺制程监控相关知识 3.4.2 统计过程控制稳定性监控、六西格玛等相关知识
4. 集成电路封装研发与制造	4.1 集成电路封装设计与仿真	4.1.1 能完成封装设计需求沟通、信息导入与可行性评估 4.1.2 能完成封装基本需求设计 4.1.3 能完成封装仿真建模与仿真分析 4.1.4 能完成封装仿真技术报告撰写	4.1.1 封装设计、仿真基础知识 4.1.2 封装设计、仿真工具基本操作知识
	4.2 集成电路封装工艺制造	4.2.1 能确定封装工艺制造方案 4.2.2 能完成封装工艺调试与设备维护 4.2.3 能完成封装产品生产和报告撰写	4.2.1 封装工艺流程基础知识 4.2.2 封装工艺设备基本操作知识
5. 集成电路测试设计与分析	5.1 仪器设备维护	5.1.1 能完成测试仪器设备的日常维护保养，处理常见软硬件异常，排除简单故障 5.1.2 能完成简单的测试异常数据分析及原因查找 5.1.3 能评估、管理和执行改善提案，提升仪器设备产出效能及产品质量	5.1.1 集成电路测试仪器设备相关使用知识 5.1.2 仪器设备量值溯源知识 5.1.3 测试数据分析知识
	5.2 测试方案设计与优化	5.2.1 能根据客户提供的集成电路设计规范和测试设备规格，依据标准设计简单集成电路的电参数测试和可靠性试验方案 5.2.2 能根据具体测试设备和测试方案编写和调试测试程序 5.2.3 能设计简单的测试电路板、探针卡等测试硬件，并完成对测试硬件的调试验证 5.2.4 能分析和解决测试产品中的异常问题	5.2.1 集成电路的电参数测试相关知识 5.2.2 性能测试和可靠性试验相关标准知识 5.2.3 测试硬件设计知识
	5.3 结果数据分析与处理	5.3.1 能监控和分析测试数据，发现相应的测试问题并进行优化 5.3.2 能完成测试结果的统计分析和测试报告的编写	5.3.1 测试结果采集、存储和计算知识 5.3.2 数据统计分析知识

（续）

职业能力	工作内容	专业能力要求	相关知识要求
6. 设计类电子设计自动化工具开发与测试	6.1　模拟和混合信号集成电路设计工具开发与测试	6.1.1　能使用基本器件搭建简单的模拟电路图（如运放）和数字电路图（如基本逻辑门），并编程将电路图转换为 SPICE 网表 6.1.2　能进行 SPICE 模型文件及网表的语法检查、分析，并抽象成方程组和矩阵 6.1.3　能编程实现基本的数值计算	6.1.1　初等拓扑知识 6.1.2　初等数值计算基础知识 6.1.3　SPICE 计算基础知识
	6.2　数字集成电路设计工具开发与测试	6.2.1　能进行硬件描述语言的语法检查、分析和编译相关模块的开发 6.2.2　能根据算法和流程图的要求，使用编程语言实现基于平面几何图形的分析和运算	6.2.1　初等硬件描述语言知识 6.2.2　初等计算几何知识
7. 生产制造类电子设计自动化工具开发与测试	7.1　集成电路制造类工具开发与测试	7.1.1　能结合集成电路产线的实测数据，进行器件建模和工艺设计库建库的工具开发 7.1.2　能使用模拟全流程电子设计自动化系统，对器件模型和工艺设计库进行验证	7.1.1　初等优化建模类算法知识 7.1.2　模拟全流程电子设计自动化系统使用知识
	7.2　集成电路封测与电子系统类工具开发与测试	7.2.1　能根据电子元器件和集成电路的封装类型和管脚结构进行方案设计 7.2.2　能使用编程语言实现基于平面几何图形的分析和运算	7.2.1　印制电路板设计基础知识 7.2.2　初等计算几何知识

中级：集成电路设计方向的职业功能包括模拟与射频集成电路设计、数字集成电路设计、集成电路测试设计与分析、设计类电子设计自动化工具开发与测试；集成电路制造端工艺实现方向的职业功能包括集成电路工艺开发与维护；集成电路封测方向的职业功能包括集成电路封装研发与制造、生产制造类电子设计自动化工具开发与测试，见表 4-7。

表 4-7　半导体产业人才中级职业能力体系分级细则列举

职业能力	工作内容	专业能力要求	相关知识要求
1. 模拟与射频集成电路设计	1.1　模拟与射频集成电路原理设计	1.1.1　能根据应用需求，确定设计指标，完成电路模块架构设计 1.1.2　能对电路模块进行各性能参数仿真验证，并根据仿真结果进行电路优化 1.1.3　能完成电路版图设计规划，制定电路模块的测试与验证方案	1.1.1　模拟与射频集成电路设计知识 1.1.2　半导体工艺和器件知识
	1.2　模拟与射频集成电路版图设计	1.2.1　能根据电路原理，完成对复杂电路模块版图及其接口的布局和规划 1.2.2　能根据工艺设计规则，完成版图的物理验证，并对检查出的异常进行优化设计，完成复杂电路模块仿真及版图设计 1.2.3　能结合版图设计，完成失效分析	1.2.1　版图设计与优化知识 1.2.2　集成电路失效机理知识

（续）

职业能力	工作内容	专业能力要求	相关知识要求
2. 数字集成电路设计	2.1　数字集成电路前端设计	2.1.1　能根据应用需求与电路整体架构，确定复杂数字电路功能模块架构、可测性方案及实施方案 2.1.2　能根据复杂数字电路功能模块的指标要求，完成相应 RTL 设计、仿真、逻辑综合、一致性检查、静态时序分析、功能验证等设计流程	2.1.1　可测性方案设计知识 2.1.2　大规模数字集成电路设计流程知识
	2.2　数字集成电路验证	2.2.1　能根据复杂数字电路模块的设计方案，提取验证功能点，撰写数字模块验证方案，开发接口和应用场景的测试用例 2.2.2　能使用数字电路验证工具，基于验证语言和脚本语言，开发复杂数字电路验证环境 2.2.3　能进行复杂数字电路的调试，定位跟踪问题，并对问题的解决方案提出建议	2.2.1　验证方法学知识 2.2.2　数字电路验证流程知识 2.2.3　验证语言和脚本语言知识
	2.3　数字集成电路后端设计	2.3.1　能根据集成电路前端设计与整体版图规划，确定复杂数字电路模块的版图布局与实施方案 2.3.2　能根据指标要求和功能定义，采用数字后端电子自动化设计工具，完成复杂数字电路模块布图规划、电源规划和时序收敛等设计流程 2.3.3　能基于后端设计工具，实现电路版图功耗、性能与面积等指标的评估与优化 2.3.4　能对单元库的完整性、一致性、时序功耗等指标进行综合验证与质量评估	2.3.1　数字集成电路工艺库知识 2.3.2　数字后端电子设计自动化工具的操作知识
	2.4　可测性设计	2.4.1　能根据集成电路量产测试的要求，确定可测性设计指标，完成可测性设计实施方案和架构设计，并完成可测性设计的代码开发 2.4.2　能根据集成电路量产投片的测试结果，优化可测性设计方案，提升测试向量覆盖率，降低漏筛率 2.4.3　能基于验证数据，开发测试模式下的验证案例，达到集成电路前后仿真的覆盖率要求 2.4.4　能基于后端数据，完善测试电路结构，实现测试模式下的时序收敛 2.4.5　能配合机台测试，定位跟踪问题，并就问题的解决提出技术性方案	2.4.1　集成电路量产测试电路优化及良率提升知识 2.4.2　机台测试基础知识 2.4.3　集成电路测试设备使用知识及测试故障分析知识

（续）

职业能力	工作内容	专业能力要求	相关知识要求
3. 集成电路工艺开发与维护	3.1　设备使用与维护	3.1.1　能对设备和零部件进行验证和评估 3.1.2　能制定及实施设备维护计划，保证设备的性能状态，提高设备的使用率 3.1.3　能完成异常处理和风险管控等技术文件的撰写和更新	3.1.1　设备工作原理知识 3.1.2　风险管控知识 3.1.3　半导体工艺设备维护维修知识
	3.2　工艺技术开发	3.2.1　能建立和完善工艺流程、生产流程、操作指导书的编制，并对新工艺的试产进行测试、优化和可靠性调试 3.2.2　能根据工艺整合的要求，针对新工艺开发所遇到的异常问题，提供解决方案 3.2.3　能建立和维护基于工艺平台的PDK，完成PDK中各个器件的CDF参数设置，器件单元的DRC、LVS、XRC和仿真验证 3.2.4　能完成PDK的功率、性能、面积表征模型提取和性能评估，并进行不同PDK之间功率、性能、面积的比较与分析	3.2.1　集成电路器件结构知识 3.2.2　设计规则知识 3.2.3　PDK开发知识 3.2.4　半导体量测及相关仪器的使用知识
	3.3　工艺流程优化与整合	3.3.1　能针对制造工艺过程的问题，提出解决方案并实施 3.3.2　能编写工艺作业指导书 3.3.3　能分析量产产品电性参数统计数据，并制定提升计划	3.3.1　产品加工和装备工艺知识 3.3.2　量产统计数据分析知识 3.3.3　晶圆良率提升知识
	3.4　工艺维护与改进	3.4.1　能进行生产线产品缺陷的检查、控制，对缺陷进行分析、统计及分类 3.4.2　能进行产品异常的快速分析及处理 3.4.3　能编写并改进标准操作流程 3.4.4　能编写工艺检验文件，及时处理产品质量异常	3.4.1　异常分析和处理知识 3.4.2　器件失效分析知识
4. 集成电路封装研发与制造	4.1　集成电路封装设计与仿真	4.1.1　能根据产品要求选择封装方案 4.1.2　能根据应用要求完成封装设计 4.1.3　能修正封装设计中出现的问题 4.1.4　能完成封装仿真和结果分析	4.1.1　封装基板、框架等工艺知识 4.1.2　封装材料知识 4.1.3　封装仿真相关交叉学科基础理论与优化知识
	4.2　集成电路封装工艺制造	4.2.1　能优化封装工艺方案与工艺参数 4.2.2　能根据封装需求选择合适的封装材料 4.2.3　能发现并解决封装工艺出现的问题 4.2.4　能完成新工艺、新材料的导入验证 4.2.5　能完成封装过程中的质量监控	4.2.1　封装质量管控、分析与实验知识 4.2.2　封装工艺设备原理知识

（续）

职业能力	工作内容	专业能力要求	相关知识要求
5. 集成电路测试设计与分析	5.1 仪器设备维护	5.1.1 能制定设备保养计划、工艺文件和技术标准 5.1.2 能分析处理设备故障，总结设备异常，并提出解决方案	5.1.1 设备维护知识 5.1.2 良率优化知识
	5.2 测试方案设计与优化	5.2.1 能根据集成电路设计规范和测试设备规格，依据标准，设计中等难度的电参数测试和可靠性试验方案 5.2.2 能完成不同测试平台的测试程序转换开发，进行测试程序分析与优化 5.2.3 能设计中等难度的测试电路板、探针卡等测试硬件，并对测试硬件进行调试验证	5.2.1 性能测试和可靠性试验所依据的标准知识 5.2.2 电性能测试板和夹具设计知识 5.2.3 可靠性试验版和夹具设计知识 5.2.4 测试程序开发知识
	5.3 结果数据分析与处理	5.3.1 能根据测试数据，提出改善质量和良率的建议并实施 5.3.2 能完成测试报告的审核并提出修订建议	5.3.1 质量管理体系知识
6. 设计类电子设计自动化工具开发与测试	6.1 模拟和混合信号集成电路设计工具开发与测试	6.1.1 能根据系统架构和算法流程图的要求，使用编程语言进行多元微分方程组和中大规模矩阵的求解计算 6.1.2 能根据系统架构和算法流程图的要求，使用编程语言实现基于平面几何图形的分析和运算 6.1.3 能根据系统架构和算法流程图的要求，使用编程语言实现平面多层网格的离散化与有限元计算	6.1.1 优化建模类算法知识 6.1.2 大规模数值计算理论与计算几何知识 6.1.3 有限元分析知识
	6.2 数字集成电路设计工具开发与测试	6.2.1 能根据系统架构和算法流程图的要求，使用编程语言实现复杂大规模平面几何图形的自动优化（如布局布线、时序ECO等） 6.2.2 能根据系统架构和算法流程图的要求，使用编程语言进行大规模硬件描述语言的并行仿真算法的开发 6.2.3 能根据系统架构和算法流程图的要求，使用编程语言进行布尔可满足性问题的分析和验证	6.2.1 超大规模集成电路设计知识 6.2.2 并行计算机体系结构与资源优化知识 6.2.3 布尔代数知识

（续）

职业能力	工作内容	专业能力要求	相关知识要求
7. 生产制造类电子设计自动化工具开发与测试	7.1　集成电路制造类工具开发与测试	7.1.1　能进行工艺测试版图库的自动生成工具的开发 7.1.2　能根据系统架构和算法流程图的要求，对关键制造步骤进行数值模拟和仿真 7.1.3　能根据系统架构和算法流程图的要求，实现超大规模集成电路版图的显示、拼接、几何运算、数据压缩等算法开发	7.1.1　集成电路制造全流程的知识，尤其是光刻、刻蚀、注入、扩散、沉积等关键步骤的相关知识 7.1.2　大规模数值计算理论与计算几何知识 7.1.3　并行计算机体系结构与资源优化知识 7.1.4　信息论和信源编解码知识
	7.2　集成电路封测与电子系统类工具开发与测试	7.2.1　能根据系统架构和算法流程图的要求，进行封装或多层电路板的布局布线算法开发 7.2.2　能根据系统架构和算法流程图的要求，进行集成电路或多层电路板的信号完整性和功耗完整性仿真分析算法开发	7.2.1　计算几何知识 7.2.2　多物理场计算知识 7.2.3　有限元理论知识

高级：集成电路设计方向的职业功能包括模拟与射频集成电路设计、数字集成电路设计、集成电路测试设计与分析、设计类电子设计自动化工具开发与测试；集成电路制造端工艺实现方向的职业功能包括集成电路工艺开发与维护；集成电路封测方向的职业功能包括集成电路封装研发与制造、生产制造类电子设计自动化工具开发与测试，见表4-8。

表4-8　半导体产业人才高级职业能力体系分级细则列举

职业能力	工作内容	专业能力要求	相关知识要求
1. 模拟与射频集成电路设计	1.1　模拟与射频集成电路原理设计	1.1.1　能根据产品需求，确定电路架构及整体实施方案，规范定义各模块的设计指标 1.1.2　能完成模拟子系统的设计与优化 1.1.3　能规划集成电路整体版图设计，完成整体布局	1.1.1　高性能模拟与射频集成电路设计知识 1.1.2　系统架构设计知识 1.1.3　系统验证及测试知识

（续）

职业能力	工作内容	专业能力要求	相关知识要求
1. 模拟与射频集成电路设计	1.2 模拟与射频集成电路版图设计	1.2.1 能根据不同功能电路设计，规划集成电路整体版图、封装布局 1.2.2 能完成所有模拟电路版图从子模块到顶层的集成设计 1.2.3 能优化模块版图性能，提升电路的可靠性	1.2.1 集成电路可靠性知识 1.2.2 版图设计的寄生效应知识
2. 数字集成电路设计	2.1 数字集成电路前端设计	2.1.1 能根据产品需求，确定系统架构及实施方案，进行大规模 SoC 芯片的模块建模及可行性评估，分解模块并定义各模块的功能性能指标 2.1.2 能根据技术指标，完成集成电路整体设计、IP 集成、仿真、逻辑综合、一致性检查、静态时序分析、功能验证等设计流程 2.1.3 能规划集成电路整体版图布局和封装方案 2.1.4 能规划集成电路整体测试评估方案，并组织实施	2.1.1 系统架构设计知识 2.1.2 高性能数字集成电路设计知识 2.1.3 系统验证及测试相关知识 2.1.4 集成电路低功耗设计技术知识
	2.2 数字集成电路验证	2.2.1 能根据产品功能需求及性能指标，制定大规模 SoC 芯片验证方案，定义各功能测试点、模块测试用例及覆盖率指标 2.2.2 能采用 UVM 验证方法学设计大规模 SoC 芯片验证平台架构，搭建大规模 SoC 芯片系统级验证环境	2.2.1 高级验证方法学知识 2.2.2 主流通信协议知识
	2.3 数字集成电路后端设计	2.3.1 能制定复杂数字集成电路版图的后端设计方案 2.3.2 能实现大规模 SoC 版图后端物理设计流程，完成整体版图的审核 2.3.3 能设计先进数字电路工艺库及流程，优化后端设计方法和流程	2.3.1 数字集成电路设计全流程知识 2.3.2 集成电路封装知识 2.3.3 数字后端设计方法学知识 2.3.4 先进工艺相关知识
	2.4 可测性设计	2.4.1 能制定大规模 SoC 芯片系统级量产测试方案，搭建可测性设计的整体架构，确定可测性设计的模块划分及评价指标 2.4.2 能开发大型 SoC 芯片可测性设计全流程自动化脚本	2.4.1 集成电路设计、验证、制造、测试全流程知识 2.4.2 集成电路量产评估及性能优化知识

（续）

职业能力	工作内容	专业能力要求	相关知识要求
3. 集成电路工艺开发与维护	3.1　设备使用与维护	3.1.1　能主持工艺设备的选型和安装调试 3.1.2　能处理设备常规故障，保证设备正常运转 3.1.3　能维护设备稳定，减少工艺缺陷，提高成品率 3.1.4　能对设备和零部件提出改进意见	3.1.1　设备安装、调试知识 3.1.2　设备质量提升知识
	3.2　工艺技术开发	3.2.1　能根据产品需求开发新工艺 3.2.2　能通过工艺调试，减少工序的工艺缺陷、改善工艺的Cp/Cpk，维护工艺的稳定性，提高成品率 3.2.3　能制定工艺标准，审核作业指导书，编写人员操作规范和培训教材	3.2.1　工艺设备结构和工作原理知识 3.2.2　集成电路材料知识 3.2.3　器件原理和器件物理知识 3.2.4　新工艺调试、异常分析和工艺优化知识 3.2.5　品质管理知识
	3.3　工艺流程优化与整合	3.3.1　能制定工艺整合方案，优化工艺流程，解决线上异常状况，保证产线顺畅运行，提高良率与整体质量，降低生产成本 3.3.2　能根据工艺节点的设计规则及器件性能要求，设计并优化所需的器件物理结构	3.3.1　工艺整合知识 3.3.2　生产线质量管控知识 3.3.3　器件建模及性能优化知识
	3.4　工艺维护与改进	3.4.1　能评估备用材料、部件的可行性，及时采取措施修正工艺 3.4.2　能建立和优化缺陷检测模型，降低产品缺陷率，提升产品良率，分析缺陷对良率的影响	3.4.1　工艺缺陷产生原理知识 3.4.2　生产线产品良率提升知识 3.4.3　器件制作流程及相关工艺模块知识
4. 集成电路封装研发与制造	4.1　集成电路封装设计与仿真	4.1.1　能根据产品要求制定系统级多芯片封装方案 4.1.2　能修正系统级多芯片封装设计中出现的问题 4.1.3　能完成系统级多芯片封装仿真和结果分析	4.1.1　集成电路工艺战略规划知识 4.1.2　封装设计、仿真工具开发知识
	4.2　集成电路封装工艺制造	4.2.1　能根据封装新技术新工艺要求对封装工艺设备提出持续改进方案 4.2.2　能编写新型封装工艺制造规范 4.2.3　能制定和完善不同封装工艺要求的封装设计规范 4.2.4　能制定封装产品质量规范	4.2.1　封装工艺设备前沿知识 4.2.2　封装制造规范标准知识 4.2.3　封装工艺基础原理知识 4.2.4　封装产品质量规范知识

（续）

职业能力	工作内容	专业能力要求	相关知识要求
5. 集成电路测试设计与分析	5.1 仪器设备维护	5.1.1 能完成设备到厂的装机导入，并制定标准操作程序 5.1.2 能编写设备维修手册 5.1.3 能根据实际需求对设备进行改造	5.1.1 设备安装、调试知识 5.1.2 设备质量提升知识
	5.2 测试方案设计与优化	5.2.1 能根据集成电路设计规范和测试设备规格，依据标准设计复杂集成电路的电参数测试和可靠性试验方案 5.2.2 能完成不同测试平台的复杂测试程序转换开发，进行复杂测试程序分析与优化 5.2.3 能设计复杂的测试电路板、探针卡等测试硬件，并对测试硬件进行调试验证 5.2.4 能针对量产测试中的低良率问题，提出改进方案，完善测试流程 5.2.5 能编写作业规范并进行人员培训	5.2.1 复杂集成电路测试和可靠性试验方案设计知识 5.2.2 多种平台测试程序开发知识 5.2.3 良率提升方法知识
	5.3 结果数据分析与处理	5.3.1 能综合分析测试结果和影响因素 5.3.2 能完整编写检测报告 5.3.3 能对初中级人员进行培训并编写培训计划	5.3.1 失效分析知识 5.3.2 质量提升知识
6. 设计类电子设计自动化工具开发与测试	6.1 模拟和混合信号集成电路设计工具开发与测试	6.1.1 能编制超大规模矩阵计算的加速解决方案的系统架构和算法流程图 6.1.2 能编制全定制集成电路和版图设计优化解决方案的系统架构和算法流程图 6.1.3 能利用机器学习或神经网络，加速复杂三维场的建模和计算	6.1.1 高等数值计算知识 6.1.2 高等计算电磁学和复杂有限元知识 6.1.3 人工智能基础知识
	6.2 数字集成电路设计工具开发与测试	6.2.1 能编制大规模硬件描述语言网表的加速仿真验证解决方案的系统架构和算法流程图 6.2.2 能编制复杂布尔可满足性问题解决方案的系统架构和算法流程图 6.2.3 能编制非确定性多项式难题的优化近似解决方案的系统架构和算法流程图 6.2.4 能编制中大规模数字电路的关键路径时序分析（包括静态时序分析和SPICE动态时序分析）和时序优化解决方案的系统架构和算法流程图	6.2.1 高等布尔代数知识 6.2.2 非确定性多项式类问题的高等理论及算法知识 6.2.3 高等SPICE仿真和时序分析知识

（续）

职业能力	工作内容	专业能力要求	相关知识要求
7. 生产制造类电子设计自动化工具开发与测试	7.1　集成电路制造类工具开发与测试	7.1.1　能编制工艺和电学仿真类工具的系统架构和算法流程图 7.1.2　能编制光学临近校正类工具的系统架构和算法流程图 7.1.3　能利用机器学习或神经网络，加速关键工艺步骤的建模和计算	7.1.1　高等计算光学理论和复杂有限元知识 7.1.2　人工智能相关知识
	7.2　集成电路封测与电子系统类工具开发与测试	7.2.1　能编制封装或多层电路板布局布线解决方案的系统架构和算法流程图 7.2.2　能编制集成电路或多层电路板信号完整性和功耗完整性解决方案的系统架构和算法流程图	7.2.1　高等计算几何知识 7.2.2　高等多物理场计算知识

上述内容参考了《人力资源社会保障部办公厅 工业和信息化部办公厅关于颁布集成电路工程技术人员等 7 个国家职业技术技能标准的通知》中关于《集成电路工程技术人员》的部分相关内容，具体其他详细部分，本书不再展开阐述，相关单位可根据上述内容及产业实际灵活进行从业人员能力体系的要求定义。

4.2　产业工作领域和核心岗位人才需求调研与数据分析

4.2.1　工作领域需求分析

本书半导体产业链主要侧重以 DMP-Based 即以设计、制造、封测三个主要产业链为主的产业人才及工作领域分析为主，其他如半导体材料、半导体设备，以及 EDA 工具和 IP 等产业链，限于篇幅，不过多涉及。

半导体产业人才从总体上来说需要五大类人才：基础研究科研型人才、技术型人才和管理人才、运营人才及产业领军人才，本书以技术型人才的分析阐述为主。

1. 设计类产业人才

目前芯片主要分为数字和模拟两个方向，一个完整集成电路设计公司或设计部门一般会包含数字设计、模拟设计、解决方案、生产测试以及质量等单位。不同的公司会根据自己的产品需求以及目前的企业规模设置不同的部门，而不同方向也对应不同的岗位。

按职位和岗位一般需要以下七类设计类产业人才：

（1）半导体器件模型开发人才

这类人才主要是芯片制造代工厂会有很多需求，我们把它归类于设计类产业人才需求，因为各类器件都需要建立准确的模型才能提供 PDK 用于芯片仿真设计。对应的大学专业一般是微电子专业器件方向。

（2）芯片系统和算法类人才

这类人才主要是从事相关系统架构或者特定算法的研究工作，为了实现特定的功能或者性能需要架构和算法上的创新，特别是传感器类、处理器类芯片产品和 AI 芯片产品等。这类人才对应的大学专业较为广泛，包括数学、物理电子、计算机、微电子、集成电路、电子工程、通信工程、自动化、光电信息等。

（3）RTL（Register Transfer Level，寄存器传输级）逻辑设计人才，也即数字前端工程师

这类人才主要负责芯片逻辑功能的实现。大学各电子类相关专业的人才一般都可以进入该工作岗位。

（4）电路设计人才

这类人才主要是从事模拟电路类的设计工作，包括模拟电路、射频电路、数模混合电路等的设计，模拟电路的设计与数字电路的设计流程有很大差异，入门的要求较高，需要有扎实的电路理论和半导体相关理论基础。对应的人才来源同样是大学里的各电子类相关专业，包括微电子、集成电路、电子工程、通信工程、光电信息等。

（5）数字验证人才

这类人才主要是从事复杂数字芯片系统的验证工作，包括算法功能、性能的验证，SoC 系统功能、性能的验证等，需要掌握 UVM 等各类验证方法学，用到很多脚本语言。人才来源同样对应大学的各电子类相关专业。

（6）版图设计人才

这类人才分为模拟电路版图和数字电路后端版图设计，这两个工作岗位的差异非常大，模拟和数字版图的设计流程完全不同，采用的工具也不一样。版图设计工作相对入门容易一些，但是版图做到极致也不容易。人才来源一般是普通本科和较好的高职院校的微电子、集成电路等相关专业。

（7）封装设计人才

这类人才主要是进行芯片的封装设计工作，包括各类封装结构的仿真评估等，主要与封测厂对接。

设计类产业人才的岗位主要包括数字集成电路设计工程师；FPGA 系统开发与测试工程师；数字集成电路验证工程师；模拟集成电路设计工程师；集成电路版图设计工程师；片上系统设计与开发工程师；射频集成电路开发工程师。

2. 制造类产业人才

芯片制造类产业人才需求一般分两大类，一类是晶圆制造的人才，另一类就

是晶圆加工（芯片制造）的工艺人才。

（1）晶圆制造的人才

这类人才的主要工作是进行芯片制造所用原材料——晶圆的制造，晶圆又分为硅晶圆和砷化镓、碳化硅、氮化镓等化合物晶圆。通过晶圆的制造过程可以知道，该类人才主要是化学和物理相关类的工作，因此人才的来源自然是化学、物理、机械、微电子等相关专业。

（2）晶圆加工（芯片制造）的工艺人才

这类人才主要是晶圆代工厂的工艺制造流程所需要的各类人才。代工厂进行芯片制造的晶圆加工工艺流程有几十道工序，包括光罩、掩模、刻蚀、掺杂、离子注入、化学气相沉积、金属互连线制作、研磨等，晶圆加工完成以后还会进行晶圆级的测试。这里面有机械类的、化学类的、物理类的、光学类的各种工艺，需要进行工艺开发及优化、生产流程管控、生产良率提升等工作。

制造类产业人才岗位主要包括设备工程师（Equipment Engineer，EE）、制程工程师（Process Engineer，PE）、制程整合工程师（Process Integration Engineer，PIE）、产品工程师（Product Engineer，PDE）、良率提升工程师（Yield Engineer，YE）、操作员等，其中按照芯片制程最重要的四大工序扩散、薄膜、刻蚀、光刻，从事这四大工序的制程工程师又包括薄膜工艺工程师、扩散工艺工程师、光刻工艺工程师、刻蚀工艺工程师等岗位，由于这四项工艺技术在芯片生产和加工过程是最重要的工艺，都需要较强的专业和技术背景，如果从职业前途来看，刻蚀工艺工程师最有机会做到管理层。

此外，质量工程师（Quality Engineer，QE）、可靠性工程师（Reliability Engineer，RE）、测试工程师（Testing Engineer，TE）、客户工程师（Customer Engineer，CE）等都是芯片制造工厂中很重要的岗位和职位，其职业方向一般也是工程师到主管、再到部门经理这样的管理路线，技术路线即从一般工程师到高级工程师再到资深专家。

3. 封测类产业人才

芯片封测分为封装和测试两个子类，同时也会涉及很多配套的产业，包括封装的原材料、封装设备和测试设备等。芯片封测的人才来源主要是电子类相关专业、计算机专业、电气工程及自动化专业、机械专业等。

（1）芯片封装人才

芯片的封装主要完成晶圆的切割、芯片的引线框键合等工作，封装类型也是多种多样的。封装过程中的各类可靠性评估、封装良率提升、仪器设备操作需要各类人才。芯片的封装工作往往被人认为技术含量不高，但是先进的晶圆级封装技术含量是很高的。

（2）芯片测试人才

芯片封装完成以后要进行电气性能的测试、老化等可靠性测试、芯片筛选自动化测试等，测试方法和测试设备也是五花八门，需要相关的测试人才，这类人才要熟悉测试分析仪器和测试流程及方法。有些测试的要求非常严格、非常耗费时间和精力，例如汽车电子芯片的测试，所以对人才的需求也较多。

封测类产业人才主要岗位包括测试工艺工程师、封装研发工程师、封装工艺工程师、封装设计工程师、封装仿真工程师、中测/成测/测试开发工程师、系统级测试开发工程师、可靠性测试开发工程等各类测试工程师。

4.其他类人才

除上述产业人才构成了半导体产业人才的工作领域的主要需求外，半导体材料人才、半导体制造设备类人才、设计开发用的 EDA 工具软件人才、芯片应用人才、各类管理人才、运营人才和具备专业能力及全球视野的高级领军人才都是半导体产业发展不可缺少和重要的产业人才构成。

如半导体材料产业人才，半导体材料细分类别多、技术门槛高，是整个半导体产业的基础，其对芯片制造业安全可靠发展以及持续技术创新起到至关重要的支撑作用。

由于芯片使用的材料种类层出不穷，材料成分也越发复杂，芯片性能的提升越发依赖材料技术的底层创新，某些材料一旦受限，集成电路产业将被"卡脖子"，整个集成电路的制造将受到重大影响。可以预见，未来超越摩尔领域的异质集成、3D 集成电路等技术能否取得突破性进展，将更多依赖于半导体材料的创新。因此对这方面的人才将有较大需求，特别是能够及时了解芯片产业所需，在化学、材料、物理等方面与芯片交叉的复合型创新人才。

再如半导体制造设备类人才，目前芯片制造的各类关键设备基本都由欧美及日本企业垄断，特别是我们所熟知的极紫外光刻机等高端设备，半导体设备的独立自主研发以及国产化替代势在必行。半导体制造设备大类有十几种，涉及的面非常广，比如薄膜沉积装备、光刻机、刻蚀机、清洗机、离子注入机等，还包括各种封装设备、测试设备。半导体设备人才需求也是多种多样，包括机械、光电、自动控制、物理、化学等专业，甚至很多都是需要基础学科支撑的科研型人才，而多学科交叉复合型人才是最急需的。

作为半导体产业的最终产品，芯片能真正应用在各系统终端的产品上才有意义和价值，因此需要各类芯片应用人才，完成芯片的应用方案、电子系统的设计、终端产品的设计等。芯片应用人才通常是电子工程师、通信工程师、系统应用工程师等，他们将芯片最终推向应用市场。

芯片设计需要使用 EDA 软件，主流 EDA 软件被国外垄断，国产 EDA 软件的研发还需要很长的路要走，该领域需要各类数学、物理计算的理论研究型人才，需要很多的软件开发人才，整体来说 EDA 软件的开发难度极高，从长远来说也必将会有较为迫切的需求。

4.2.2　产业核心岗位人才需求分析

本书编写过程中，联合相关数据公司、机构等进行了半导体行业招聘岗位网上调研，覆盖设计、制造、封测、设备、材料、EDA 等 6 个子行业，调研岗位 5000 余个，岗位需求分析结果如下：

1）从岗位分布上看，设计行业的岗位需求最多，其次是封测行业。制造、设备、材料及 EDA 行业的岗位需求占比相对较低，如图 4-1 所示。

2）根据招聘岗位职责，设计行业岗位需求被划分为 8 种，包括算法设计、数字前端、数字验证、FPGA、数字后端、模拟 IC 设计、版图设计、射频 IC 设计，主要为工程师岗位，即工程型人才。对于一些需求非常少的岗位没有统计在上述 8 种类型中。从岗位分布来看，数字前端和 FPGA 的岗位需求较多，其次是版图设计、数字验证和模拟 IC 设计，其余岗位需求相对较少，如图 4-2 所示。

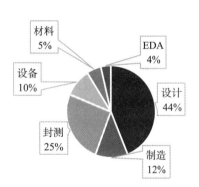
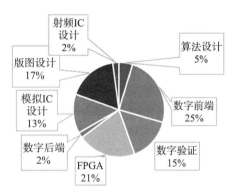

图 4-1　各产业链岗位需求比例分布图　　　图 4-2　芯片设计岗位需求比例图

3）由于制造业的具体工艺、设备岗位众多，划分过细容易失去统计意义。因此将制造业岗位分为工艺、设备、测试和质量等 4 种主要工程师岗位。从岗位分布上来看，工艺岗位的需求最多，其次是设备岗位，测试和质量岗位的需求相对较少，如图 4-3 所示。

4）封测业的招聘岗位分为 5 种，包括工艺、设备、测试、PCB 和质量。从岗位分布上看，工艺和设备的工程师岗位需求较多，测试、PCB 和质量的工程师岗位需求相对较少，如图 4-4 所示。

5）设备制造业的招聘岗位分为 5 种，包括电气、工艺、机械、软件和维护。从岗位分布上看，各个岗位的需求相对较为均衡，如图 4-5 所示。

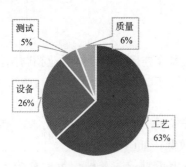

图4-3 芯片制造岗位需求比例图

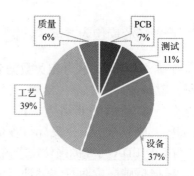

图4-4 封测岗位需求比例图

6）材料行业的招聘岗位分为5种，包括产品、工艺、设备、测试和质量。从岗位分布上看，工艺的工程师岗位需求最多，其次是设备和质量的工程师岗位，产品和测试的工程师岗位需求相对较少，如图4-6所示。

图4-5 设备制造岗位需求比例图

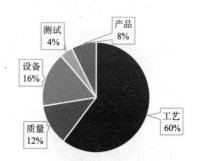

图4-6 材料岗位需求比例图

7）EDA行业的招聘岗位分为3种，包括：算法、软件开发、软件测试等工程师岗位。从岗位分布上看，软件开发的工程师岗位需求最多，软件测试和算法的工程师岗位相对较少，如图4-7所示。

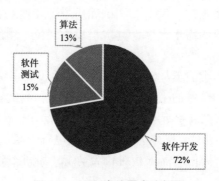

图4-7 EDA岗位需求比例图

4.3 产业链企业组织架构、工作内容和从业人员岗位图谱

4.3.1 各产业链企业一般组织架构

1. 集成电路设计类公司

具有一定规模的芯片设计公司组织岗位及架构如图 4-8 所示。

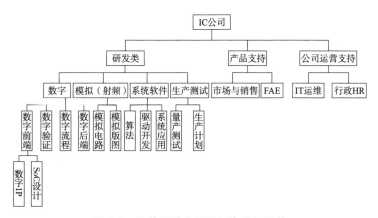

图 4-8 芯片设计公司组织岗位及架构

在上述芯片设计公司中，芯片架构设计师的门槛最高，一般要求具有博士 3 年以上 / 硕士 8 年以上的从业经验，精通前后端、算法等，且对验证等均有了解，一般也会从前端设计工程师转型或晋升而来。

EDA 架构设计师，一般也是要求具有博士 3 年以上 / 硕士 8 年以上的从业经验，精通算法、C++ 等，门槛也很高。

数字芯片设计的四大职位依次为前端设计工程师、后端设计工程师、DFT 工程师、设计验证工程师。其中前端设计工程师最好是硕士及以上，未来可以走技术路线和管理路线，设计验证工程师一般本科就可以，但随着芯片技术和对芯片功能的要求提升，除了需要更多的项目经验以及项目参与度，部分企业对该岗位也有重点本科甚至研究生的需求，另外在一些小公司也有前端设计工程师兼顾验证工程师等工作的情况。后端设计工程师和 DFT 设计工程师一般在大公司比较多，项目经验和项目经历越多，技术技能越高，一般评价越高。

模拟芯片工程师一般分模拟设计工程师和模拟版图工程师两大方向，且前者要求比后者要求要高，后者一般是本科毕业就可以了，部分企业也有专科毕业生的需求。做模拟芯片的大企业一般不多，市场选择相对较少，但是相对稳定，而且模拟设计工程师经验越丰富、职业生涯越长，评价就越高，薪酬自然

会越高。

2.集成电路制造类公司

因为制造厂的规模与核心技术工艺的不同，每一家工厂都会根据自己的工艺与流程设计出不同的核心岗位。因此，我们选择了一家标准的FAB厂为例，其核心岗位部门包括：工艺整合、厂务、扩散、光影、刻蚀、薄膜、IT、良率提升和制造部。随着技术发展，工厂部门设计也会随之变化，此处仅供读者参考。

芯片制造加工类公司组织岗位及架构如图4-9所示。

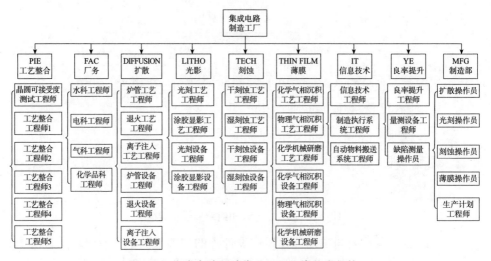

图 4-9 集成电路制造类公司组织岗位及架构

3.集成电路封装测试类公司

封装测试类公司企业组织架构如图4-10所示。

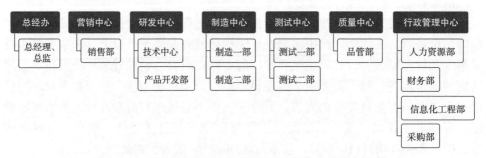

图 4-10 半导体集成电路封装测试类公司组织岗位及架构

4.集成电路EDA软件公司

EDA企业组织架构如图4-11所示。

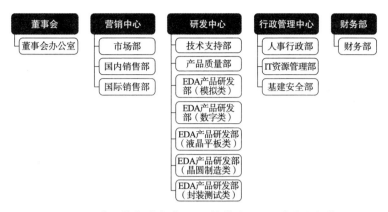

图 4-11 半导体集成电路 EDA 软件公司组织岗位及架构

4.3.2 产业链典型工作过程和工作内容

1. 模拟芯片设计典型流程与工作过程

当前大多数模拟芯片设计企业的一般典型工作流程如图 4-12 所示。

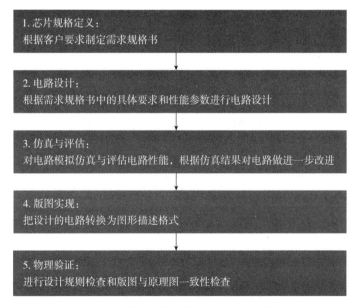

图 4-12 模拟芯片设计企业一般工作流程

（1）芯片规格定义

该阶段的主要目标是对芯片功能和参数进行定义，包括子系统划分，并提出时序、功耗、面积、信噪比等性能参数的范围要求。

（2）电路设计

目前还没有 EDA 厂商能够提供完全实现模拟集成电路设计自动化的工具，

因此当前的模拟电路基本上仍然通过工程师根据自己的经验手工设计来完成。

（3）仿真与评估

该阶段要依据电路仿真结果来修改晶体管参数。依据工艺库中参数的变化来确定电路工作的区间和限制，验证环境因素的变化对电路性能的影响，最后还要通过仿真结果指导下一步的版图实现。

（4）版图实现

这个阶段要把设计的电路转换为图形描述格式（也就是通常说的"版图"）。此过程中需要考虑设计规则、匹配性、噪声、串扰、寄生效应等对电路性能和可制造性的影响。虽然现在出现了许多高级的全定制辅助设计方法，但仍然无法保证手工设计对版图布局和各种效应的考虑的全面性。

（5）物理验证

此阶段将通过设计规则检查（Design Rule Check，DRC）和版图与原理图一致性检查（Layout Versus Schematic，LVS）。它以给定的设计规则为标准，对最小线宽、最小图形间距、孔尺寸、栅和源漏区的最小交叠面积等工艺限制进行检查。一致性检查用来保证版图的设计与其电路设计的匹配。可使用 LVS 工具从版图中提取包含电气连接属性和尺寸大小的电路网表，然后与原理图得到的电路网表进行比较，检查两者是否一致。

图 4-13 为模拟芯片设计参考流程。

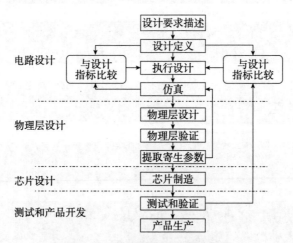

图 4-13　模拟芯片设计参考流程

2. 数字芯片设计典型流程与工作过程

数字芯片设计的一般流程（前端与后端）如图 4-14 所示。

（1）前端设计

数字芯片设计分为前端设计（图 4-14 左边部分）和后端设计（图 4-14 右边部分），其中前端（又称逻辑设计）包括以下部分：

1）功能和指标定义。确定芯片具体功能需求和指标，如工艺、面积、功耗、速度、接口定义等。

2）架构设计。根据分析的功能需求和指标，设计芯片架构，包括处理器架构的选择（ARM、RISC-V）、总线接口的选择（APB、AHB、AXI）、软硬件功能的划分以及性能参数（引脚选择、电压频率、工艺选择、功耗和温度范围）。

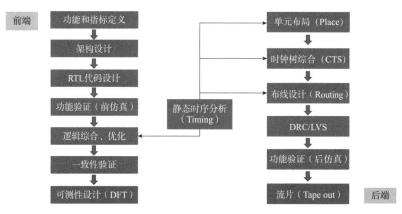

图 4-14　数字芯片设计（前端与后端）参考流程

3）RTL 代码设计。利用硬件描述语言（Verilog 和 VHDL 等）对电路进行行为级描述。

4）功能验证（前仿真）。通过大量的仿真，发现电路设计过程中的人为或者非人为引起的缺陷。主要指标是功能覆盖率。

5）逻辑综合、优化。将 RTL 代码映射为与工艺库相关的网表。从芯片生产的角度来看，在该步骤之前，所有的工作都可近似看作是虚拟性的，与现实无关。而从逻辑综合起，后续所有的工作都将与工艺的物理特性、电特性等息息相关。

6）静态时序分析（Timing）。静态时序分析也属于验证的范畴，主要是在时序上对电路进行验证，套用特定的时序模型（Timing Model），针对特定电路分析其是否违反设计者给定的时序限制，即检查电路是否存在建立时间（setup time）、保持时间（hold time）和违例（violation）。

7）一致性验证。RTL 代码和逻辑综合后的网表都可以抽象为两幅由节点和边构成的图，一致性验证阶段采用了类似于直接比较两幅图是否一致的方法，来确定逻辑综合生成的网表是否正确。一致性验证输入的是 RTL 代码、Netlist（逻辑综合输出）和约束等，输出的是 match（两幅图节点是否一致）和 verify（计算得出两幅图功能是否一致）的报告。

8）可测性设计（DFT）。在设计中适当增加一些专门用于测试的电路，提高电路的可控制性和可观察性，从而降低电路的测试难度和复杂性，提高电路的测试效率，降低测试成本。DFT 可用于针对芯片上所有逻辑的测试，主要包括片上存储器、模拟模块（如锁相环、LDO、IDV 等）、系统控制模块、时钟控制模块、电源管理模块、寄存器。

（2）后端设计

数字芯片后端设计又称物理设计，目的是将网表格式的文本转化成一个个有物理大小和位置的单元、连线，并且在实现过程中要满足面积、功耗、性能等要求，包括：

1）单元布局（Place）。单元（也可叫宏模块）可能是存储器或者模拟模块，在层次化物理设计中也可能是单独布局布线的子模块。正确放置这些单元对芯片设计最终物理实现的质量有很大影响。单元布局可以是手动或自动的。通常在单元数量较少，并且知道这些单元之间的关系时，会选择手动布局。如果不知道单元之间的关系，或者单元数量较大时可以使用工具自动布局。

2）时钟树综合（CTS）。芯片中的时钟网络用来驱动电路中所有的时序单元，所以时钟源端门单元负载很多，其负载延时很大并且不平衡，需要插入缓冲器减小负载和平衡延时。时钟网络及其上的缓冲器构成了时钟树。CTS 主要的目的是让每个时钟（clock）都能够在尽量短的时间内传达到它们驱动的所有 DFF（寄存器）。

3）布线设计（Routing）。布线是指在满足工艺规则和布线层数限制、线宽和线间距限制及各线网电性能约束的条件下，根据电路的连接关系将各单元和输入输出（I/O）引脚模块用互连线连接起来。布线过程要考虑到线宽和线间距、设计规则检查（DRC）、LVS、时序不要变差等。

4）DRC/LVS。DRC 是后端布局布线完成后的一个重要指标，版图完成后需要做物理验证和版图设计规则检查，主要目的是检查布局中所有违反设计规则而引起的潜在断路、短路等规则。

LVS 用来检查设计的布局（Layout）和网表（Netlist）是否一致，本质是两个 Netlist 对比。使用 EDA 工具将设计时的布局（Layout）抽取其对应的 Spice Netlist，与 Source 的 Netlist 进行对比。

5）功能验证（后仿真）。功能验证是后仿真，也叫门级仿真、时序仿真等，需要利用在布局布线后获得的精确延迟参数和网表进行仿真，验证网表的功能和时序是否正确。后仿真一般使用标准延时文件（Standard Delay Format，SDF）来输入延时信息。

6）流片（Tape out）。在所有检查和验证都正确无误的情况下把最后的物理版图以 GDSII 的文件格式交给芯片代工厂（Foundry），在晶圆硅片上做出实际的电路，再进行封装和测试，就得到了可以使用的芯片，这一过程叫作流片（Tape out）。

实际的后端流程有的还包括电路功耗分析，以及随着制造工艺不断进步产生的 DFM（可制造性设计）问题。

模拟芯片和数字芯片设计有相通也有区别，以图 4-15 为例，供读者参考。模拟芯片设计的自动化程度低于数字芯片设计，对于工程师的经验积累要求更高。

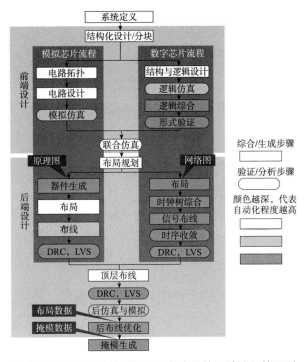

图 4-15　模拟芯片设计流程和数字芯片设计流程的区别

3. 集成电路从业人员的典型工作过程

我们以集成电路版图设计工程师为例，加以说明。

集成电路版图是指集成电路加工时的掩模版图案，是用于制作集成电路掩模版的图形数据。集成电路版图是根据集成电路加工的工艺步骤，对构成集成电路的半导体器件及半导体器件的连接关系进行物理加工时所需要工艺步骤的图形设计。根据目前行业的通行标准，集成电路版图数据使用 GDSII 格式文件进行存储，通常还要配备对应的 map 文件。

集成电路版图设计是集成电路设计工作中的重要环节，根据前面的分析，集成电路版图设计师岗位的主要工作任务是完成集成电路版图绘制及输出，而该工作的输入一般是完成了前仿真任务的电路原理图或者是已经完成综合的数字集成电路网表，或者是两者的结合体。集成电路版图设计工程师的基本工作是需要根据电路图的元器件类型及参数，绘制与之相对应的器件加工所需要的光刻掩模版图案，除此之外，还需要绘制元器件之间的连接用的金属导线、有源区以及多晶硅等的光刻掩模版图案，进而实现器件之间的连接。

通常，集成电路版图设计工程的典型工作任务包括：全定制模拟集成电路模块设计、IP 的运用及引入以及基于标准单元的大规格数字集成电路自动布局布线设计等。根据工作任务的不同，集成电路版图设计工程师的典型工作过程包括以下 9 个步骤：

1）集成电路加工工艺的分析和选择。

2）集成电路拍照分析及电路提取。

3）全定制电路模块的版图绘制。

4）版图的 DRC。

5）版图的 LVS。

6）版图的寄生参数提取。

7）大规模数字集成电路自动布局布线设计。

8）版图级 ESD 结构设计。

9）芯片总图的绘制与引脚摆放设计。

注意，工作步骤 8）版图级 ESD 结构设计仅是部分企业版图工程师的典型工作过程。

根据上面所述的步骤，具体介绍一下每个典型工作过程步骤的主要工作内容。

其中工作步骤 1）集成电路加工工艺的分析和选择主要是指集成电路版图设计工程师根据整个项目任务的需要，通过电话或者互联网主页等方式，了解国内外具体哪些晶圆厂能够提供相应的芯片加工工艺，主要包括工艺尺寸精度、耐压值、能够提供的晶体管种类及数量、电压种类、掩模版数量、多晶硅及金属层数等信息。经过确认无误之后，还需要与企业联系签署保密协议，下载该工艺的 PDK 等工作。

工作步骤 2）集成电路拍照分析及电路提取通常是针对竞品芯片分析而采取的工作过程。通常，在芯片开始设计之前，需要对同类竞品芯片进行分析，总结归纳电路特点，进而更好地完成本企业的产品设计。如果是本企业在行业内部率先开发的系列产品，通常这个步骤可以省略，对于纯数字集成电路，通常也不进行此步骤。这个工作过程需要联系集成电路分析服务企业，通常包括圣景微或芯愿景等企业，对芯片进行去封装操作，拍摄概貌图。通过对概貌图的分析，可以确认具体重点分析的芯片区域。通过精细的化学逐层腐蚀，采用高精密的光学显微镜或电子显微镜对芯片进行成像，可以获取每一层芯片的详细图案，并需要对这些图案进行数字化处理，并最终使用一套由芯片分析公司提供的专属 EDA 工具进行浏览。版图设计工程师通过对照片的分析，逐步得到芯片的器件及器件的连接关系，逐步形成电路图，这个过程也被称为"提图"。

工作步骤 3）全定制电路模块的版图绘制是版图设计工程师的主要工作步骤。版图设计工程师需要根据其他工程师设计好的电路来完成芯片版图的绘制过程。在现代集成电路设计过程中，这个步骤一定要依靠集成电路 EDA 来完成，业界使用最多的是由 Cadence 公司出品的 Virtuoso 工具，国内华大九天公司的 Aether 也能够完成相应的工作。绘制版图要从小的结构单元开始，通常会先完成 MOS 晶体管、通孔等结构的设计，再使用层次化的方式，调用 Pcell 等工具逐步完成设计，设计的过程还要尽量注意器件的对称性、信号的完整性、电源供电的要求以及避免闩锁效应、天线效应等二阶效应的问题。

工作步骤 4）版图的 DRC 和工作步骤 5）版图的 LVS 统称为版图的验证，是版图设计过程中的典型工作步骤，也是版图设计中必不可少的步骤。在绘制版图的过程中，需要遵守一系列的版图设计规则，例如孔到多晶硅需要保持必要的距离，两条金属线之间是否足够的远等，这些规则保证了芯片版图在用于加工芯片的过程中不至于出现错误。通常几百纳米的工艺设计规则有数百条之多，如果是 5nm 的工艺，设计规则甚至能达到百万条之多。要保持这些设计规则都被满足，需要对设计师所做的版图进行 DRC，通常设计师的设计规则不会一次性全部满足，需要通过检查结果发现具体的错误，然后经过一个较长的修改过程使得版图最终完全符合设计规则的要求。而 LVS 则指的是版图与原理图比对检查，主要是检查所绘制的版图是否在拓扑学意义上能够与原理图保持一致。通常 LVS 也很难一次性通过，也需要版图设计工程师通过较长时间的反复检查，最终保证版图与原理图在拓扑学意义上一致。

工作步骤 6）版图的寄生参数提取是进一步保障版图设计最终正确的手段。如前面所述，虽然步骤 5）能够保证拓扑学意义上版图与原理图一致，但是版图在实际的走线过程中，会受到连线电阻、电容等效应的影响，并最终伤害信号完整性。所以，通过 EDA 工具对版图的寄生电阻、电容参数进行提取，并且把提取的参数与提取的拓扑学电路图进行整合，可以供设计师进行"后仿真"，分析在这些寄生效应存在的情况下，电路是否还能够正常工作。

工作步骤 7）大规模数字集成电路自动布局布线设计是大规模数字集成电路版图设计的关键流程，通常全定制电路的版图设计不涉及这个步骤。根据前面所述的数字集成电路设计流程，数字电路完成了前端的逻辑设计后，要对其进行"综合"操作。而综合的结果是将芯片设计变为基于"标准单元"门的组合。也就是芯片此时的设计层次是由若干 D 触发器、与非门、或非门等组成最终的芯片。而上述的"标准单元"门的种类数量是有限的，通常可能不会超过 100 个，且这些标准单元逻辑门的版图预先可以设计好，并且遵从一定的规范。集成电路版图设计工程师可以使用 EDA 工具，把上述"标准单元"门的版图连接组合起来，这个操作也叫"基于标准单元逻辑门的自动布局布线（APR）"。

工作步骤 8）版图级 ESD 结构设计是有特殊需求的企业才会要求版图设计工程师完成的工作。由于集成电路芯片的晶体管尺寸极小，且主要的晶体管采用的是 MOS 结构，而人体或者主机的静电电荷又具有极高的电压，对 MOS 结构具有毁灭性的影响，所以集成电路必须设计防 ESD（静电放电）的结构。由于 ESD

都是发生在芯片的端口上，所以要对芯片的端口特别设计 EDS 结构。针对特殊需求的企业，如要耐特高静电电压或者军用要求等，需要独立设计专门的 ESD 版图结构，使得静电能够有效地快速放电。

工作步骤 9）芯片总图的绘制与引脚摆放设计是大部分芯片设计的最后步骤。当芯片的各个设计模块完成之后，设计师需要使用前面所述的 Virtuoso 等 EDA 工具把各个模块组合起来，并进行模块间的线路连接。除此之外，还需要版图设计工程师设计整个芯片 PAD 的放置，所谓 PAD 是指芯片最终与引线连接的金属部分，引线一侧连接芯片 PAD，另外一侧连接芯片封装时的引脚。如何配置引脚、引脚如何对应芯片的 PAD 也是版图设计工程师重点考虑的要素。确定好 PAD 的位置之后，需要引入 PAD 的防 ESD 结构，这些结构通常是由晶圆厂设计好的，版图设计工程师只需要做到对所有保护的引脚都有合理的 ESD 通路即可。

4. 集成电路制造典型流程与工作过程

如前面所述，集成电路制造主要分晶圆制造和晶圆加工（芯片制造）两种过程。

半导体材料包括第一代半导体材料锗和硅，以砷化镓、磷化铟为代表的第二代半导体材料，以氮化镓、碳化硅为代表的第三代半导体材料等，本书主要介绍以第一代半导体材料硅为主流的制造工艺与流程。

（1）晶圆制造（以硅片制造为例）

整个芯片的基盘是由硅制造而成的硅片，也叫晶圆片，简称晶圆，也有称圆片的，叫法不一。

第一大步是制造硅片，这一步主要含有以下四个步骤（见图 4-16）：

1）粗炼：将硅单质从沙子等原材料里提取出来。

2）精炼：针对初步提取出的硅单质继续精炼，得到纯度符合芯片要求的多晶硅。

3）拉晶：将液态的多晶硅，通过提拉法得到单晶硅柱。

4）切割抛光清洗：对单晶硅柱进行切割、抛光、清洗等，最终得到可以使用的硅片。

针对图 4-16 部分内容进行如下解释：

- 单晶硅和多晶硅：半导体领域使用的全部都是单晶硅，因为需要保证硅片每个位置的相同电学特性。而在光伏领域使用多晶硅较多，因为对性能要求没有那么高，且便宜。
- 拉晶：拉晶就是将液态的硅拉成一个硅柱。成型的硅柱尺寸越大，最终切割成的硅片尺寸也就越大，同一晶圆上可生产的集成电路就越多，成本也就越低；但尺寸越大，对材料技术和生产技术的要求也就越高。

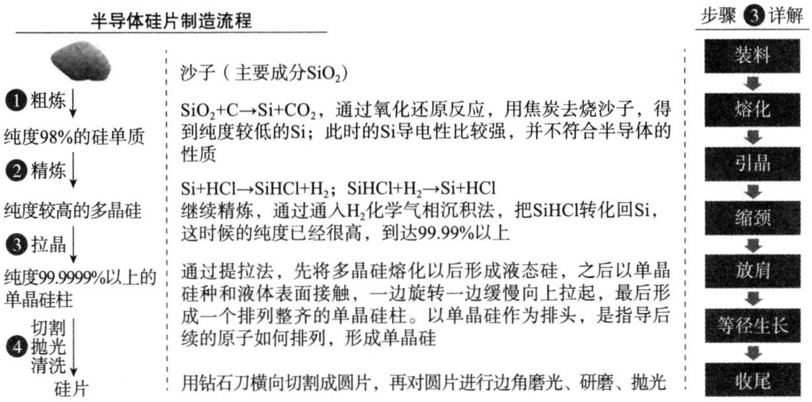

图 4-16　硅片制造流程

- 硅片：硅柱后续被切割成圆片，然后再进行磨光、研磨、抛光、清洗等最终得到硅片。理论上做成方形对于晶片的利用率更高，但是工业上将晶片做成圆形是因为一方面拉晶的技术形成的硅柱就是圆形的，另一方面圆形更适合后续的切片、打磨、抛光过程。我们经常看到的 8 英寸、12 英寸，也就是晶圆片的尺寸，尺寸越大，对技术要求越高，整体的芯片制造成本越低。

第二大步是晶圆制造过程，从大的方面来讲，主要包括晶棒制造和晶片制造两个步骤，它又可细分为以下若干道主要工序（其中晶棒制造只包括下面的第一道工序，其余的全部属晶片制造）：晶棒成长—晶棒裁切—晶棒检测—外径研磨—切片—圆边—研磨—刻蚀—去疵—抛光—（外延—刻蚀—去疵）—清洗—检验—包装，具体见表 4-9。

表 4-9　晶圆制造过程

序号	工序名称	工序内容
1	熔化	将高纯度的块状多晶硅置于石英坩埚内，加热到其熔点 1420℃以上，使其完全熔化
2	颈部成长	待硅熔浆的温度稳定之后，将〈１０ ０〉方向的晶种慢慢插入其中，接着将晶种慢慢往上提升，使其直径缩小到一定尺寸（一般约 6mm），维持此直径并拉长 100~200mm，以消除晶种内的晶粒排列取向差异
3	晶冠成长	颈部成长完成后，慢慢降低提升速度和温度，使颈直径逐渐加大到所需尺寸（如 5 英寸、6 英寸、8 英寸、12 英寸等）
4	晶体成长	不断调整提升速度和熔炼温度，维持固定的晶棒直径，直到晶棒长度达到预定值
5	尾部成长	当晶棒长度达到预定值后再逐渐加快提升速度并提高熔炼温度，使晶棒直径逐渐变小，以避免因热应力造成排差和滑移等现象产生，最终使晶棒与液面完全分离。到此即得到一根完整的晶棒

（续）

序号	工序名称	工序内容
6	晶棒裁切	将长成的晶棒去掉直径偏小的头、尾部分
7	晶棒检测	对尺寸进行检测，以决定下步加工的工艺参数
8	外径研磨	由于在晶棒成长过程中，其外径尺寸和圆度均有一定偏差，其外圆柱面也凹凸不平，所以必须对外径进行修整、研磨，使其尺寸、形状误差均小于允许偏差
9	切片	由于硅的硬度非常大，所以在本工序里，采用环状且内径边缘嵌有钻石颗粒的薄锯片将晶棒切割成一片片薄片
10	圆边	由于刚切下来的晶片外边缘很锋利，单晶硅又是脆性材料，为避免边角崩裂影响晶片强度、破坏晶片表面光洁和对后道工序带来污染颗粒，必须用专用的计算机控制设备自动修整晶片边缘形状和外径尺寸
11	研磨	研磨的目的在于去掉切割时在晶片表面产生的锯痕和破损，使晶片表面达到所要求的表面粗糙度
12	刻蚀	以化学刻蚀的方法，去掉经上几道工序加工后在晶片表面因加工压力而产生的一层损伤层
13	去疵	用喷砂法将晶片上的瑕疵与缺陷赶到下半层，以利于后续加工
14	抛光	对晶片的边缘和表面进行抛光处理，一是，进一步去掉附着在晶片上的微粒，二是，获得极佳的表面平整度，以利于后面的晶圆处理工序加工
15	清洗	将加工完成的晶片进行最后的彻底清洗、风干
16	检验	进行最终全面的检验以保证产品最终达到规定的尺寸、形状、表面粗糙度、平整度等技术指标
17	包装	将产品用柔性材料分隔、包裹、装箱，准备发往芯片制造车间或出厂发往订货客户

（2）晶圆加工（芯片制造）

芯片的全制造过程可分为晶圆处理工序、晶圆针测工序、封装工序、测试工序等几个步骤。其中晶圆处理工序和晶圆针测工序为前道工序，而封装工序、测试工序为后道工序。随着产业分工的越来越细，其中后道工序在本书中作为测试产业链环节，后面会进一步详细阐述。

1）晶圆处理工序：主要工作是在晶圆上制作电路及电子元器件，一般基本步骤是先将晶圆适当清洗，再在其表面进行氧化及化学气相沉积，然后进行涂膜、曝光、显影、刻蚀、离子植入、金属溅镀等步骤，最终在晶圆上完成数层电路及元器件加工制作。该处理程序通常与芯片产品的种类和所使用的技术架构有关，工序会略有差别。

2）晶圆针测工序：经上道工序后，晶圆上就形成了一个个的小格，即晶粒，为便于测试、提高效率和降低成本，一般情况下会在同一片晶圆上制作同一品种、规格的产品；但也可根据需要制作几种不同品种、规格的产品。在用针测仪对每个晶粒检测其电气特性，并将不合格的晶粒标上记号后，将晶圆切开，分割成一颗颗单独的晶粒，再按其电气特性分类，装入不同的托盘中，不合格的晶粒则舍弃。

最后再经封装、测试等后道工序，加工形成芯片产品。

5. 芯片封装测试典型流程、工作过程

（1）芯片封装测试的典型流程

芯片封装测试的典型流程如图 4-17 所示。

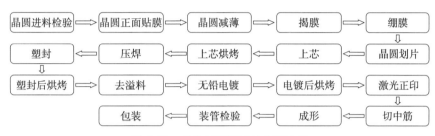

图 4-17　芯片封装测试的典型流程

（2）工作过程说明

本过程也可以称作是芯片制造的后道工序过程。

1）封装工序：将单个晶粒固定在相关材料制作的（如塑胶或陶瓷）芯片基座上，并把晶粒上的一些引线端与基座底部伸出的插脚连接，作为与外界电路板连接之用，最后盖上塑胶盖板，用胶水封装包装，其目的是用以保护晶粒避免受到机械刮伤或高温破坏。一块集成电路芯片到此制作完成。

2）测试工序：芯片制造的最后一道工序为测试，其又可分为一般测试和特殊测试。一般测试是将封闭包装完成后的芯片置于各种环境下测试其电气特性，如消耗功率、运行速度、耐压度等。经测试后的芯片，依电气特性划分为不同等级。而特殊测试，则是根据客户特殊需求的技术参数，从相近参数规格、品种中拿出部分芯片，做有针对性的专门测试，看是否能满足客户的特殊需求，以决定是否须为客户设计专用芯片。经过一般测试合格的产品贴上规格、型号及出厂日期等标识的标签并加以包装后即可出厂。而未通过测试的芯片则视其达到的参数情况定为降级品或废品。

工作过程简要描述如下：

1）晶圆针测。

2）生产制造（减薄、划片、上芯、压焊、塑封、切割）。

3）成品测试（目检、平移、编带）。

4）包装发货。

（3）一般工作团队组成及任务工作任务说明

1）生产人员：负责设备的操作，完成产品的生产。

2）工程技术人员：保障设备的正常运行，保证工艺按要求执行。

3）品管人员：保证产品的合格率和产品执行。

（4）团队中重点岗位工作画像说明

下面以表格方式列举部分重点岗位：

1）设备工程师。岗位基本情况及工作描述，见表4-10。

表4-10　设备工程师岗位基本情况及工作描述

岗位名称	设备工程师	所属部门	制造部
工作概述	维护管理好生产设备及公用设备的正常运行、检修，熟悉掌握分管的各种设备，了解其工作机理，掌握其操作要领和维修要领，制定并执行好设备维护保养制度，完成公司的设备完好率目标		
主要职责/任务			
①建立健全设备管理、维护保养制度，做好设备技术资料的形成、积累、整理、立卷、归档工作			
②编制年、季、月度设备的预检计划、设备维修计划及方案，备件制造和供应计划，提出所管理设备设施改造更新（升级）计划及方案			
③对设备故障的原因进行统计、分析，提出纠正措施，降低设备的故障率，提高设备维修质量、控制维修成本			
④管控设备的点检、维护保养、维修、校准，服从生产和质量需要，进行现场改机更换调试工作			
⑤负责各类设备运行情况的检查、记录、考核日常管理以及维护保养管理工作			
⑥根据公司发展或项目需要，协同上级制订新设备采购、投资计划，组织设备的选型和申购，在设备安装过程中起到验收、审核、协调、监督的作用			
⑦编制设备安全操作规程，做好对操作人员的技术操作考核，签发操作合格上岗证等工作			
⑧协助上级领导处理重大设备事故，参加事故的分析，提出处理意见，对重大事故及时报告上级主管和公司，按时准确填报有关统计报表			
⑨对使用设备的技术及操作人员做好日常培训、督导工作			
⑩完成领导交办的其他工作任务			

2）工艺工程师。岗位基本情况及工作描述，见表4-11。

表4-11　工艺工程师岗位基本情况及工作描述

岗位名称	工艺工程师	所属部门	制造部
工作概述	根据产品要求，结合生产实际情况，编制工艺程序、检查工艺流程的执行情况，处理过程异常，确保产品质量与交期，推动工程标准化进程		
主要职责/任务			
①生产线产品良率与异常问题统计分析，提出改善措施并跟踪持续改善与永久预防			

（续）

②分析解决客户投诉的产品质量问题，制定、实施纠正和预防措施，及时处理生产线产生的 MRB 单和涉及工艺工程方面的异常问题，确保产品质量与交期

③定期对生产线进行工程稽查，要求相关岗位人员限期完成纠正改善并回复改善结果

④新设备与新制程导入和重大改善方案的跟踪执行与作业规范制定，确保稳定生产效率和产品品质

⑤负责各工序内工艺的科学整合和技术改造，定期组织相关部门召开 SPC 管控与 PFMEA 检讨会议进行专案问题探讨改进

⑥负责执行工程批产品的生产与管控，策划与实施工程验证方案，及时提交相关验证报告

⑦负责产品生产工艺流程、工艺标准的制定和实施，编制作业指导书，组织持续优化产品制程、工艺参数、材料应用，制定、修改产品的材料消耗定额，为生产线提供机、料、法、具及工程培训服务，推动工程标准化进程

⑧对工艺技术人员定期进行工艺知识和技能培训，不断提高其分析解决问题的能力

⑨完成领导交办的其他工作任务

3）测试机工程师。岗位基本情况及工作描述，见表 4-12。

表 4-12　测试机工程师岗位基本情况及工作描述

岗位名称	测试机工程师	所属部门	测试部
工作概述	负责测试机的维护、保养、维修工作，以生产为中心确保设备正常运行，为生产进度和产品质量提供安全保障		
主要职责 / 任务			

①负责设备的维护、保养、维修工作，以生产为中心确保设备正常运行，为生产进度和产品质量提供安全保障

②制定设备维护保养、维修、操作等相关的规范作业文件，并对操作员和技术人员进行相关培训

③参与设备技术难题和疑难故障的处理；对设备存在的不完善方面，负责制定技术改进方案并组织实施

④安排和考核维修员的工作并进行业务指导和培训

⑤配合生产和品管对质量异常产品及时进行处置

⑥及时根据设备备件库存和使用情况，提交备件需求计划并催促落实，对到厂备件及时安排进行检验和质量问题反馈

⑦实施设备的安装、调试、问题跟踪及最终验收

⑧通过对技术员进行工作安排、考核督导、技术辅导和培训，不断提高其技术水平和业务素质

⑨负责安全教育培训及安全防护措施稽查与实施，做好各种记录的填写工作

⑩对于影响生产顺利进行的因素（异常、质量、设备、各类矛盾协调、各工序之间接口方面工作）进行推进

4.3.3 从业人员岗位图谱

每个半导体企业的规模、运营模式、产品等不一样，所以对于相关产业人员配备和要求都不一样。

以芯片设计企业为例，从部门和组织的组合与配合来看，数字设计公司是数字芯片硬件设计的主力，包含了芯片设计整个流程的岗位，从产品需求与定义到产品设计实现以及后续的综合，DFT 测试到后端的实现，所以一般数字设计公司的构成都差不多。

而有些公司是做模拟芯片的，或者芯片中有模拟部分会设置专门的模拟部门做 IP 或者版图设计，模拟设计是一个靠经验与技术积累的工作，不同的人才或者公司会有很大的差别，这也是我们与国外在模拟设计上差别较大的原因之一。

从职业生涯发展的角度来说，模拟电路设计这一职业就像中医一样，越老经验越多，就越吃香。解决方案部门主要是软件人员，有些也会把硬件方案设计，包括芯片的使用方案设计，PCB 原理图与产品的设计实现，以及其他如算法设计、芯片驱动以及产品的真正的应用方案实现都放在该部门。

生产测试一般会在大厂设置专门的部门，主要是包含各种测试以及与生产厂的交互，根据市场需求制定具体的量产规划与指标。质量部门主要负责所有设计生产测试环节的质量评估与监督管理，不同产品需要经过不同的质量认证之后才会得到市场的认可，这也是质量部门的一个重要职责。

下面介绍 DMP-Based 产业链的各类型企业岗位图谱。

1. 设计类企业岗位图谱

（1）设计类企业部分关键及重点岗位的岗位描述及任职要求

表 4-13 为设计类企业部分关键及重点岗位。

表 4-13　设计类企业部分关键及重点岗位

序号	职位	所属产业链	岗位描述及任职要求（能力要求、学历及专业、项目经验等）
1	模拟芯片设计工程师	模拟芯片设计	见表 4-14
2	射频 IC 设计工程师	射频芯片设计	见表 4-15
3	模拟版图设计工程师	模拟版图设计	见表 4-16
4	数字 IC 设计工程师	数字 IC 设计	见表 4-17
5	数字前端工程师	数字前端	见表 4-18
6	IC 验证工程师	数字验证	见表 4-19
7	数字后端工程师	数字后端	见表 4-20
8	SoC 架构设计工程师	芯片架构	见表 4-21
9	功率模块设计工程师	芯片架构	见表 4-22

表4-14 模拟芯片设计工程师岗位描述及任职要求举例

岗位名称	模拟芯片设计工程师
职位描述/岗位职责	
①依照产品定义，完成芯片模拟部分的系统设计，制定各功能模块的设计指标	
②负责公司专用模拟集成IC的设计，如PGA、ADC、DAC、bandgap、PLL、OSC等模块，负责schematic设计、corner仿真、版图设计、寄生提取、后仿真等芯片全流程设计	
③参与IC规格定义、项目开发、芯片测试和量产支持	
④撰写完整的设计和验证文档，协助测试工程师进行芯片调试，及必要的技术支持	
岗位要求	
①微电子相关专业毕业，了解半导体器件物理与工艺等相关理论知识	
②熟悉模拟IC设计与制作流程，包括spice仿真，版图设计，LVS、DRC等物理验证工具	
③能够熟练使用相关EDA仿真及调试工具，有相关工具维护经验者优先	
④熟悉OP、PGA、OSC、ADC、DAC、LDO、CODEC等IP模块的工作原理，能够独立分析并设计以上模块或其中之一	
⑤会使用实验室基本测试设备进行IP测试、评价与分析	
⑥能与版图工程师合作，指导版图设计	
⑦能与测试工程师进行IC失效分析，熟悉各类测试工具，熟知各种失效分析方式	
⑧有独立发现、分析和解决问题能力，且善于学习和总结，善于沟通，有团队意识	

表4-15 射频IC设计工程师岗位描述及任职要求举例

岗位名称	射频IC设计工程师
职位描述/岗位职责	
①负责射频集成电路模块电路的分析、设计和验证，满足性能和功耗等要求	
②设计版图布局，协助版图工程师进行版图设计	
③设计测试方案，对射频模块的性能进行测试验证，协助测试工程师，解决测试开发中的问题	
④撰写芯片设计开发工程中相关设计报告和测试文档	
岗位要求	
①电子类相关专业	
②熟悉相关基础知识，例如模拟电路设计、信号与系统、半导体器件、微波工程等	
③熟悉LNA、MIXER、PA、VCO、frequency divider、Oscillator、comparator、op-amp、LDO、bandgap、ADC、DAC、analog filter等其中任一电路设计	
④熟悉模拟芯片设计相关EDA工具	
⑤工作认真负责，具有良好的团队协作精神	

表 4-16　模拟版图设计工程师岗位描述及任职要求举例

岗位名称	模拟版图设计工程师
职位描述 / 岗位职责	
①负责模拟 / 数模混合电路芯片的版图布局设计（IC Layout Design），与电路设计工程师保持充分沟通，完全理解设计版图设计的需求	
②根据设计需求完成项目版图设计，包括：标准单元设计、模块设计、TOP 布局布线，以及后仿真参数提取	
③完成版图验证检查（DRC、ERC、LVS、DFM），完成 Review 以及优化迭代，合理安排设计进度，保证流片的按时完成	
岗位要求	
①半导体微电子学、电子工程相关专业本科及以上学历；熟悉半导体器件、集成电路工艺流程以及具有模拟集成电路相关的电路基础知识；熟悉 ESD 结构；有扎实电路和版图的理论基础	
②3 年以上模拟 / 数模混合电路芯片 IC 版图设计经验；有电源类产品或使用高压工艺量产项目的成功流片经验	
③熟悉 Linux 系统 熟练掌握 Cadence calibre 等 CAD 及验证工具	
④熟悉版图设计方法和技巧，带领团队高质量完成 IC 版图设计	
⑤工作态度积极主动，必须具有良好的沟通能力及团队合作精神	
⑥具有良好的英文阅读能力、较强的学习能力，热爱版图工作	

表 4-17　数字 IC 设计工程师岗位描述及任职要求举例

岗位名称	数字 IC 设计工程师
职位描述 / 岗位职责	
①定义芯片规格，规划芯片顶层设计架构	
②负责输出芯片系统设计、模块设计的方案、代码和文档	
③主导数字系统验证方案、数字模块验证方案和产品最终测试方案	
④精通 FPGA 调试	
岗位要求	
①微电子、计算机等专业	
②具有 2 年以上 SoC（51 内核 /ARM M0 内核）产品开发经验，了解数字 IP 的关键特性	
③熟悉嵌入式产品开发流程	
④主导完成 1 颗以上芯片量产，有数模混合设计经验更佳	
⑤技能要求：Verilog、RTL 设计、SoC 架构、综合、时序分析、DFT	

表 4-18　数字前端工程师岗位描述及任职要求举例

岗位名称	数字前端工程师
职位描述 / 岗位职责	
①按照设计规范编写 RTL 代码	

（续）

②完成时序分析和最优化
③编写设计文档
④协助验证工程师完成 FPGA 验证工作
岗位要求
①微电子或通信、电子工程等相关专业，本科及以上学历
②了解芯片设计流程
③熟悉 Verilog 等硬件设计语言
④会使用 IC 前端 EDA 设计工具
⑤了解 Tcl、Perl 等任一脚本语言
⑥具有良好的沟通交流能力和团队合作精神，工作认真负责

表 4-19　IC 验证工程师岗位描述及任职要求举例

岗位名称	IC 验证工程师
职位描述 / 岗位职责	
①负责制定高覆盖率的芯片 / 模块验证计划	
②用 SystemVerilog 以及 UVM 验证方法学进行模块以及全芯片的功能验证	
③利用仿真，对 FPGA 和 Emulator 进行性能分析和验证	
④执行带时序的后仿真工作	
⑤为芯片测试工程师提供测试机测试向量	
⑥在 SoC 芯片中利用固件代码（C 语言）进行芯片测试	
⑦帮助 FPGA 工程师搭建并调试芯片 / 模块的 FPGA 验证环境	
岗位要求	
①具备两年以上 ASIC 验证经验	
②熟练掌握 SystemVerilog、Verilog 语言	
③熟练使用验证方法学，如 UVM、VMM	
④理解覆盖率驱动随机验证方法学，并能使用随机方法学完成模块级或系统级验证	
⑤技能要求：UVM/OVM、SoC、数字验证	

表 4-20　数字后端工程师岗位描述及任职要求举例

岗位名称	数字后端工程师
职位描述 / 岗位职责	
①完成从 Netlist 到 GDSII 的后端实现步骤，包括布局、布线、功耗 / 时钟分配	
②时序收敛、跨时钟域分析和形式验证	
③完成版图 PV、PA	

（续）

岗位要求
①电子类相关专业，本科及以上学历
②具有1年以上的芯片后端设计经验，能使用主流的后端工具
③具有脚本语言（Perl/Tcl/Shell等）编程能力
④具有良好的沟通交流能力和团队合作精神，工作认真负责

表4-21　SoC架构设计工程师岗位描述及任职要求举例

岗位名称	SoC架构设计工程师
职位描述/岗位职责	
①负责细分领域需求分析，芯片系统功能可行性分析及性能、功能定义	
②负责芯片软、硬件划分及SoC芯片架构设计定义	
③负责芯片详细设计方案，包括地址空间划分、逻辑划分、芯片内部接口位宽及时序确定、电源域时间域设计划分等	
④根据架构和产品规格、进度要求选用IP核，识别关键自研模块及确定其研制要求	
岗位要求	
①有微处理器体系结构、计算机原理、数字逻辑、程序设计理论基础	
②熟悉ARM/RISC-V处理器SoC架构，熟悉总线、DDR以及其他常用外设接口	
③熟悉芯片开发前后端流程，熟悉性能、功耗及成本评估	
④对于SoC的软、硬件划分，有较深刻认识	
⑤英文良好，学习能力强，逻辑思路清晰，沟通表达能力良好，抗压能力较好	
⑥掌握以下技能者优先：a.熟悉计算机体系架构，有处理器设计、异构计算架构经验；b.有uboot及kernal驱动经验；c.有语音、IPC SoC芯片开发经验；d.了解神经网络基本原理，了解CNN/RNN等	

表4-22　功率模块设计工程师岗位描述及任职要求举例

岗位名称	功率模块设计工程师
职位描述/岗位职责	
①负责IGBT/SiC功率模块新产品设计开发、电/热/力性能分析和优化	
②负责IGBT/SiC功率模块性能验证、产品技术文档编制	
③运用资料检索分类，把握行业动态及技术发展趋势	
④部分产品销售的技术支持	
岗位要求	
①研究生及以上学历，电力电子、自动化、电气、机械电子、微电子等相关专业	
②了解IGBT/SiC功率模块的工作原理和设计方法以及封装类型	
③熟练使用AutoCAD、Pro/E或SolidWorks等绘图软件，具备一定的电路基础知识	
④具备较好的学习能力、沟通协调能力和团队协作精神	

（2）设计类企业岗位图谱

设计类企业岗位图谱，见表 4-23。

表 4-23　设计类企业岗位图谱

级别	产品支持		研发与技术类			职能	专业
	市场与销售	现场应用支持	模拟芯片设计	数字芯片设计	测试		
13	总经理						
12	副总经理、助理总经理						
11	总经理助理						
10	全国总监	研发总监		高级总监		首席专家	
9	区域总监／重点客户群副总监	研发部门总监		总监		专家	
8	区域经理／重点客户群经理	部门副总监		副总监／资深经理		资深工程师（特指研发技术类）	
7	区域副经理／高级重点客户经理	高级经理		高级经理		资深工程师（特指研发技术类）	
6	城市经理／重点客户经理	经理		经理		高级工程师（特指研发技术类）	
5	城市主管／重点客户主管	副经理		副经理		高级工程师（特指研发技术类）	
4	高级业务代表	主管／高级专员		主管／高级专员		工程师（特指研发技术类）	
3	业务代表	专员		专员		工程师（特指研发技术类）	
2	助理业务代表	技术助理		助理		助理工程师（特指研发技术类）	
1	基础文员	技术员／测试员		技术员		技术员（特指研发技术类）	

（3）设计类岗位专业友好度

通过针对芯片设计类企业岗位的调研，为人才职业发展提供参考的技术岗位专业友好度见表 4-24，仅供参考。

表 4-24　芯片设计技术岗位专业友好度

技术岗位 VS 科班类专业／其他（与此类专业的友好度）										
	通信	微电子	物理	电子信息电气工程	光电工程仪器科学	材料	软件	控制	数学	集成电路
数字前端设计工程师	科班	科班	其他（低）	科班	其他（低）	其他（低）	其他（中）	其他（中）	其他（中）	科班
数字验证工程师	其他（高）	科班	其他（低）	其他（高）	其他（中）	其他（低）	其他（中）	其他（中）	其他（中）	科班
可测性设计工程师	其他（高）	科班	其他（中）	其他（高）	其他（中）	其他（低）	其他（高）	其他（高）	其他（高）	科班

（续）

技术岗位 VS 科班类专业 / 其他（与此类专业的友好度）									
数字后端设计工程师	其他（高）	科班	其他（高）	其他（高）	其他（中）	其他（低）	其他（中）	其他（中）	其他（中）	科班
模拟芯片设计工程师	科班	科班	其他（低）	科班	其他（低）	其他（低）	其他（低）	其他（低）	其他（低）	科班
射频芯片设计工程师	科班	科班	其他（中）	科班	其他（低）	其他（低）	其他（低）	其他（低）	其他（低）	科班
版图设计工程师	其他（中）	科班	其他（高）	其他（高）	其他（中）	其他（中）	其他（低）	其他（低）	其他（低）	科班
芯片架构设计师（SoC系统架构工程师）	科班	科班	其他（低）	科班	其他（中）	其他（低）	其他（高）	其他（高）	其他（高）	科班

2. 制造类企业岗位图谱

（1）制造类企业部分关键及重点岗位的岗位描述及任职要求

制造类企业部分关键及重点岗位见表 4-25。

表 4-25　制造类企业部分关键及重点岗位

序号	职位	岗位描述及任职要求（能力要求、学历及专业、项目经验等）
1	工艺工程师	见表 4-26～表 4-28
2	制程工程师	见表 4-29
3	设备工程师	见表 4-30
4	厂务系统工程师	见表 4-31
5	厂务工程师	见表 4-32
6	工业工程师（PIE 方向）	见表 4-33
7	制造管理工程师	见表 4-34
8	制造工程师	见表 4-35
9	生产技术员	见表 4-36
10	工艺开发工程师	见表 4-37、表 4-38
11	制程整合工程师	见表 4-39
12	设备研发工程师	见表 4-40
13	工程技术工程师	见表 4-41
14	生产控制工程师	见表 4-42
15	质量工程师	见表 4-43
16	可靠性工程师	见表 4-44
17	测试工程师	见表 4-45
18	良率提升工程师	见表 4-46
19	产品工程师	见表 4-47

表 4-26　工艺工程师岗位描述及任职要求（举例 A）

岗位名称	工艺工程师
职位描述 / 岗位职责	
①半导体器件工艺流程日常维护	
②工艺流程的优化设计	
③产品成品率的改善与提升	
④半导体工艺技术员 / 工程师的培训	
⑤新技术的应用、开发与流程控制	
⑥协助部门主管对本部门的工艺生产线的管理，贯彻公司的指导方针，执行质量、安全和环保政策	
岗位要求	
①本科及以上学历，半导体物理、材料、微电子、电子科学与技术及相关专业	
②三年以上半导体工艺工作经验	
③熟练掌握半导体工艺流程，如光刻、湿法刻蚀、干法刻蚀、电子蒸发、真空溅射、PECVD 等，尤其对产品成品率跟踪控制具有相当经验	

表 4-27　工艺工程师岗位描述及任职要求（举例 B）

岗位名称	工艺工程师
职位描述 / 岗位职责	
①负责新产品的技术开发和试产	
②配合设备和厂务工程师解决生产过程中的设备问题	
③配合质量部门改进生产工艺，提高成品率	
岗位要求	
①3 年及以上微电子（半导体）工艺的工作经验。具有良好的敬业精神、团队精神，很强的沟通能力、学习能力及问题分析处理能力；优秀应届生也可考虑	
②电子科学技术领域微电子与固体电子学、半导体材料与器件、半导体光电器件等微电子相关专业的本科、研究生学历	
③具有半导体器件生产工艺流程及器件性能测试分析经验，熟悉封装工艺及半导体器件的质量控制流程。有光敏半导体器件开发经验者优先	
④熟悉光刻、刻蚀、湿法清洗、刻蚀工艺的设备和工艺开发，至少熟悉一种。了解半导体器件物理与工艺等相关理论知识	

表 4-28　工艺工程师岗位描述及任职要求（举例 C）

岗位名称	工艺工程师
职位描述 / 岗位职责	
①整理分析工艺、器件数据，给出流片报告	

（续）

| ②通过实验数据分析和与代工厂的沟通，发现问题，优化工艺，提升良率 |
| ③协助开发新工艺平台，制定工艺流程和条件，设计器件版图方案 |
| ④编写工艺、器件开发技术报告 |

岗位要求

| ①工作态度认真负责，积极主动，有较强沟通能力 |
| ②半导体物理、器件、微电子相关专业硕士研究生毕业 |
| ③具有一年以上 0.35μm 及以下节点集成电路制造 PIE 等工艺开发、整合、良率提升相关工作经验 |

表 4-29　制程工程师岗位描述及任职要求举例

岗位名称	制程工程师

职位描述 / 岗位职责

| ①实施新产品导入，执行产品研发计划，建立完善的工艺解决路线 |
| ②负责审核工艺规程，工艺指导书，保证生产作业标准化 |
| ③汇总各试产阶段的问题，确保问题及时解决 |
| ④参与生产质量事故处理，为质量改进提供工艺依据 |
| ⑤负责对产品再利用的评估，制定处置方案，保障物料合理化利用 |
| ⑥进行生产处置工艺的改善创新，提高生产效率 |

岗位要求

| ①统招学历，电子类相关专业 |
| ②熟练掌握 PFMEA 等常用工艺工程方法与工具 |
| ③熟悉生产工艺、产品性能、产品结构，具有丰富的项目开展经验 |
| ④熟练阅读并解释、运用各类技术文件及说明，现场解决故障的能力较强 |
| ⑤沟通表达协调能力较强，具有良好的团队合作精神 |

表 4-30　设备工程师岗位描述及任职要求举例

岗位名称	设备工程师

职位描述 / 岗位职责

| ①负责产品切换、在线制程、质量控制、效率提升等工作 |
| ②负责设备的维修，解决由于设备问题所产生的产品和工艺不良问题 |
| ③建立并跟进设备的保养计划并负责实施 |
| ④建立 SMT 体系及标准化流程 |
| ⑤负责作业人员、技术人员技能提升培训 |

岗位要求

| ①大专及以上学历，3 年及以上相关经验 |

（续）

②有 SMT 相关设备操作保养经验优先
③掌握电子和机械结构的相关知识
④熟悉西门子或松下贴片机的设备管理和效能发挥要点
⑤熟悉并掌握设备常见故障处理方法
⑥沟通表达能力较好，思路清晰，团队合作精神和抗压能力较好

表 4-31　厂务系统工程师岗位描述及任职要求举例

岗位名称	厂务系统工程师
职位描述 / 岗位职责	
①根据公司规划，负责相应系统的评估建造及扩充	
②负责相应系统的运行维护工作，解决运行中出现的各种问题，确保系统运行稳定	
③负责编制各系统运行的 OI、Check list、SOP 等相关操作规范，培训部门成员掌握各项操作技能	
④有效地完成所属系统运行状况分析排查以达到降低运行成本的目的	
岗位要求	
①学历要求：大专、本科	
②能力要求：熟练使用 Office、CAD 等办公软件	
③专业要求：机电类 / 电力系统及自动化 / 环境工程 / 气体类相关专业	

表 4-32　厂务工程师岗位描述及任职要求举例

岗位名称	厂务工程师
职位描述 / 岗位职责	
①负责厂务系统的运行维护，分析并解决系统运行中出现的各项问题	
②根据用户不同需求，调整系统运行模式，确保系统供应稳定	
③完成系统扩建项目的细化设计、工程发包、工程监管、测试运行及竣工验收工作	
④根据既有运行数据，分析系统运行的合理性，优化系统运行以实现系统稳定节能运行	
岗位要求	
①本科及以上学历，环境工程、电气、化学、过程装备、机电、机械、自动化、物理、工业工程等相关专业	
②1 年以上相关工作经验	

表 4-33　工业工程师（PIE 方向）岗位描述及任职要求举例

岗位名称	工业工程师（PIE 方向）
职位描述 / 岗位职责	
①工厂精益生产体系建设接口人，组织开展工厂内部精益项目	
②精益文化建设，组织内部改善激励活动	

（续）

③编制精益生产培训教材，制定精益生产培训计划，并开展培训
④工厂自动化项目导入评估、项目过程跟进
⑤协助生产，提升现场管理水平
⑥参与工厂整体布局规划、线体设计
⑦推进价值流分析，组织推进生产过程改善
岗位要求
①本科及以上学历，5年以上相关经验
②有较强的项目管理能力
③有较出色的沟通表达能力和跨部门沟通能力，思维逻辑严谨，文书写作能力较好
④具有精益管理理念及持续改善意识

表4-34　制造管理工程师岗位描述及任职要求举例

岗位名称	制造管理工程师
职位描述/岗位职责	
①项目管理、项目进度的管理与控制	
②流程改善、发现和改善问题	
岗位要求	
①学历要求：本科、硕士	
②能力要求：具备逻辑思考、双向沟通以及倾听的能力	
③外语要求：CET4及以上	
④专业要求：半导体制造相关专业/工业工程/数理等相关专业	

表4-35　制造工程师岗位描述及任职要求举例

岗位名称	制造工程师
职位描述/岗位职责	
①负责生产计划制定与执行	
②负责生产系统开发与测试	
③负责一线员工及现场管理	
④负责统筹相关生产资源，达成出货目标	
⑤负责确保在线产品按时交付	
岗位要求	
①本科及以上学历，工业工程、管理类、计算机、机械、软件开发、数学、微电子、自动化等相关专业	
②1年以上相关工作经验	

表 4-36　生产技术员岗位描述及任职要求举例

岗位名称	生产技术员
职位描述 / 岗位职责	
①根据工程部提供的资料及样品，制定出初步工艺流程及 SOP 注意事项	
②针对产品结构，设计出相关辅助夹具，安排技术人员跟进	
③辅助生产线进行相关技术指导，并对生产中发生问题进行分析、改进	
④若干次生产后提出发生问题点及改善方案并追踪结果	
⑤突破现有状况，引用半自动化，减少人工操作，提高产品完成率	
⑥按产品编制作业指导，确保作业员能正确操作	
⑦ ERP 系统推进及管理	
岗位要求	
①大专及以上学历（在公司任职多年，达到工程师水平要求的技术人员）	
②三年以上丰富的工作经验，具有良好的沟通、协调能力	
③电子、计算机、机电一体化等相关专业	
④熟悉 AutoCAD、Protel 等设计软件，熟悉各办公软件等	
⑤具有较强的敬业、进取精神和创新思维，工作主动性强，勇于承担责任	

表 4-37　工艺开发工程师（RD/TD）岗位描述及任职要求（举例 A）

岗位名称	工艺开发工程师（RD/TD）
职业描述	

半导体工艺工程师需要具备广泛的知识和技能，以确保产品的生产过程顺利、高效和按时完成。他们需要不断更新自己的知识，以适应不断变化的技术和市场要求

首先，半导体工艺工程师需要研究和开发新型材料和工艺流程，以提高半导体器件的性能、可靠性和效率。他们需要熟悉化学、物理和电子学原理，以设计和优化工艺流程。此外，他们还需要对不同类型的半导体材料和设备进行实验室测试，以确认其性能是否符合要求

其次，半导体工艺工程师需要制定和执行晶圆制造计划。他们需要选择适当的设备和工具，以确保生产过程的准确性和效率。他们还需要监测每个生产阶段的质量，并与其他团队成员合作解决任何问题。这些问题可能涉及设备故障、材料缺陷或其他生产问题

除了制造和测试晶圆，半导体工艺工程师还需要参与产品设计和优化。他们需要与设计团队合作，确保产品的生产过程符合设计要求。他们还需要与其他团队成员一起执行测试，以确保产品的性能和质量符合要求

最后，半导体工艺工程师还需要制定和执行质量控制计划。这包括监测工厂内部每个环节的质量，并确保所有产品符合行业标准和客户需求。他们还需要参与持续改进计划，以提高生产过程的可靠性和效率

职责要求
①熟悉一种或多种半导体工艺（如光刻、薄膜、刻蚀、封装等）
②了解设备性能，参与工艺设备维护
③协助工艺相关设备的调研、采购与调试
④配合技术团队参与新产品开发

（续）

⑤负责参数测量、统计与分析测试数据等

⑥解决其他相关问题

	岗位要求

①本科及以上学历

②光电子、半导体材料、物理、化学工程等相关专业毕业，两年以上工作经验，精通光刻制程或先进封装工艺者优先

③对半导体基本工艺和设备有全面深刻的认识，有良好的半导体物理器件知识，对半导体行业熟悉

④具备英语读写能力，能独立阅读英文技术资料

⑤诚信，工作踏实严谨，责任心强，具有良好的团队合作意识

⑥具有良好的分析判断、组织计划及沟通协调的能力

⑦出色的抗压力、应变力及执行能力

表 4-38　工艺开发工程师（RD/TD）岗位描述及任职要求（举例 B）

岗位名称	工艺开发工程师（RD/TD）
	职业描述 / 职责要求

①负责工艺模块日常监控及异常情况处理工作

②完成扩散工艺模块工序的作业指导文件编写工作

③制定扩散工艺模块工艺点检项目、规格及频度等关键指标

④根据开发需求制定新品工艺条件

⑤负责新机台调试、新工艺材料检验等工作，以此对供应商进行评价

⑥负责工艺数据的收集分析工作，提出提高工艺水平的建议

⑦参与工艺管线阀门、换热器等设备的选型招标工作

⑧完成材料、备品、备件需求材料的撰写

	岗位要求

①具有本科及以上学历，专业为物理材料、化工、微电子等相关专业

②熟练掌握器件物理基本专业知识

③熟悉 CMOS 及 Power Device 等工艺流程

表 4-39　制程整合工程师岗位描述及任职要求举例

岗位名称	制程整合工程师
	职业描述

制程整合工程师是产品的负责人，一切与产品相关的事物都与制程整合工程师有关，在各项事务中扮演了天然的重要角色，需要协调各个单位之间共同解决问题或达成目标，对于个人的沟通协调能力及执行力有极强的锻炼

（续）

职责要求

①确保芯片的质量，持续提升良率，提供给客户具有竞争力且高质量的芯片，让电子产品不但先进而且效能稳定

②需要与客户沟通了解定制化的芯片应用需求，再将信息带回厂内，与各工程单位合作，起到芯片制造的重要协调者的作用

③良率精进工程师监控芯片的良率与缺陷，使用量测机台监测芯片的缺陷，找出可能的问题，再与制程整合工程师共同解决问题

④作为一个制程整合工程师，其最重要的工作就是对于一个新产品的评估。当研发工程师设计出来一款新产品试产以后，这时就需要制程整合工程师去跟踪试产过程中这个产品出现的问题并提出解决方案

职业发展

对于制程整合工程师来说，掌握生产线上所有制程是很关键的，采用统计制程管理，监控及提高良率

制程整合工程师的职业发展路线是课经理—部门经理—副厂长—厂长。如果是跨部门发展，有一个扎实的制程整合基础的话，可往上游岗位去，如研发工程师、产品工程师、销售工程师。去设计公司也可以，如果自身也有一些设计的背景，可以做 IC 设计，或者在设计公司做运营（管理供应链）或者产品

表 4-40　设备研发工程师岗位描述及任职要求举例

岗位名称	设备研发工程师

职业描述

设备的前期策划正成为企业合理生产、节约资金与成本的主要手段。设备研发工程师的责任越来越重，设备研发工程师主要负责的是机台的状况，要保持机台始终处于比较良好的状态，从而提高机台的利用率。很多知名大厂在最忙时曾经把机台的利用率提高到了 110% 以上，这样就需要缩短机台设计的维护时间，缩短机台的监视时间，减小宕机的概率

职责要求

①主要包括设备的操作、设备维护保养、设备维修更新等

②通过故障处理、维护保养等，保证所属设备的正常运转，满足生产需求

③维护所属设备稳定性，减少工艺缺陷，提高成品率

④协助工艺工程师进行相关问题的调查和解决，做好工艺设备的选型、安装调试，按时移交，满足产能需求

职业发展

设备研发工程师—资深设备研发工程师—工艺工程师—技术服务工程师

其中资深设备研发工程师要编写各种设备相关作业指导书，并制定培训计划，完成制造部人员培训，提高制造部作业水平

表 4-41 工程技术工程师岗位描述及任职要求举例

岗位名称	工程技术工程师
职业描述	
半导体工程技术工程师的重点工作内容是现代工程技术系统的运用＋部分的精益，侧重在生产运行系统的降本增效以及整个公司范围内的取消浪费活动 工程技术工程师就是从事工业工程的人，狭义来说，即工厂里面负责调度管理人员、设备、生产物料、操作方法、工厂设施的实践者。广义来说，是指运用工程技术手法对某个系统整体进行专业管理的工程师。工作内容包括但不局限于优化生产线、质量控制、物料存储优化、供应链管理等	
职责要求	
①根据产能需求及产能模型计算所需采购设备的数量	
②设计无尘室并优化内部物流路线及岗位之间的物料周转方式，规划主机台与附属设备的平面布局及更新	
③定期评估各过程产能需求情况，分析结果并采取相应措施，从而提高生产效率	
④对导入新产品进行标准工时预估，根据批量生产情况更新预估标准工时以确定产能需求	
⑤对各过程进行成本分析和优化设备的折旧成本	
职业发展	
（技术路线）工程技术工程师—工程技术部经理—工程技术总监—（管理路线）首席运营官	

表 4-42 生产控制工程师岗位描述及任职要求举例

岗位名称	生产控制工程师
职业描述	
生产控制工程师，主要负责生产管理（Production Management），即计划、组织、协调、控制生产活动的综合管理活动。要根据不同客户订单和生产周期，合理规划产品结构，确保设备产能利用率最大化	
职责要求	
包括生产计划、生产组织以及生产控制。通过合理组织生产过程，有效利用生产资源，经济合理地进行生产活动，以达到预期的生产目标、生产计划以及进度的控制	
职业发展	
资深生产控制工程师—生产控制科经理—生产控制部经理	

表 4-43 质量工程师岗位描述及任职要求举例

岗位名称	质量工程师
职业描述	
质量工程师是半导体工厂中很重要的岗位，主要负责监控生产过程，确保质量及环境体系有效运行，建立并完善监控研发项目质量的测量系统，并针对差异进行改善。质量工程师最基础的职业技能是要掌握 PDCA 质量管理系统。在质量管理活动中，要求把各项工作按照做出计划、计划实施、检查实施效果，然后将成功的纳入标准，不成功的留待下一循环去解决	

（续）

职责要求
①主要职责是保证制程的稳定性和芯片的可靠性
②日常工作主要是监督各个部门品质相关问题

职业发展
质量工程师—质量主管—质量经理 质量理论和质量管理的核心工具，有 APQP、FMEA、SPC、MSA、PPAP 等。六西格玛和 ISO 体系知识，是作为质量工程师的职业发展的加分项和助力器

表 4-44　可靠性工程师岗位描述及任职要求举例

岗位名称	可靠性工程师

职业描述
测试评估工艺研发过程中的可靠性，改善工艺可靠性，以确保工艺研发过程中的可靠性，并进行数据分析，以评估工艺可靠性和产品的使用寿命。设计可靠性测试结构，从而在这些结构上做出准确的可靠性评估。与客户沟通，汇报可靠性进展，了解需求，回答客户问题

职责要求
①负责新产品及量产阶段的可靠性验证，并输出相关报告
②负责对芯片在设计、验证、生产和客户使用等过程出现的失效进行可靠性评估与失效分析工作
③负责产品可靠性测试、失效分析的前期评估和方案制定
④负责可靠性实验相关的准备工作；负责开展可靠性、失效分析测试相关实验，利用相关分析手段，对异常点分析失效原因和失效机理，以及输出相关报告

职业发展
资深可靠性工程师—可靠性工程课经理—可靠性工程经理

表 4-45　测试工程师岗位描述及任职要求举例

岗位名称	测试工程师

职业描述
行业的测试工程师（Test Engineer，TE）主要是指 ATE（自动测试设备）测试工程师，其岗位职责相对专一，主要集中在 ATE 测试领域。ATE 测试属于芯片后道流程，通常是芯片交付给客户前的最后一道关卡，直接关系到产品质量与公司信誉。根据客户提供的测试条件，完成整片晶圆的最终电路测试，保障出厂的芯片的性能符合客户需求

工作范围
测试工程师的工作范围包括 ATE 测试方案制定、ATE 测试硬件设计与验证、ATE 测试程序开发与调试、ATE 测试程序验证与量产、ATE 测试方法研究与优化五个方面

（续）

职责要求
①理解产品定义，提供可测试性设计建议
②负责测试系统硬件开发，协调相关硬件的生产制造过程
③开发自动测试机台的测试系统软件，调试以及跨平台程序移植
④按照测试计划要求，按时完成产品自动测试，及时分析数据，反馈测试中发现的产品性能信息
⑤根据客户提供的测试条件，提供完整的测试方案
⑥通过针测电路探测测试与芯片最终测试

职业发展
资深测试工程师—测试部课经理—测试部门经理 　　其他技术要求：熟练乃至精通各类测试机台是测试工程师的必备技能。能熟练掌握主流系列测试机的工程师，职业前景较广阔 　　此外，ATE 测试工程师的要求高，薪资待遇也比一般的测试工程师高。ATE 测试工程师不仅要掌握统计和数据分析工具应用（JMP、Galaxy Examinator 等），而且要能写代码，包括但不限于掌握 C++ 和 VBA 语言，具有 Python 等其他脚本开发经验（Java、C#、C++、Perl 等）

表 4-46　良率提升工程师岗位描述及任职要求举例

岗位名称	良率提升工程师

职业描述
该岗位的工作是系统性很强的工作，有太多的因素会影响芯片的良率。提升良率和保证产品的可靠性是良率提升工程师的主要职责。良率提升工程师属于生产线相对前端的工种，主要的工作包括配合研发需要，及时建立各个工艺作业指导书，并进行持续改善；评估最新的机台和系统；降低缺陷以达成良率提升的目标等。这些工作需要与制程工程师合作，有些工作与制程工程师实际上是有重叠的

职责要求
①缺陷检验程序设定及参数优化研究，推动缺陷检测程序的创新来提高检测率
②生产线缺陷异常侦测及协同相关部门同事研讨真因，预防及异常产品处置
③生产线质量提升及良率持续要求，各项检测指标管理及持续改善，以达到公司及客户需求
④缺陷失控事件的检测和原因分析，线上产品的分析处理，并与相关部门建立预防措施
⑤建立先进逻辑晶片工艺的缺陷表征技术和数据库，以及缺陷数据管理和分析能力
⑥新制程、新生产设备及新原材料导入评估协助，或检验设备评估导入

职业发展
良率提升工程师—资深良率提升工程师—良率提升课经理—良率提升部门经理。良率提升工程师在实际工作中可获得很多生产制造的经验，尤其是生产线遇到问题怎么定位，需要很长时间的积累，工作年限越长，职业价值越大

表 4-47　产品工程师岗位描述及任职要求举例

岗位名称	产品工程师

职业描述

　　产品工程师（PDE）的主要任务就是让生产流程顺畅，确保生产的每个环节紧紧相扣，使产品可以按照时间表上市，甚至缩短设计到量产的时间，争取更多市场份额。主要工作是帮助半导体制造端找到良率缺失方面的问题，提高产品的良率。产品工程师要有电性失效分析（EFA）和预测性故障分析（PFA）的基本功底，要有对电性等各类数据高度的敏感，做好报告是产品工程师的必备技能。一般隶属技术部，主要负责产品的技术支持，特别是新产品开发时一般都是由产品工程师牵头

职责要求

①负责各种各类的产品良率的统计与分析，对良率异常及时发现与监控

②与客户及制程整合工程师紧密合作，负责良率问题底层原因的分析与判断

③作为客户与工厂之间的桥梁，就设计及制造中的技术问题双向沟通

④与制程整合工程师合作，负责向客户提供有关芯片设计、设计规则、制造工艺等方面的技术支持及意见

⑤负责处理良率相关的客户投诉与产品退回

职业发展

　　优秀的产品工程师最好在制程整合部门先工作，熟悉工厂环境和流程。工作几年后，其发展路径一般是产品工程师→产品部（科/课）经理→产品部部门经理，也可转行做客户工程师（CE）、制程整合工程师（PE）或研发工程师（DE）

（2）制造类企业的岗位图谱

芯片制造领域的岗位图谱见表 4-48。

表 4-48　芯片制造领域的岗位图谱

级别	制造	工程
10	董事长	
9	CEO	
8	厂长 / 总监 /VP	
7	部门经理 / 副总监	部门经理 / 副总监
6	科经理（副）	科经理（副）
5	班长	主任工程师
4	副班长	副主任工程师
3	组长	资深工程师
2	资深技术工人	工程师
1	技术工人	助理工程师

（3）制造类企业技术岗位专业友好度

制造类企业技术岗位专业友好度，见表 4-49。

表 4-49　制造类企业技术岗位专业友好度

	材料	机械工程	微电子	物理	能源与动力	环境	化学	电子信息/电气工程	光学	软件	自动化/控制科学与工程	数学科学/工程力学
工艺工程师	※※※	※※	※※※	※※※	※※	※※	※※※	※※※	※※※	※※	※※	※※
设备工程师	※※	※※※	※※	※※	※※		※※※	※※※	※※※	※※	※※	※※
工艺整合工程师	※※※	※※	※※※	※※※			※※	※※	※※	※※	※※	※※
制造工程部经理	※※※	※※	※※※	※※※	※※※	※※※	※※※	※※※	※※※	※※※	※※※	※※※
质量可靠性工程师	※※		※※※	※※※				※※	※※			
晶圆/嵌入式测试工程师			※※					※※	※※	※※	※※※	
自动化/软件工程师					※※※	※※				※※※	※※	※※
厂务工程师	※※	※※※			※※※	※※		※※※	※※			
研发工艺及整合工程师	※※※	※※	※※※	※※※	※※	※※	※※※	※※	※※	※※	※※	※※
产品研发工程师	※※		※※※	※※			※※		※※	※※	※※	※※

注：※※※表示友好度高，※※表示友好度一般。

3. 封测类企业岗位图谱

（1）封测类企业部分关键及重点岗位描述及任职要求

封测类企业部分关键及重点岗位，见表4-50。

表4-50　封测类企业部分关键及重点岗位

序号	职位	岗位描述及任职要求 （能力要求、学历及专业、项目经验等）
1	制程工程师	见表4-51
2	测试工程师	见表4-52
3	产品工程师	见表4-53
4	工艺工程师	见表4-54
5	测试开发工程师	见表4-55
6	材料研发工程师	见表4-56

表4-51　制程工程师岗位描述及任职要求举例

岗位名称	制程工程师
职位描述/岗位职责	
①负责新工艺、新设备、新品种、新材料等导入	
②积极发现生产线不合理之处，致力于持续改善，提高人员工作效率和产品良率，降低制造成本	
③设备维护、改造、重大故障等应对	
④负责工程异常的调查分析，报告撰写，并与相关部门共同推进异常的解决	
⑤各类标准类文件、工艺文件等的制定、更新、培训	
岗位要求	
①理工科本科及以上学历	
②有1年以上半导体行业经验，熟悉半导体封装测试	
③具备较强的抗压能力、良好的沟通技巧和团队合作精神	

表4-52　测试工程师岗位描述及任职要求举例

岗位名称	测试工程师
职位描述/岗位职责	
①负责量产项目失效测试分析	
②负责量产单片和模块测试系统和老化系统维护和扩产	
③负责量产项目标准作业指导书编写	
④负责产品生产相关技术文件编写	
岗位要求	
①本科及以上学历，集成电路、微电子、电子信息、通信工程等相关专业	

半导体产业人才发展指南

（续）

②熟悉射频模拟电路、数字电路、单片机原理

③良好的英语听说读写能力，能流畅阅读专业文档

④具有良好的沟通能力和较强的责任心

表 4-53　产品工程师岗位描述及任职要求举例

岗位名称	产品工程师
职位描述 / 岗位职责	
①负责半导体器件实验室的日常维护	
②按规范完成 IGBT、MOSFET 类产品的基础测试	
③按要求对测试数据进行整理汇总	
④协助部门其他人员进行业务标准化，进行规范文件的编写	
岗位要求	
①本科及以上学历，理工科专业	
②愿意从事电路及元器件相关工作	
③具有团队协作意识	
④较好的学习能力、沟通能力	

表 4-54　工艺工程师岗位描述及任职要求举例

岗位名称	工艺工程师
职位描述 / 岗位职责	
①参与新工艺所需设备的考察、试验、调试，参与工装夹具的设计制作及验证	
②负责新工艺所需材料的考察，进行工艺试验并总结	
③新工艺、新技术、新产品等文献资料研究，新工艺量产技术研究	
④负责所需工艺材料的考察，工艺参数的优化，进行工艺试验并总结	
⑤参与设备异常处理，参与工装夹具的定期检查	
岗位要求	
①本科及以上学历，机械、电子大类相关专业	
②有工艺相关工作经验者优先	

表 4-55　测试开发工程师岗位描述及任职要求举例

岗位名称	测试开发工程师
职位描述 / 岗位职责	
①主导完成系统方案设计，包括原型平台的开发和验证，输出产品系统技术需求书，产品规范文件以及与应用相关的芯片规范文件	

（续）

②组织进行产品应用形态的分析和评估，确定关键设计要求点
③组织完成相关样品的开发调测
④协助完成量产测试、标定方案、关键点技术问题攻关
⑤组织完成产品设计开发的指导性说明，协助客户完成产品应用设计，包括硬件、软件、光学、结构等技术方面。提供光感产品应用方案，解决客户的应用问题
岗位要求
①精通电路，以及微弱模拟信号调理和数字信号处理方法
②熟悉相关测量仪器的使用，熟知该测量仪器的测量原理，包括示波器、频谱分析仪、信号发生器、逻辑分析仪等
③责任心强，有很好的主动意识，有很强的组织沟通协调能力，能吃苦，抗压能力强
④有集成电路设计行业技术预研、芯片验证及硬件开发经验者优先
⑤有光学设计、仿真经验者优先
⑥有 TracePro、SolidWorks 使用经验者优先

表 4-56　材料研发工程师（金属划片刀方向）岗位描述及任职要求举例

岗位名称	材料研发工程师（金属划片刀方向）
职位描述 / 岗位职责	
①负责公司烧结金属结合剂金刚石软刀新产品研发	
②跟进产品测试情况，根据产品测试结果，提出改善方案	
③解决生产过程中的技术问题，对生产工艺标准化，制定产品标准技术生产文件	
④搜集国内外最新资料，进行新产品、新技术的基础性研究	
岗位要求	
①大专及以上学历，磨具磨料、粉末冶金、高分子材料等相关专业	
②具有三年以上烧结金属结合剂金刚石软刀研发经验，理论基础扎实、技术工作经验丰富，能独立解决产品使用相关问题	
③逻辑性强，思维缜密，系统方法论与实践结合较好	

（2）封测类企业的岗位图谱

封测类企业的岗位图谱，见表 4-57。

表 4-57　封测类企业的岗位图谱

级别	营销	生产	职能	专业
13	总经理			
12	副总经理、助理总经理			
11	总经理助理			

（续）

级别	营销	生产	职能	专业
10	全国总监	工厂总经理（厂长）	高级总监	首席专家
9	区域总监/重点客户群副总监	工厂副总经理（副厂长）/工厂总经理助理	高级总监	专家
8	区域经理/重点客户群经理	总监	总监/资深经理	资深工程师
7	区域副经理/高级重点客户经理	高级经理	高级经理	高级工程师
6	城市经理/重点客户经理	经理	经理	工程师
5	城市主管/重点客户主管	副经理/领班	副经理	助理工程师
4	高级业务代表	高级专员/主管/组长	高级专员/主管	高级专员
3	业务代表	专员/班长/线长	专员	专员
2	助理业务代表	技术员/技术工人	技术员/测试员	技师
1		普通工人	普通工人	操作工

（3）封测企业技术岗位专业友好度

封测企业技术岗位专业友好度，见表4-58。

表4-58　封测企业技术岗位专业友好度

技术岗位 VS 科班类专业/其他（与此类专业的友好度）

		材料	微电子	物理	能源与动力	电子信息电气工程	光电工程仪器科学	软件	通信	机械工程	化学	集成电路	控制
封测研发类	封装工艺研发工程师	科班	科班	其他（高）	其他（低）	其他（低）	其他（中）	其他（低）	其他（低）	其他（低）	其他（中）	科班	其他（低）
	测试研发工程师	其他（低）	科班	其他（高）	科班	其他（低）	其他（中）	其他（中）	其他（高）	其他（中）	其他（低）	科班	其他（中）
	材料研发工程师	科班	科班	其他（高）	其他（低）	其他（低）	其他（中）	其他（低）	其他（低）	其他（低）	其他（中）	科班	其他（低）
测试/封装类	设备工程师	其他（中）	科班	其他（中）	其他（高）	其他（高）	其他（高）	其他（中）	其他（中）	其他（高）	其他（低）	科班	其他（高）
	失效分析工程师/质量工程师	科班	科班	其他（高）	其他（低）	其他（低）	其他（中）	其他（低）	其他（低）	其他（低）	其他（低）	科班	其他（低）

（续）

技术岗位 VS 科班类专业 / 其他（与此类专业的友好度）

	材料工程师	科班	科班	其他（高）	其他（低）	其他（低）	其他（低）	其他（低）	其他（低）	其他（低）	其他（高）	科班	其他（低）
测试/封装类	测试领班/测试生产主管	其他（高）	科班	其他（高）	其他（低）	其他（低）	其他（高）	其他（低）	其他（中）	其他（低）	其他（低）	科班	其他（中）
	封装制程工程师	科班	科班	其他（高）	其他（低）	其他（低）	其他（高）	其他（低）	其他（低）	其他（低）	其他（中）	科班	其他（低）
	测试开发工程师	其他（低）	科班	其他（中）	其他（低）	其他（高）	其他（高）	其他（高）	其他（高）	其他（低）	其他（低）	科班	其他（高）

4. 设备类企业岗位图谱

（1）设备类企业部分关键及重点岗位描述及任职要求

设备类企业部分关键及重点岗位，见表 4-59。

表 4-59　设备类企业部分关键及重点岗位

序号	职位	所属产业链	岗位描述及任职要求 （能力要求、学历及专业、项目经验等）
1	现场工程师	设备类	见表 4-60
2	电源开发工程师	电子类	见表 4-61
3	设备工程师	设备类	见表 4-62
4	制程工程师	制程类	见表 4-63
5	C# 软件工程师	软件类	见表 4-64
6	机械工程师	机械类	见表 4-65
7	系统工程师	系统类	见表 4-66
8	电气设计工程师	电气类	见表 4-67
9	机械设计工程师	机械设计类	见表 4-68
10	技术支持工程师	技术支持类	见表 4-69

表 4-60　现场工程师岗位描述及任职要求举例

岗位名称	现场工程师

职位描述 / 岗位职责
通过以下方式提供高度可视的客户支持现场复杂设备和系统的现场安装、维护和维修
①检查并批准系统设备的运行质量。指导客户操作和维护系统
②作为公司与客户的联络人分配项目的行政和技术事宜。解释客户的需求并澄清问题解决的责任是否落在销售人员、客户支持代表或工程师身上
③与制造客户密切合作，执行商定的测试计划

（续）

④在故障排除和解决设备硬件/软件问题方面提供技术援助
⑤能够清晰地记录过程结果、程序和方法
⑥需要独立的规划和纪律，以确保及时完成长期项目
⑦工厂需求和客户需求之间的关键联系
岗位要求
①本科及以上学历，工程专业，有刻蚀/等离子体制造经验者优先
②2年以上半导体行业经验，专注刻蚀/等离子剥离工艺开发
③对等离子体处理、CMOS晶体管物理和集成有很强的理解
④深入了解刻蚀/等离子体相关问题以及CMOS器件的缺陷参数和电气特性
⑤在等离子刻蚀/剥离设备和工艺的开发、鉴定、持续工程和故障排除方面有实际经验
⑥需要快速热处理经验，但不是必需的
⑦需要有效的书面、口头沟通技巧和人际交往技巧
⑧能够独立工作并进行实验以验证假设
⑨要灵活现场工作时间

表4-61 电源开发工程师岗位描述及任职要求举例

岗位名称	电源开发工程师
职位描述/岗位职责	
①电源产品方案评估	
②电源产品电路设计、PCB布板与电路调试	
③电源产品相关设计文件、生产文件、检验文件的编制与审核	
④电源产品生产过程中的电路异常的处理	
岗位要求	
①所学专业为电子信息工程、电子科学与技术等相关专业	
②掌握电子专业知识、各种电子元器件的规格及应用	
③能够熟练使用CAD、Protel等专业软件	
④具备较强的沟通能力和实际操作能力	

表4-62 设备工程师岗位描述及任职要求举例

岗位名称	设备工程师
职位描述/岗位职责	
①现场技术支持，协调处理客户的技术和服务相关问题，具备分析产品故障趋势和服务能力	
②新设备评估安装调试，工装夹具验收，合理管控设备耗材及备件	

（续）

③组织编制设备使用维修的各项操作规范，设备技术资料的形成、积累、整理与归档
④负责水电气的技术管理，保障生产用水电气的正常供应，贯彻执行公司方针政策，组织节能管理和技术改造工作
⑤制造工艺持续改善，提高生产效率，进行产品失效分析，提高良率
⑥制定工序设备维护保养计划，并按计划实施设备的维护保养工作，拟定预防设备事故的措施，提供高效率的维修、解决方案
⑦配合工艺部门、质量部门，做好支持生产部门的工作
岗位要求
①大专及以上学历，专业不限
②具有相关半导体设备安装与调试经验为佳
③熟练使用 Office 办公软件，能够独立制作日报、月报小结汇总
④具有团队意识、敬业精神、良好的沟通能力，动手能力、执行力强；接受全国出差

表 4-63　制程工程师岗位描述及任职要求举例

岗位名称	制程工程师
职位描述 / 岗位职责	
①光刻机及其他光罩生产设备制程管理、维护及改善	
②光罩（光掩模板）线宽和位置精度控制及制程优化	
③产品报废原因分析及改善	
④新产品和设备的质量认证	
⑤建立生产线的操作流程和规范文件	
岗位要求	
①微电子、物理、材料、化学等相关专业本科及以上学历	
②具备基本英文沟通能力、读写能力	
③逻辑思维及工程分析能力	
④有良好的数学功底，能胜任产品的数据分析工作	
⑤具备基本计算机程序 VBA 编写能力，或熟悉 Linux 语言尤佳	

表 4-64　C# 软件工程师岗位描述及任职要求举例

岗位名称	C# 软件工程师
职位描述 / 岗位职责	
①按照公司产品开发计划完成软件设计工作	
②根据设计报告，进行编码，并参与代码的评审测试工作	
③相关软件的维护完善和升级工作	
④具有通信核心网相关经验，熟悉通信系统协议软件开发原理和流程，熟悉相关重要协议者优先	

（续）

⑤负责产品新版本完成后对其进行功能测试、异常测试、性能测试以及系统测试等工作
岗位要求
①本科及以上学历，3 年及以上 C# 工作经验
②有半导体设备、工业设备控制、电气自动化经验者优先考虑
③熟悉半导体机械手臂（Robot）调试软件的设计开发，硬件设备（伺服／步进电机）控制
④熟练掌握上位机软件编写，熟悉使用各种通信协议，熟练掌握各种通信硬件
⑤了解 SEMI 标准，熟悉半导体 SECS/GEM（200、300）协议，熟悉 HSMS 通信
⑥1～3 年或以上的半导体行业设备自动化编程实施经验
⑦具有良好的沟通能力、责任心、敬业精神和团队合作精神，工作积极主动、认真仔细
⑧能够接受短期出差

表 4-65　机械工程师岗位描述及任职要求举例

岗位名称	机械工程师
职位描述／岗位职责	
①负责半导体湿法设备的研发和设计，包括结构件或传动系统或化学流体系统等	
②了解并熟悉原材料特性、选用原则和加工工艺	
③熟悉结构设计、流体力学、机械运动，其中一项尤为突出亦可	
④熟练使用二维和三维图软件	
⑤熟练掌握有限元分析软件或流体仿真软件或多物理场分析软件，掌握一种优先考虑	
岗位要求	
①大专及以上学历，2 年以上的工作经验	
②机械设计／机电一体化／自动化／材料／微电子专业等	
③具有良好的沟通能力、责任心、敬业精神和团队合作精神，工作积极主动、认真仔细	

表 4-66　系统工程师岗位描述及任职要求举例

岗位名称	系统工程师
职位描述／岗位职责	
①参与系统产品的调研	
②参与系统的售前方案，产品规划和优化，非标件控制	
③协助产品文件输出，对接项目工程师，协助项目进展	
④参与系统安装跟踪和问题反馈	
⑤总结产品使用规范，收集客户使用信息	
⑥汇报工作进度	
⑦领导安排其他的工作	

（续）

岗位要求
①本科及以上学历，硕士尤佳，物理、真空等相关专业
②2～3年相关工作经验，熟悉真空系统、薄膜生长等专业知识优先
③有使用和参与MBE/PVD系统搭建、选型经验尤佳
④熟练使用SolidWorks，熟悉机械加工、零件公差等优先
⑤做事细心，沉着冷静，有处理突发问题的能力
⑥具有良好的团队协作精神，工作积极主动、责任心强、动手能力强

表4-67 电气设计工程师岗位描述及任职要求举例

岗位名称	电气设计工程师
职位描述 / 岗位职责	
①掌握某品牌控制系统的设计及编程	
②熟悉各种传感器、电机控制器、驱动器等相关电气元件	
③发布BOM、电气图和Layout	
④负责设备控制系统硬件的设计和调试，如电机控制、I/O控制、温度控制和安全系统设计等	
⑤设备操作说明书编制，配合竣工资料编写	
⑥熟练掌握电气设计工具等	
岗位要求	
①大专及以上学历，2年及以上相关工作经验	
②电气自动化、机电一体化等相关专业	
③具有良好的沟通能力、责任心、敬业精神和团队合作精神，工作积极主动、认真仔细	

表4-68 机械设计工程师岗位描述及任职要求举例

岗位名称	机械设计工程师
职位描述 / 岗位职责	
①执行公司已认定的工艺流程和规范	
②参与新产品开发，根据新产品的工艺要求，提出设计方案	
③负责设计方案的优化改进，并根据方案实施新产品开发	
④根据产品工艺BKM开发中的硬件问题进行产品改进升级	
岗位要求	
①本科及以上学历，机械设计或机械工程类相关专业	
②5年工作经验，2年本岗位工作经验，有半导体设备相关工作经验优先	
③熟悉设备及工艺，具有一定的项目管理经验，了解公司产品的构造及生产装配工艺，熟悉集成电路设备有关机械部件的相关知识、产品的加工工艺和检测方法	

（续）

| ④能够熟练阅读和翻译英文专业技术资料 |
| ⑤熟悉使用设计软件 |
| ⑥熟练使用 Excel 等办公自动化软件 |
| ⑦精通相关产品的国家、行业、企业标准 |

表 4-69　技术支持工程师岗位描述及任职要求举例

岗位名称	技术支持工程师
职位描述 / 岗位职责	
①负责协助用户对公司产品的选型	
②负责为用户提供的产品外围应用方案或其他技术方案	
③负责协助用户解决电源应用有关的技术问题	
④负责指导用户完成产品的安装、调试和使用维护	
⑤负责为用户提供与电源应用有关的咨询服务	
⑥负责用户使用技术支持推荐方案的跟踪控制	
岗位要求	
①理工类本科及以上学历或取得中级以上职称	
②外向，形象好，善言谈	
③有 2 年以上电源产品独立开发或在同行业有 3 年以上的现场应用工程师工作经验	
④熟练使用 AD、Protel 等电路开发软件	
⑤具有模块电源开发工作经验者优先	
⑥能经常出差	
⑦较强的敬业精神	

（2）设备类企业的岗位图谱

设备类企业的岗位图谱，见表 4-70。

表 4-70　设备类企业的岗位图谱

级别	营销	生产	职能	专业
13	总经理			
12	副总经理、助理总经理			
11	总经理助理			
10	全国总监	工厂总经理	高级总监	首席专家
9	区域总监 / 重点客户群副总监	工厂副总经理 / 工厂总经理助理	高级总监	专家
8	区域经理 / 重点客户群经理	总监	总监 / 资深经理	资深工程师

（续）

级别	营销	生产	职能	专业
7	区域副经理 / 高级重点客户经理	高级经理	高级经理	高级工程师
6	城市经理 / 重点客户经理	经理	经理	工程师
5	城市主管 / 重点客户主管	副经理 / 领班	副经理	助理工程师
4	高级业务代表	高级专员 / 主管 / 组长	高级专员 / 主管	高级专员
3	业务代表	专员 / 班长 / 线长	专员	专员
2	助理业务代表	技术工人	技术员 / 测试员	技术员
1		普通工人	普通工人	

（3）设备类企业技术岗位专业友好度

设备类企业技术岗位专业友好度，见表 4-71。

表 4-71　设备类企业技术岗位专业友好度

技术岗位 VS 科班类专业 / 其他（与此类专业的友好度）													
		材料	微电子	物理	能源与动力	电子信息电气工程	光电工程仪器科学	化学	生物工程	机械工程	通信	集成电路	控制
半导体设备	电气工程师	其他（低）	其他（中）	其他（中）	其他（高）	科班	其他（高）	其他（低）	其他（低）	其他（中）	其他（高）	其他（高）	其他（高）
	机械工程师	其他（低）	其他（中）	其他（中）	其他（高）	科班	其他（高）	其他（低）	其他（低）	科班	其他（高）	其他（高）	其他（中）
	运维工程师	其他（低）	其他（中）	其他（中）	其他（高）	科班	其他（高）	其他（低）	其他（低）	其他（高）	其他（高）	其他（高）	其他（高）
	设备研发工程师	其他（低）	其他（中）	其他（高）	其他（高）	科班	其他（高）	其他（低）	其他（低）	其他（高）	其他（高）	其他（高）	其他（高）
半导体原材料 / 耗材	产品研发工程师	科班	科班	其他（高）	其他（低）	其他（低）	其他（低）	其他（高）	其他（低）	其他（低）	其他（低）	科班	其他（低）
	材料研发工程师	科班	科班	其他（高）	其他（低）	其他（低）	其他（低）	其他（高）	其他（低）	其他（低）	其他（低）	科班	其他（低）
	工艺工程师	科班	科班	其他（高）	其他（低）	其他（低）	其他（高）	其他（高）	其他（低）	其他（低）	其他（低）	科班	其他（低）
	失效分析工程师 / 质量工程师	科班	科班	其他（高）	其他（低）	其他（低）	其他（高）	其他（高）	其他（低）	其他（低）	其他（低）	科班	其他（低）
	领班 / 生产主管	科班	科班	其他（高）	其他（低）	其他（低）	其他（中）	其他（低）	其他（低）	其他（中）	其他（低）	科班	其他（低）

5. EDA（软件／硬件）类企业岗位图谱

EDA（电子设计自动化）用于 IC 自动化辅助设计，是集成电路的基石，支撑了 IC 设计、制造和封测全产业链环节。EDA 是指利用计算机辅助来完成超大规模集成电路芯片的电路图功能设计、逻辑综合、布局布线、版图设计、物理验证、可靠性分析等流程的软件工具。EDA 是集成电路产业链最上游、最核心的产业，驱动着芯片设计、制造、封测以及其终端应用的发展。集成电路设计人员可以使用 EDA 平台开展从概念、算法、协议等开始的数字类电子系统设计，完成大规模数字电路架构搭建、时序分析、功能验证与测试。同样，也可以使用 EDA 平台开展面向消费类电子产品，如从模拟类 IC 电路设计、仿真分析、版图设计、物理验证、可靠性分析到 PCB 系统级设计的整个过程。在芯片生产制造端，可使用 EDA 平台进行工艺参数提取、器件建模以及优化迭代芯片制造工艺的环节，驱动芯片产业链下游环节的发展。

EDA 属于高端工业软件，EDA 行业是典型的技术密集型行业，其研发力量主要是高素质人才，其对具备专业知识储备和丰富研发经验的人才需求量很大。EDA 工具的复杂性和开发难度决定了对相关人才的严格要求，这往往要求相关人才掌握数学、物理、计算机、芯片设计等跨行业的综合知识。纵观全球 EDA 行业，人才普遍稀缺，供不应求。EDA 企业在吸引高科技人才方面的竞争非常激烈。同时，互联网、人工智能等行业多年来的发展也吸引了大量具有 EDA 行业知识和能力的人才，这进一步导致 EDA 行业人才的匮乏。企业为加强人才建设，与高校和研究机构保持深度合作，向相关专业学生提供多层次梯度的教育培训，并提供进入 EDA 研发团队实习和工作的机会，为 EDA 产品技术创新提供原动力人才供应保障。

EDA 企业职位类型分为市场营销、产品研发和行政管理等几个板块，本书聚焦到研发这个板块进行职位岗位划分，见表 4-72。

表 4-72　EDA 企业职位类型表

EDA 职位	岗位描述	任职要求
模拟 IC 平台软件开发工程师	1）各类 EDA 工具的图形界面开发 2）用户接口开发，包括 Tcl、Python 等语言接口	1）具备 C/C++、QT 界面设计程序开发工作经验 2）掌握面向对象程序设计思想，具有良好的编程习惯 3）软件专业基础扎实，熟练掌握数据结构，具备数学基础 4）具备并行计算编程经验者优先 5）电子科学与技术、计算机、力学、数学等相关专业为佳

（续）

EDA 职位	岗位描述	任职要求
射频类软件开发工程师	1）开发射频电路仿真工具 2）研究和实现相关算法	1）计算机、微电子、数学等相关专业 2）有电路仿真开发经验或者熟悉射频电路者优先
仿真 EDA 工具软件开发工程师	仿真器模块的研发	1）计算机、数学、微电子等专业硕士研究生及以上学历，有工作经验为佳 2）精通半导体器件物理和器件的结构及工艺实现 3）熟悉模拟电路仿真流程，对主流仿真软件使用有一定了解，有电路设计、模型相关经验者为佳 4）具备 C/C++ 编程的基本技能，熟悉 Linux 开发环境，了解仿真基本原理
物理验证软件开发工程师	1）物理验证相关 EDA 工具的研发，包括几何处理算法研发，图形处理核心引擎等 2）各种硬件平台和工程应用中的代码优化设计	1）具备 C/C++ 程序开发工作经验；掌握面向对象程序设计思想，具有良好的编程习惯，软件专业基础扎实 2）熟悉计算几何图形处理算法为佳 3）具备良好的数学基础者为佳；具备并行计算编程经验者为佳 4）电子科学与技术、计算机、力学、数学等相关专业为佳
后端分析软件开发工程师	IC 设计后端分析工具的研发，包括 Power 分析、EMIR 分析等工具研发	1）具备 C/C++ 程序开发工作经验 2）掌握面向对象程序设计思想，具有良好的编程习惯 3）软件专业基础扎实，熟练数据结构，具备一定的数学基础 4）熟悉计算几何图形处理算法为佳 5）具备并行计算编程经验者为佳 6）电子科学与技术、计算机、力学、数学等相关专业为佳
寄生参数提取软件开发工程师	1）IC 寄生参数提取工具的研发，包括核心架构，图形处理核心引擎，RC 模型核心算法等 2）各种硬件平台和工程应用中的代码优化设计	1）电子科学与技术、计算机、力学、数学等相关专业；有研究经验为佳 2）专业基础扎实，熟悉图形处理算法 3）熟练掌握 C/C++ 语言，具备良好的数学基础 4）具备 RC 提取相关工具的开发经验，具备先进工艺相关开发经验

（续）

EDA 职位	岗位描述	任职要求
参数库提取与验证 EDA 工具软件开发工程师	进行单元库特征化提取工具开发	1）微电子、电子专业，计算机本科及以上学历 2）熟悉数字电路的流程，单元的基本结构 3）熟悉模拟电路仿真流程，对主流仿真软件的使用有一定了解 4）具备 C/C++ 编程的基本技能，熟悉 Linux 开发环境 5）熟悉标准单元库的设计
数值模拟类 EDA 软件开发工程师	1）三维寄生参数提取模拟的 EDA 软件开发 2）电磁场模拟算法架构和核心算法设计与实现 3）三维形体建模和形体计算算法设计和实现 4）各种硬件平台和工程应用中的代码优化设计	1）电子科学与技术、计算机、力学、数学等相关专业硕士研究生及以上学历，具备工作或研究经验者为佳 2）熟悉数值计算方法；具有偏微分方程数值求解计算研究经历者为佳；具有电磁计算软件开发和应用的研究经历者为佳；具有边界元素法研究经历者为佳 3）熟练掌握 C/C++ 语言，具备良好的数学基础
时序分析类软件开发工程师	1）基于 SPICE 仿真对电路的时序/功耗/可靠性等方面进行分析与验证 2）负责静态时序分析图建立和维护、时序数据的读入和维护，开发 GUI 相关功能，调试测试程序并撰写单元测试 3）编写针对各类库文件格式的解析器 4）基于各类库文件做相应检查	1）硕士研究生及以上学历，了解模拟电路/数字电路/信号与系统等课程为佳 2）熟练 C++ 编程，熟练掌握 Linux 和 Tcl、Perl 等脚本语言 3）掌握常见的数据结构，熟练使用 STL 的容器，理解多线程概念，能应用线程池，具备大规模软件设计经验者为佳 4）熟悉电路仿真流程，熟悉 SoC 后端设计流程，了解各种库文件格式及原理，有电路设计经验者为佳
大规模版图软件开发工程师	1）处理 GDS/OASIS、LEF/DEF 读入的数据 2）针对需求完成程序功能，维护解决产品中出现的问题 3）协同 QA 构建测试用例	1）熟悉 Linux C/C++，具备项目经验 2）熟悉 Shell、Tcl、Python 等脚本语言 3）熟悉开发环境，如 svn/git、make、profile/debug、bug/req 等 4）了解图论、计算几何、常用的数据结构和算法、多线程优化等 5）了解 QT 开发经验、图形处理经验、图像显示、图形界面开发 6）有实际的 EDA 版图类相关工具开发经验为佳，了解 GDS/OASIS/LEF/DEF 等数据

（续）

EDA 职位	岗位描述	任职要求
编译器软件开发工程师	进行 C++ 编译器前端开发	1）深入了解编程语言和编译器，具备自动代码生产的经验 2）精通 C/C++ 语言，了解编译器工具链 Clang AST 3）熟悉编译原理、编译器开发与调试、编译性能优化技术者为佳
机器学习开发工程师	1）维护现有项目框架和内容 2）改进现有算法，开发和尝试新的算法，以实现更优结果 3）调试程序出现的问题	1）计算机等相关专业本科及以上学历 2）具备机器学习相关工作或项目经验 3）熟悉机器学习经典算法并有实践经历，愿意并且可以快速学习新算法的应用 4）熟悉 Python 及 Python 机器学习相关包，具备使用经验及较强编写能力
工艺 PDK 平台软件开发工程师	1）根据 Foundry 工艺信息，完成 PDK 开发项目 2）设计测试用例，编写脚本，完成 PDK 的 QA	1）微电子或电子工程相关专业，本科及以上学历 2）熟悉 Linux 工作环境，具备较强的编程能力 3）熟悉 Tcl/Skill/Perl/Python 等脚本语言 4）熟悉 IC 设计流程，了解基本器件物理相关知识 5）具备使用设计版图或相关验证工具经验
液晶面板显示 EDA 平台软件开发工程师	FPD 版图设计、版图验证及仿真工具的软件需求分析及验证工作	1）微电子或电子工程相关专业，本科及以上学历，具备 FPD 设计经验 2）熟悉 a-Si/LTPS/OLED 等主流工艺及设计流程 3）熟悉业界流行的 FPD 设计工具，熟悉几何数学 / 矩形运算 / 计算几何者优先 4）掌握计算机图形学，熟悉 OpenCV/OpenGL 者为佳 5）具备三维机器人 / 机械臂设计经验者为佳

　　以上是 DMP-Based 从业人员图谱（企业线，即从企业"选用育留"的视角），以及集成电路行业代表性职业的薪资和专业友好度（职业线，即职业培训与发展的视角）。技术 / 研发工程师这个队伍是芯片人才的中坚力量，现将整个产业链中工程师人员的岗位梯队汇总在一个架构中，即从初学者到成为有经验者后的岗位类型，如图 4-18 所示。

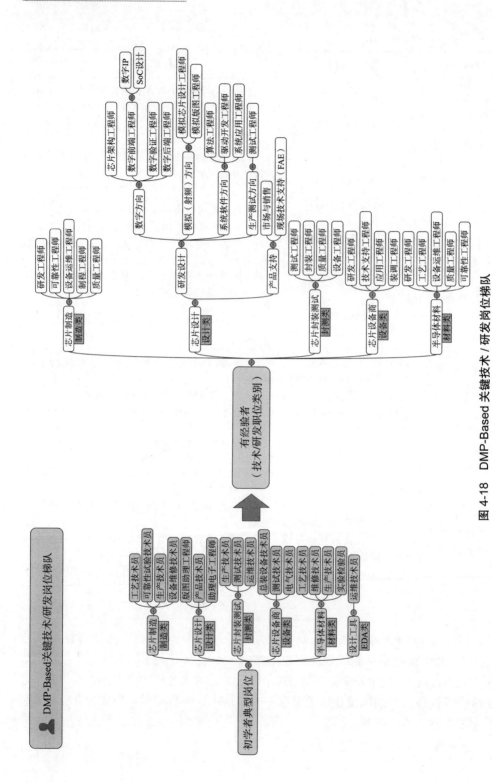

图 4-18　DMP-Based 关键技术／研发岗位梯队

4.3.4　FAB 代工厂综述（岗位详解）

通过 4.1.2 节和 4.3.3 节的分析可知芯片制造业公司的工艺、流程众多，职位也非常多。由于芯片制造是将芯片实体实现的重要一环，在芯片产业链中间又居于承前启后的位置，因此这里我们专门结合较为成熟的芯片制造业 FAB 代工厂，来着重介绍其中各个类型工程师的岗位职责以及职业发展方向，仅供参考。

1. FAB 代工厂岗位类型解析

（1）流程整合工程师（PIE）

PIE 负责统合处理工程部所遇到的技术整合问题。

PIE 从字面上来说就是产品工艺与流程整合，因为半导体的制造过程非常烦琐，仅由 PE 和制造部门的协调合作，有时还是很难达到客户对产品的要求，因此要一个部门专门来协调各 PE 之间相关的事务，除此之外，也负责整个产品在最后工艺的电性测试（晶圆接受测试）及满足客户端的需求。例如，经由芯片的各种缺陷或电性参数失效等来判断可能是哪一个工艺站有问题，然后责成该工艺站的工程部来进行检查与解决。

为了最后能提供给客户最好的产品良率（yield），首先 PIE 必须先设计一套良好的流程让产品能顺利地在工厂生产，同时 PIE 也要制定规格，要求 PE 达成 PIE 为满足客户所要求的产品特性，因此流程、规格的制定得好坏、是否准确有效，都很可能是导致最后产品成功与否的关键。在产品的良率欠佳时，PIE 必须设法去改善其良率，通常从实验、工艺的改善和缺陷的改善等方面着手。

另一方面，由于负责产品的 PIE 也会面对 CE（客户工程师）、客户，因此良好的沟通能力及清楚的思维是不可或缺的。由于直接负责产品的成败，压力不但来自客户，更来自于自我的要求，如何提供一个稳定且高良率的产品给客户是每个 PIE 要花大精力去做好的事。

PIE 部门相关联的岗位一般有以下几类：

1）整合工程师（Integration Engineer）。主要职责有建立工艺流程及相关的产品资料（例如，量测步骤的位置方法）；与其他 PE 合作，解决工艺问题，提升产品良率；设计工艺实验，评估工艺流程的改善（例如，减少某些步骤）；制定产品相关规格，要求 PE 满足工艺流程稳定、产品优良的要求；建立改善良率的系统机制；根据客户需求达成所要求的规格。

2）良率提升（Yield Enhancement）工程师。主要职责有追踪判断品质缺陷来源；良率改善计划，确定品质缺陷与良率的相关性 / 降低品质缺陷的手法；量测机台程序的设定；产品量测，抽样方法与品质缺陷报表系统；良率提升系统的设立；定义工艺步骤中的重做流程。

3）晶片接受测试（WAT）及制造执行系统（MES）工程师。主要职责有建立与修改 WAT 电性量测程序；WAT 电性参数测试失败结果的判别与重测次数的统计和改善措施；建立与修改制造执行系统（MES）中的工艺流程资料；熟悉 SPC 统计制程品管系统的功能；解决 MES 系统的问题。

4）工艺工程师（Process Engineer，PE）。其职责主要是提高生产效率以及生产良率，预防问题，避免产生不良品，降低报废率以及耗材与人力成本，属于整个制造过程的核心人物，见表 4-73。

表 4-73　工艺工程师岗位描述及任职要求举例

岗位名称	工艺工程师
职业描述	
工艺工程师共通的工作职责：一般是制定整个生产流程，分配各个部门的任务，负责制造过程中的各个细节，并制定 WI 或 SOP（标准作业指导书）的制程文件，对制程进行管理和控制。同时制程工程师掌管整个生产各种装配元件及辅助材料的选型与验证，工具的设计与制作	
职责要求	
①新进产品制程程序的建立	
②线上产品异常处理	
③改善生产制程以提高产品良率或降低生产成本或减少产品的循环时间	
④与 YE/PIE 合作解决产品的缺陷问题等	
职业发展	
其职业发展有点类似公共卫生安全和临床医生，即要做事先预防及事后治疗，所以非常有挑战性的同时，也完全有希望成为企业中坚骨干	

此外，质量工程师（Quality Engineer，QE）、可靠性工程师（Reliability Engineer，RE）、测试工程师（Testing Engineer，TE）、客户工程师（Customer Engineer，CE）等都是芯片制造工厂中很重要的岗位和职位，其职业方向一般也是工程师到主管、再到部门经理这样的管理路线，技术路线即从一般工程师到高级工程师再到资深专家。从这里可以看出，这些岗位和职位的发展和提升，都需要较长时间积累，才能价值越来越大，也就是我们常说的"要坐得住冷板凳，耐得住寂寞"，才能等到真正的花开。

（2）设备工程师（EE）

工厂通常简单称为设备，主要负责保持生产线中机台的高可使用率。设备工程师的前期规划正成为企业合理生产、节约资金与成本的主要手段，见表 4-74。

表 4-74　设备工程师岗位描述及任职要求举例

岗位名称	设备工程师
职业描述	
负责做好设备重大问题技术支持，执行巡视和设备运行检查	

（续）

职责要求
①新进机台的评估，协助厂商进行新机台的安装及调试
②生产机台的日常维护，如警示的解除、设备保养计划管理，使机台适应制程范围
③设备部件及功能的改进，多领域的备份
④保证机台使用的安全性、可靠性、生产率并且持续提高
职业发展
设备工程师的工作累但并不复杂，如果加入了一个不错的企业和部门集体，工作相对来说会比较舒适。工科的本科 / 大专毕业生一般都可胜任设备工程师的工作。如果能成为资深设备工程师，职业生涯发展也是很有竞争力的。设备工程师做久后也可转行做工艺工程师；如转行做供应商的技术服务工程师，可能在薪酬方向要更有空间和灵活性

（3）制造部门（MFG）

主要分 Off-Line（产线外）和 On-Line（产线上）两大类。

具体部分岗位见表 4-75。

表 4-75　制造部门的部分岗位

制造部门区分	岗位名称	岗位介绍及描述
Off-Line	计算机集成制造主管 / IT 主管	主要负责生产管理报表开发；沟通 IT 部门进行机台自动化联机；生产线计算机操作界面（OPI）改善或开发；接受 On-Line 主管的 IT 工具和软件开发、使用、培训需求等；通常为具有 IT 背景或有部分 IT 背景的专业人士；且需要会软件开发及懂半导体生产制造的知识
	计划主管	负责修订每日 / 每月生产目标；指导 On-Line 达成工厂生产绩效目标；满足客户需求，如准时交货，缩短生产周期时间；如遇产线机台异常状况，须指导或协调 On-Line 主管重新转换或制定生产计划，及时追赶工期
	服务和培训主管	大多事务性支持；一线员工的后勤保障；企业文化和理念教育培训；员工士气与激励的各项活动开展；技术技能提升和知识更新等
	质量推进主管	根据企业整体质量情况编制质量控制方案，组织制定产品质量检测标准和质量控制计划并监控实施；监控产品各环节质量，主导分析产品关键问题及失效原因、处理和解决客诉质量问题；监控工艺状态，监督工艺优化的实施，定期评估产品工艺方案；查核体系的全面管控情况，根据法规要求推进体系的落地等
On-Line		大概分为主管（Supervisor）、产线线长（Line Leader）、制造助理（Manufacturing Assistant，MA）等岗位，主要任务就是按生产计划、根据客户订单所设定的生产目标，达成准时交付高品质产品的任务，在一线管理和协调好人力的安排、机器的高效运转等

2. FAB 代工厂部门与岗位间的联动关系

现代 FAB 代工厂既是制造业，又是服务业，因为 FAB 代工厂对各部门、各岗位的要求是既要能战斗、能制造出客户订单要求的产品，又要能够更好地倾听和满足客户需求，服务好客户。因此，这就要求各岗位、各部门形成部门和岗位间的协作，企业内部客户的多种管理和运营理念交叉配合，例如 PE/EE、制造部门与制程整合部门等之间如此这样，才能使工艺/设备工程师不仅要达到制程整合部门的品质要求，同时也要达到制造部门的生产数量要求。

（1）工艺工程师（PE）/设备工程师（EE）与制程整合部门的联动

工艺工程师（PE）/设备工程师（EE）是工艺模块（Module）工程师的两大类型，基本上无论哪个工艺模块都会配备这两类工程师。

如何有效地即时监控产品品质与机台稳定性是 PE 和 EE 的基本职责，而实时监控制程变异及维持机台稳定是提升产品良率的主要方法，由于机台每天的芯片产出量很大，而晶圆的制程特性往往在后段的 WAT 电性测试时才能反映出来，因此 EE 主要负责的是机台的状况，他们要保持机台始终处于比较良好的状态，从而提高机台的利用率。

同时因为 FAB 工厂是 24 小时运作的半导体代工模式，上班时间一般为机台运行后，PE/EE 有白天、小夜、大夜的轮班制（现在普遍是 12 小时白班和夜班，无小夜班），PE 与 EE 大部分工作的特性是相类似的，工作强度非常大。

但 EE 在 FAB 工厂中待的时间要比 PE 长，有很多常规工作要做，如设备保养等。EE 不但要对自己的机台进行日常巡检，更要解除机台警报，汇报机台状况，制定维护计划，收集机台运行数据及产品数据，与其他机主（通常每个 EE 都会根据自己的能力及特长分配到自己掌管的机台，称为机主）协调商讨，联系厂商解决问题，共同提高机台可靠性及生产效率。而每台机主在任何时候都要掌控自己机台的情况并在异常时报告给自己的上级主管，以便决定解决方法。PE 则针对自己负责的制程进行日常巡检，制定改善计划，与其他的 PE 协调商讨，共同提高产品可靠性与良率。PE 的汇报组织层级类似 EE。

EE 或 PE 的上级主管每天会根据情况安排协助当天需要解决的事情，并向部门经理或部长汇报情况。部门经理或部长除了处理日常事务外，还要协助处理各种重大及突发事件，并听取项目组的汇报，提出需要关注及改进建议。除此之外，每班必有一人负责掌管值班电话，以便及时知道机台问题并解决或通知相关人员。

再来看 PIE，PIE 因在 FAB 厂里面工作的绝对时间要远少于 PE 和 EE，所以表面上看起来要比 PE/EE 都轻松。但实际上 PIE 要对整个制程负责，而 EE 和 PE 只是负责一段制程，所以 PIE 要面对的工艺、设备和人更加广泛而复杂。好的 PIE 会充分利用和协同好与 PE 的关系，因为 PIE 需要 PE 为实验准备程序、调试机台、提供意见等，PE 也需要 PIE 更好地从全局模块的角度快速解决相关问题，确保生产和工艺的顺利进行，所以双方都是相互支撑和依存的关系，相辅相成。

（2）工艺工程师（PE）/设备工程师（EE）与制造部门的联动

EE 负责的机器设备（机台）一旦移交给制造部门执行生产任务后，制造部门成为机台的真正负责人，所以在对机台做任何保养、调机等动作前一定要征得制造部门的同意，同时也要与 PE 商量，以免影响到生产线的派工安排。特别是如果更有涉及水、电、气及有毒化学品的事件时务必也要通知厂务（FAC）及紧急应变中心（ERC），请他们参与解决及监控，这就是这几个岗位和部门间的部分联动关系。

总体来说，无论文科还是理工科，基本上都可以在 FAB 代工厂里找到相关的职位。

一般来讲，文科的毕业生可以申请 FAB 代工厂的人资、法务、文秘、财会、贸易进出口、采购、公关之类的职位，但因为是非一线部门，所以薪酬高度有限。材料、物理类的毕业生做 PE 的比较多，工程类的毕业生做 EE 的居多，电子类的毕业生选择做 PIE 的比较多，但如前面所述，需要有一定的基层历练经验，也可以选择去做 PDE。

但 FAB 代工厂的岗位选择并非终身制，如上所述，从业者都可以根据自己的兴趣和职业发展规划、规律，结合自身条件和机会，选择不同的职业发展路线。

4.4　核心岗位的素质、知识与能力体系（人才雷达图）

由于半导体企业对技术人员的高度重视，能力、素质、知识模型是基于技术路线、技术领导者路线、其他领导者路线、专业岗位路线、支持路线等大类，而通常技术路线和技术领导者路线是覆盖最多人，也是最受重视的培养路线。

例如，有企业针对技术路线就分为 Engineer I, Engineer II, Sr. Engineer, MTS, Senior MTS, Principle MTS, Fellow, Senior Fellow, Corporate Fellow, Business Unit CTO 十个级别。针对技术领导者路线分为 Section Manager, Manager, Senior Manager, Director, Senior Director, VP, Corporate VP, Senior VP 八个级别。而以 Section Manager 和 MTS 对应开始，往上一级一级对应，使得员工可以在技术领导者路线和技术路线上进行职业路线转换。

能力模型包括了每个级别的能力维度、工作要务、教育和经验要求、权责范围、决策影响力、受监督程度、团队规模等信息，这个模型用于选拔、评估、培养、职业发展咨询，确保全球的统一和保证其有效性，随着业务战略重点的变化，使其保持一致。

本书创新性设计了用于覆盖核心岗位的人才素质、知识与能力体系雷达图，由于岗位繁多，我们仅选择了部分典型且重要的岗位尝试着做了一些体系、框架性的分析，也基本覆盖了半导体人才的"选用育留"的各个阶段。限于篇幅，具体内容不能逐一填充完整，仅供各相关单位推进人才工作做建设性参考。

4.4.1　半导体产业人才画像雷达图的结构与使用

雷达图（也称为蜘蛛图或极坐标图）是一种常用的数据可视化工具，它可以将多维数据以二维图形的方式呈现出来，特别适用于表现多变量数据的比例关系和关联性。在众多行业包括半导体产业，人才画像雷达图被广泛应用于评估和选择各类人才，如技术人才、管理人才和营销人才。

半导体产业人才画像雷达图主要包括以下部分：

1）坐标系：雷达图以极坐标形式展示数据，每个轴代表一个评估指标，如专业技能、团队合作、创新能力等。

2）图例：标明评估指标的名称和对应的轴线颜色。

3）数据标签：标注每个数据点的具体数值。

本书的半导体产业人才雷达图构成主要分为如下几个部分：

1）选拔人才用的信息，包括基本信息、三大体系（素质体系、知识体系（专业基础知识、技术基础知识）、能力体系）、工作履历等内容。

2）雇佣人才用的信息，包括职业能力、任职岗位要求等内容。

3）人才育评用的信息，如轮职岗位 - 年限、现任岗位 - 年限，三年内 KPI 分数以及高潜力等级、结合关键事件的上级评价、人梯岗位及等级、改善方向，确定人才的任职岗位。

4）留住人才用的信息，主要包括人才稳定性的若干要素，通过综合分析形成相应的挽留人才对策与决策。

使用半导体产业人才画像雷达图进行人才评估和选择时，需遵循以下步骤：

1）确定评估指标：根据岗位需求和公司战略，确定需要评估的指标，如专业技能、团队合作、创新能力等。

2）收集数据：通过面试、笔试、技能测试等方式收集候选人的数据。

3）构建雷达图：将收集到的数据按照评估指标绘制到雷达图中。

4）解读雷达图：分析雷达图上的数据，评估候选人在各个指标上的表现，从而做出人才"选用育留"的决策。

4.4.2　设计类企业核心岗位人才能力体系雷达图

芯片设计岗位众多，仅列举部分重点或关键岗位人才。

1. 模拟与射频集成电路设计工程师

模拟与射频集成电路设计工程师人才能力体系雷达图，如图 4-19 所示。

姓名		出生年月		入职日期		工龄	
籍贯		最高学历		学校		专业	

素质体系

低档<2　中档≥2分　高档≥4分

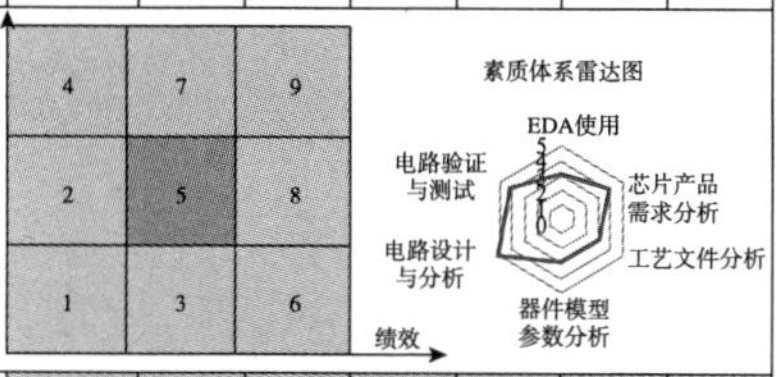 4	7	9
2	5	8
1	3	6

素质体系雷达图：EDA使用、芯片产品需求分析、工艺文件分析、器件模型参数分析、电路设计与分析、电路验证与测试、绩效

素质体系雷达图	EDA使用	芯片产品需求分析	工艺文件分析	器件模型参数分析	电路设计与分析	电路验证与测试	合计
评分	3	4	3	3	5	4	22

知识体系一

低档<2　中档≥2分　高档≥4分

4	7	9
2	5	8
1	3	6

知识体系一雷达图：建立电路仿真用例、建立电路测试用例、系统指标定义、选取/设置工艺选项、可靠性设计分析、设计模拟/射频电路、绩效

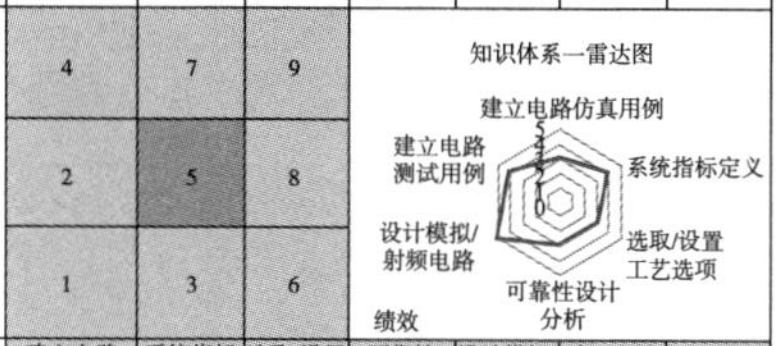

专业基础知识	建立电路仿真用例	系统指标定义	选取/设置工艺选项	可靠性设计分析	设计模拟/射频电路	建立电路测试用例	合计
评分	3	4	3	3	5	4	22

知识体系二

低档<2　中档≥2分　高档≥4分

4	7	9
2	5	8
1	3	6

知识体系二雷达图：电路设计/仿真知识、验证/测试知识、芯片整体/模块指标、模拟电路结构知识、工艺模型知识、元器件参数知识、绩效

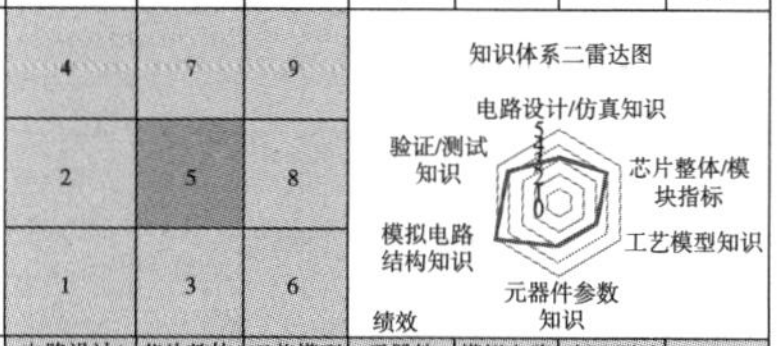

技术基础知识	电路设计/仿真知识	芯片整体/模块指标	工艺模型知识	元器件参数知识	模拟电路结构知识	验证/测试知识	合计
评分	3	4	3	3	5	4	22

能力体系

低档<2　中档≥2分　高档≥4分

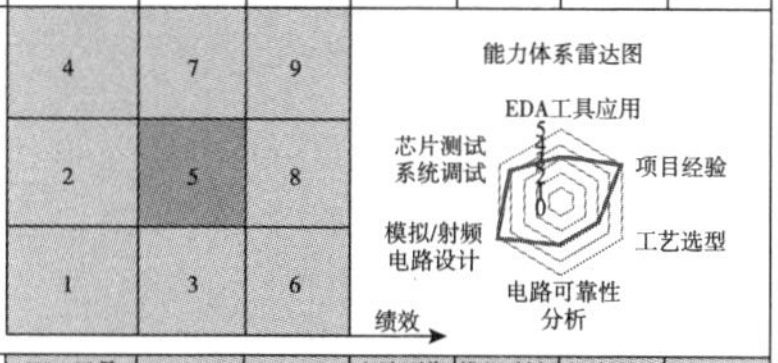 4	7	9
2	5	8
1	3	6

能力体系雷达图：EDA工具应用、芯片测试系统调试、项目经验、模拟/射频电路设计、工艺选型、电路可靠性分析、绩效

能力体系雷达图	EDA工具应用	项目经验	工艺选型	电路可靠性分析	模拟/射频电路设计	芯片测试系统调试	合计
评分	3	5	3	3	5	4	23

工作履历	单位名称	行业领域	岗位	职务	职称	工龄	单位排名
职业能力任职岗位要求	知识能力	素质能力	职业能力	专业能力	科研能力	领导力	合格分数
轮职岗位-年限							
现任岗位-年限							
三年内KPI分数	1	2	3	高潜力等级（DMS对应总监、经理、主管）			S
关键事件评价（直接上级）							
人梯岗位及等级	L1		L2		L3		
改善方向							
职业能力任职岗位要求	知识能力	素质能力	职业能力	专业能力	科研能力	领导力	合格分数

人才稳定性	稳定因素	
	评价分值	
	不稳定因素	
	评价分值	
	稳定性等级	

图 4-19　模拟与射频集成电路设计工程师人才能力体系雷达图

2. 模拟与射频集成电路版图工程师

模拟与射频集成电路版图工程师人才能力体系雷达图，如图 4-20 所示。

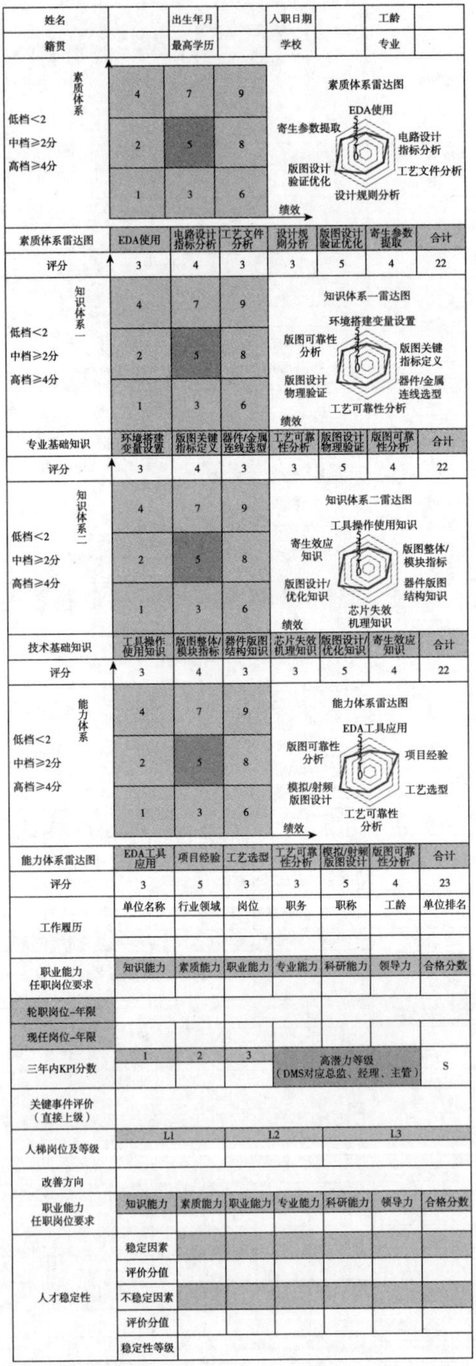

姓名		出生年月		入职日期		工龄	
籍贯		最高学历		学校		专业	

素质体系　低档<2　中档≥2分　高档≥4分

评分网格：4 7 9 / 2 5 8 / 1 3 6

素质体系雷达图：EDA使用、电路设计指标分析、工艺文件分析、设计规则分析、版图设计验证优化、寄生参数提取、绩效

素质体系雷达图	EDA使用	电路设计指标分析	工艺文件分析	设计规则分析	版图设计验证优化	寄生参数提取	合计
评分	3	4	3	5	4	3	22

知识体系一　低档<2　中档≥2分　高档≥4分

评分网格：4 7 9 / 2 5 8 / 1 3 6

知识体系一雷达图：环境搭建变量设置、版图关键指标定义、器件/金属连线选型、工艺可靠性分析、版图设计物理验证、版图可靠性分析、绩效

专业基础知识	环境搭建变量设置	版图关键指标定义	器件/金属连线选型	工艺可靠性分析	版图设计物理验证	版图可靠性分析	合计
评分	3	4	3	5	4	3	22

知识体系二　低档<2　中档≥2分　高档≥4分

评分网格：4 7 9 / 2 5 8 / 1 3 6

知识体系二雷达图：工具操作使用知识、版图整体/模块指标、器件版图结构知识、芯片失效机理知识、版图设计优化知识、寄生效应知识、绩效

技术基础知识	工具操作使用知识	版图整体/模块指标	器件版图结构知识	芯片失效机理知识	版图设计优化知识	寄生效应知识	合计
评分	3	4	3	5	4	3	22

能力体系　低档<2　中档≥2分　高档≥4分

评分网格：4 7 9 / 2 5 8 / 1 3 6

能力体系雷达图：EDA工具应用、项目经验、工艺选型、工艺可靠性分析、模拟/射频版图设计、版图可靠性分析、绩效

能力体系雷达图	EDA工具应用	项目经验	工艺选型	工艺可靠性分析	模拟/射频版图设计	版图可靠性分析	合计
评分	3	5	3	3	5	4	23

工作履历	单位名称	行业领域	岗位	职务	职称	工龄	单位排名
职业能力任职岗位要求	知识能力	素质能力	职业能力	专业能力	科研能力	领导力	合格分数
轮职岗位-年限							
现任岗位-年限							
三年内KPI分数	1	2	3	高潜力等级（DMS对应总监、经理、主管）			S
关键事件评价（直接上级）							
人梯岗位及等级	L1		L2		L3		
改善方向							
职业能力任职岗位要求	知识能力	素质能力	职业能力	专业能力	科研能力	领导力	合格分数
人才稳定性	稳定因素						
	评价分值						
	不稳定因素						
	评价分值						
	稳定性等级						

图 4-20　模拟与射频集成电路版图工程师人才能力体系雷达图

3. 数字集成电路前端设计工程师

数字集成电路前端设计工程师人才能力体系雷达图，如图 4-21 所示。

姓名		出生年月		入职日期		工龄	
籍贯		最高学历		学校		专业	

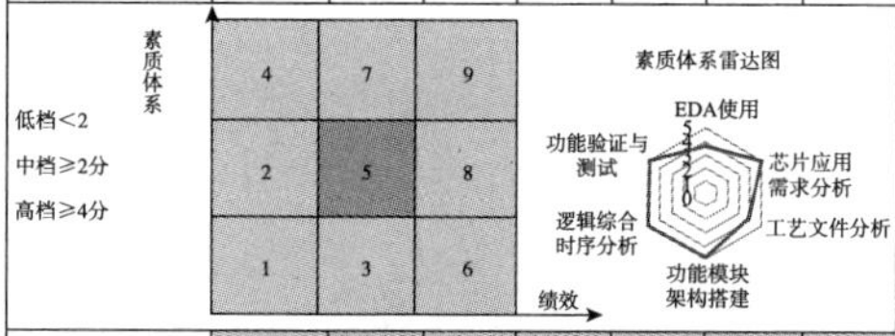

素质体系
低档＜2
中档≥2分
高档≥4分

	4	7	9
	2	5	8
	1	3	6

素质体系雷达图

绩效

素质体系雷达图	EDA使用	芯片应用需求分析	工艺文件分析	功能模块架构搭建	逻辑综合时序分析	功能验证与测试	合计
评分	3	4	3	4	4	4	22

知识体系一
低档＜2
中档≥2分
高档≥4分

	4	7	9
	2	5	8
	1	3	6

知识体系一雷达图

绩效

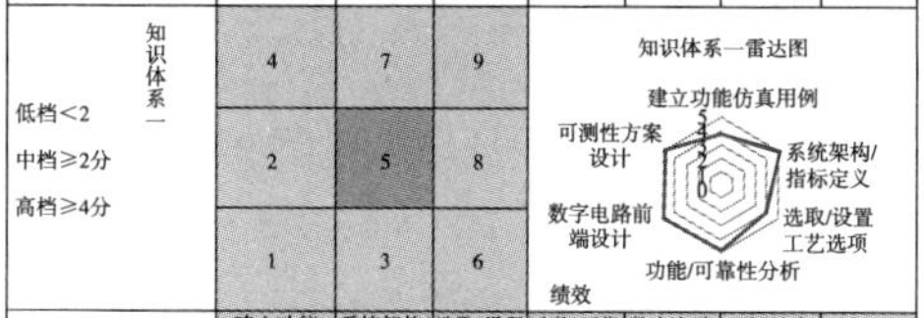

专业基础知识	建立功能仿真用例	系统架构/指标定义	选取/设置工艺选项	功能/可靠性分析	数字电路前端设计	可测性方案设计	合计
评分	3	4	3	4	4	4	22

知识体系二
低档＜2
中档≥2分
高档≥4分

	4	7	9
	2	5	8
	1	3	6

知识体系二雷达图

绩效

技术基础知识	代码仿真编译调试	系统架构知识	工艺模型知识	逻辑时序功能验证	数字逻辑电路知识	系统验证/测试知识	合计
评分	3	4	3	4	4	4	22

能力体系
低档＜2
中档≥2分
高档≥4分

	4	7	9
	2	5	8
	1	3	6

能力体系雷达图

绩效

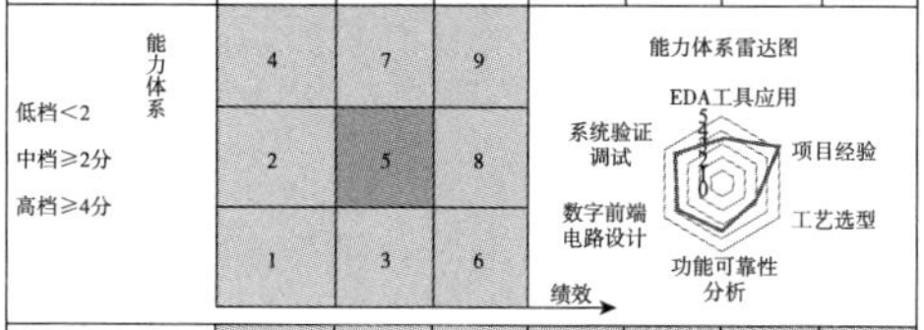

能力体系雷达图	EDA工具应用	项目经验	工艺选型	功能可靠性分析	数字前端电路设计	系统验证调试	合计
评分	3	5	4	4	4	3	23

工作履历	单位名称	行业领域	岗位	职务	职称	工龄	单位排名

职业能力任职岗位要求	知识能力	素质能力	职业能力	专业能力	科研能力	领导力	合格分数
轮职岗位-年限							
现任岗位-年限							

三年内KPI分数	1	2	3	高潜力等级（DMS对应总监、经理、主管）			S

关键事件评价（直接上级）							

人梯岗位及等级	L1		L2		L3		

改善方向							

职业能力任职岗位要求	知识能力	素质能力	职业能力	专业能力	科研能力	领导力	合格分数

人才稳定性	稳定因素						
	评价分值						
	不稳定因素						
	评价分值						
	稳定性等级						

图 4-21　数字集成电路前端设计工程师人才能力体系雷达图

4. 数字集成电路后端设计工程师

数字集成电路后端设计工程师人才能力体系雷达图，如图 4-22 所示。

姓名		出生年月		入职日期		工龄	
籍贯		最高学历		学校		专业	

素质体系雷达图
低档<2 中档≥2分 高档≥4分

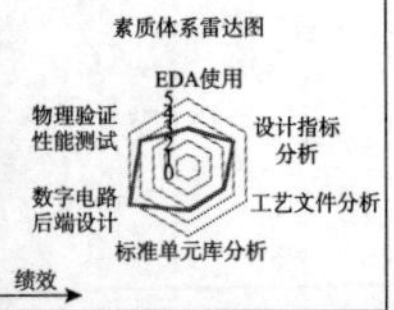

素质体系雷达图	EDA使用	设计指标分析	工艺文件分析	标准单元库分析	数字电路后端设计	物理验证性能测试	合计
评分	3	4	3	3	5	4	22

知识体系一雷达图
低档<2 中档≥2分 高档≥4分

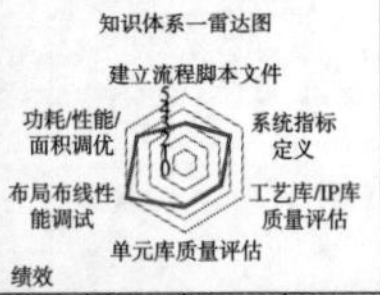

专业基础知识	建立流程脚本文件	系统指标定义	工艺库/IP库质量评估	单元库质量评估	布局布线性能调试	功耗/性能/面积调优	合计
评分	3	4	3	3	5	4	22

知识体系二雷达图
低档<2 中档≥2分 高档≥4分

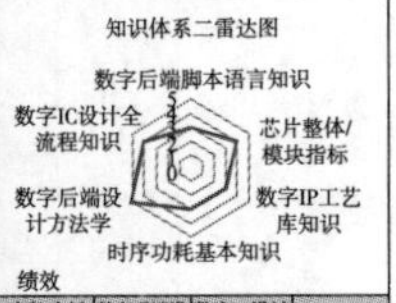

技术基础知识	数字后端脚本语言知识	芯片整体/模块指标	数字IP工艺库知识	时序功耗基本知识	数字后端设计方法学	数字IC设计全流程知识	合计
评分	3	4	3	3	5	4	22

能力体系雷达图
低档<2 中档≥2分 高档≥4分

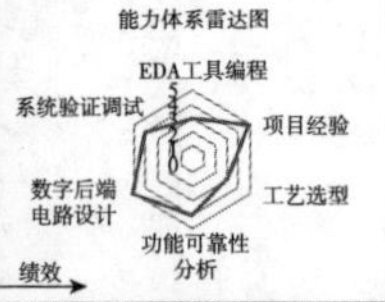

能力体系雷达图	EDA工具编程	项目经验	工艺选型	功能可靠性分析	数字后端电路设计	系统验证调试	合计
评分	3	5	4	4	4	4	24

工作履历	单位名称	行业领域	岗位	职务	职称	工龄	单位排名

职业能力任职岗位要求	知识能力	素质能力	职业能力	专业能力	科研能力	领导力	合格分数
轮职岗位-年限							
现任岗位-年限							
三年内KPI分数	1	2	3	高潜力等级(DMS对应总监、经理、主管)			S
关键事件评价(直接上级)							
人梯岗位及等级	L1		L2		L3		
改善方向							
职业能力任职岗位要求	知识能力	素质能力	职业能力	专业能力	科研能力	领导力	合格分数

人才稳定性	稳定因素						
	评价分值						
	不稳定因素						
	评价分值						
	稳定性等级						

图 4-22　数字集成电路后端设计工程师人才能力体系雷达图

5. 数字集成电路验证工程师

数字集成电路验证工程师人才能力体系雷达图，如图 4-23 所示。

姓名		出生年月		入职日期		工龄	
籍贯		最高学历		学校		专业	

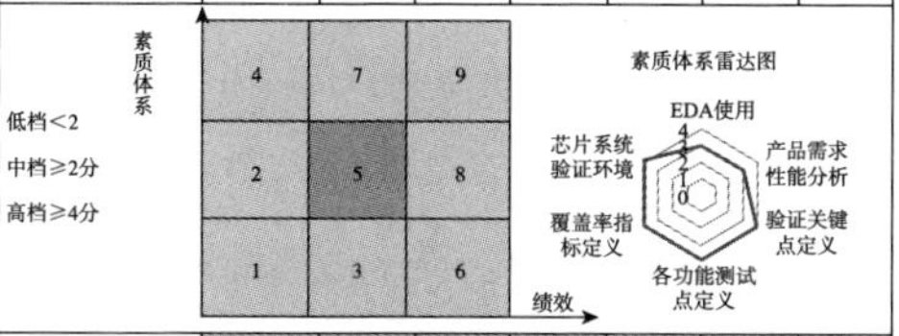

素质体系雷达图	EDA使用	产品需求性能分析	验证关键点定义	各功能测试点定义	覆盖率指标定义	芯片系统验证环境	合计
评分	3	3	4	4	4	4	22

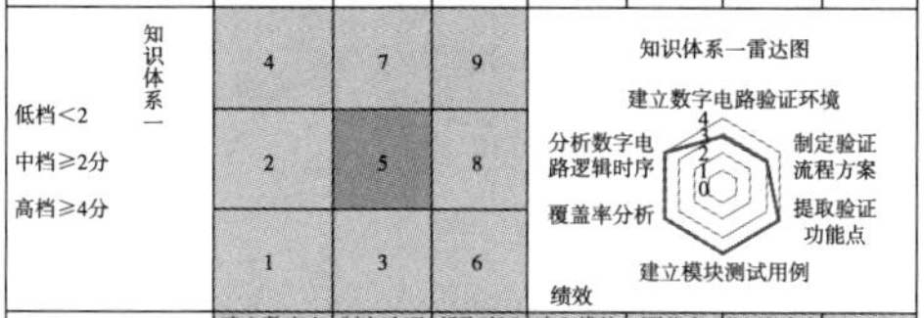

专业基础知识	建立数字电路验证环境	制定验证流程方案	提取验证功能点	建立模块测试用例	覆盖率分析	分析数字电路逻辑时序	合计
评分	3	3	4	4	4	4	22

技术基础知识	验证语言/脚本语言	数字IC验证流程知识	验证方法学	验证方法学	数字电路覆盖分析基础知识	UVM验证方法学	合计
评分	3	3	4	4	4	4	22

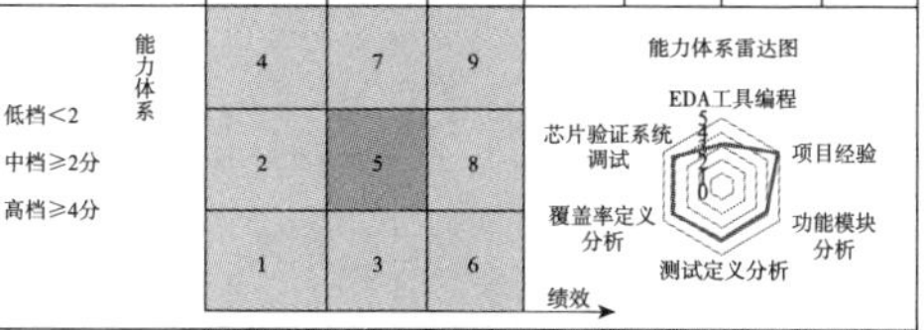

能力体系雷达图	EDA工具编程	项目经验	功能模块分析	测试定义分析	覆盖率定义分析	芯片验证系统调试	合计
评分	3	4	4	4	4	4	24

工作履历	单位名称	行业领域	岗位	职务	职称	工龄	单位排名

职业能力任职岗位要求	知识能力	素质能力	职业能力	专业能力	科研能力	领导力	合格分数
轮职岗位-年限							
现任岗位-年限							

三年内KPI分数	1	2	3	高潜力等级 (DMS对应总监、经理、主管)			S

关键事件评价（直接上级）							
人梯岗位及等级	L1		L2		L3		
改善方向							

职业能力任职岗位要求	知识能力	素质能力	职业能力	专业能力	科研能力	领导力	合格分数

人才稳定性	稳定因素						
	评价分值						
	不稳定因素						
	评价分值						
	稳定性等级						

图 4-23　数字集成电路验证工程师人才能力体系雷达图

6. 模拟和混合信号集成电路设计工具（EDA）开发测试工程师

模拟和混合信号集成电路设计工具（EDA）开发测试工程师人才能力体系雷达图，如图 4-24 所示。

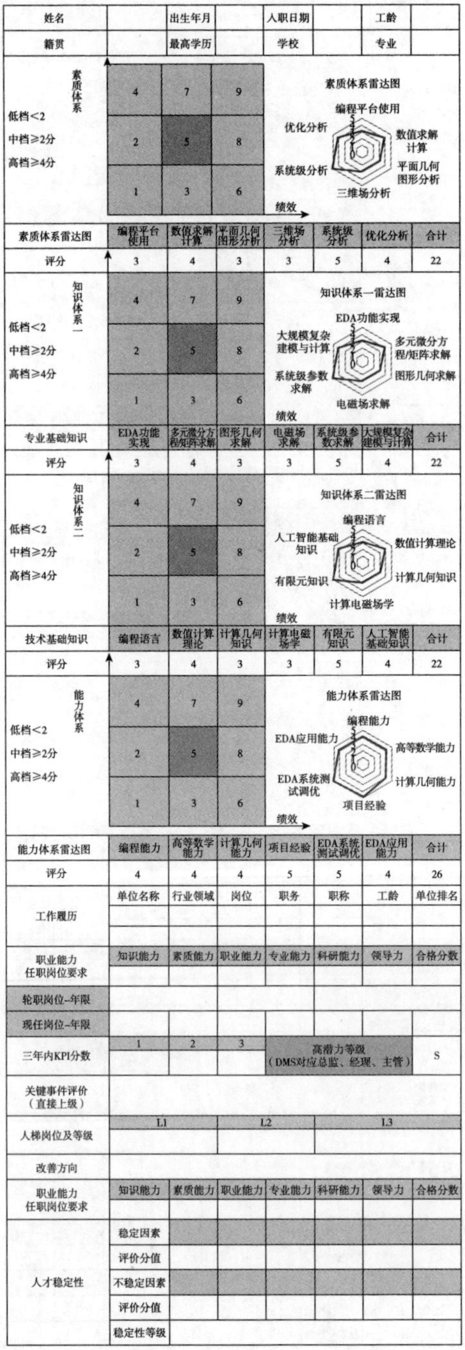

| 姓名 | | 出生年月 | | 入职日期 | | 工龄 | |
| 籍贯 | | 最高学历 | | 学校 | | 专业 | |

素质体系（低档<2，中档≥2分，高档≥4分）

4	7	9
2	5	8
1	3	6

素质体系雷达图：编程平台使用、优化分析、数值求解计算、系统级分析、平面几何图形分析、三维场分析、绩效

素质体系雷达图	编程平台使用	数值求解计算	平面几何图形分析	三维场分析	系统级分析	优化分析	合计
评分	3	4	3	3	5	4	22

知识体系一（低档<2，中档≥2分，高档≥4分）

4	7	9
2	5	8
1	3	6

知识体系一雷达图：EDA功能实现、大规模复杂建模与计算、多元微分方程/矩阵求解、系统级参数求解、图形几何求解、电磁场求解、绩效

专业基础知识	EDA功能实现	多元微分方程/矩阵求解	图形几何求解	电磁场求解	系统级参数求解	大规模复杂建模与计算	合计
评分	3	4	3	3	5	4	22

知识体系二（低档<2，中档≥2分，高档≥4分）

4	7	9
2	5	8
1	3	6

知识体系二雷达图：编程语言、人工智能基础知识、数值计算理论、有限元知识、计算几何知识、计算电磁场学、绩效

技术基础知识	编程语言	数值计算理论	计算几何知识	计算电磁场学	有限元知识	人工智能基础知识	合计
评分	3	4	3	3	5	4	22

能力体系（低档<2，中档≥2分，高档≥4分）

4	7	9
2	5	8
1	3	6

能力体系雷达图：编程能力、EDA应用能力、高等数学能力、EDA系统测试调优、计算几何能力、项目经验、绩效

能力体系雷达图	编程能力	高等数学能力	计算几何能力	项目经验	EDA系统测试调优	EDA应用能力	合计
评分	4	4	4	5	5	4	26

工作履历	单位名称	行业领域	岗位	职务	职称	工龄	单位排名

职业能力任职岗位要求	知识能力	素质能力	职业能力	专业能力	科研能力	领导力	合格分数

| 轮职岗位-年限 | | | | | | | |
| 现任岗位-年限 | | | | | | | |

三年内KPI分数	1	2	3	高潜力等级（DMS对应总监、经理、主管）		S

| 关键事件评价（直接上级） | | | | | | |

人梯岗位及等级	L1		L2		L3	

| 改善方向 | | | | | | |

职业能力任职岗位要求	知识能力	素质能力	职业能力	专业能力	科研能力	领导力	合格分数

人才稳定性	稳定因素	
	评价分值	
	不稳定因素	
	评价分值	
	稳定性等级	

图 4-24　模拟和混合信号集成电路设计工具（EDA）开发测试工程师人才能力体系雷达图

7. 数字集成电路设计工具（EDA）开发测试工程师

数字集成电路设计工具（EDA）开发测试工程师人才能力体系雷达图，如图 4-25 所示。

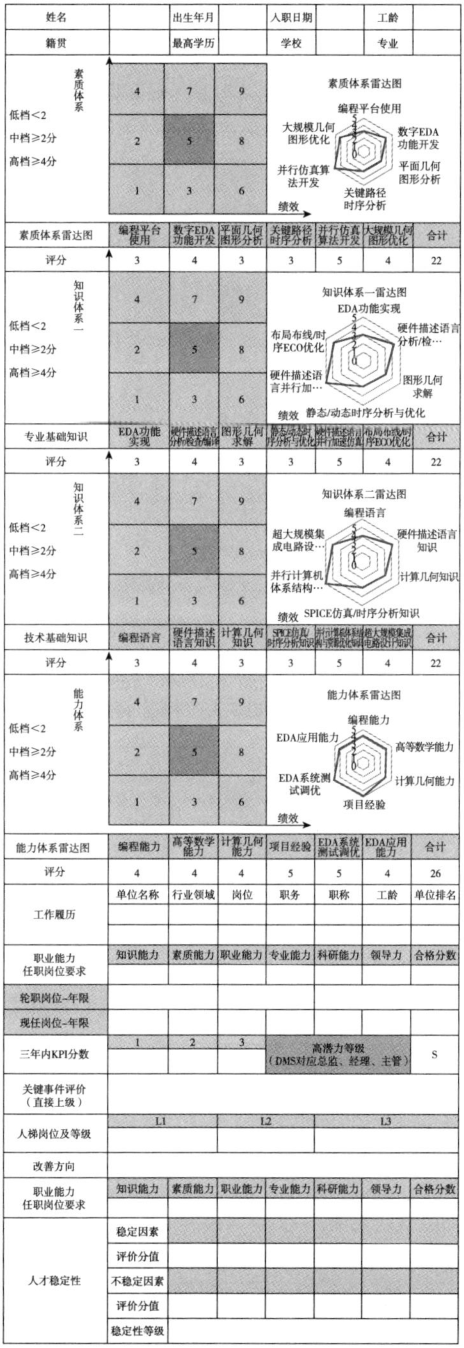

图 4-25　数字集成电路设计工具（EDA）开发测试工程师人才能力体系雷达图

4.4.3 制造类企业核心岗位人才能力体系雷达图

芯片制造厂的工程师岗位众多，本书从中挑选了较为普遍的设备工程师（见图 4-26）和制程工程师（见图 4-27）设计了能力雷达图，为读者提供参考。

岗位名称：设备工程师

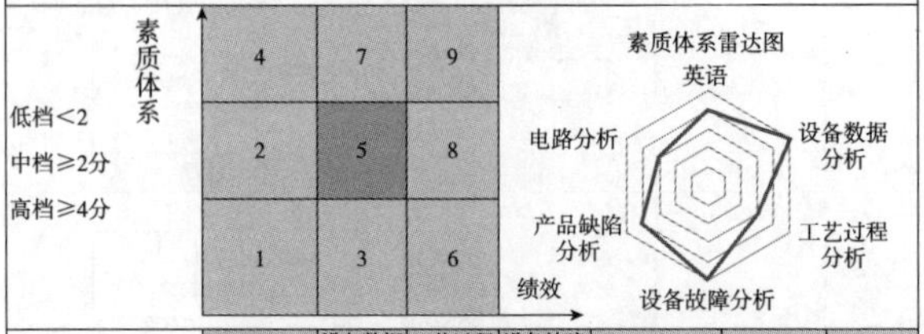

素质体系雷达图	英语	设备数据分析	工艺过程分析	设备故障分析	产品缺陷分析	电路分析	合计
评分	4	5	3	5	4	3	24

专业技术知识	设备维修	SOP编写	设备日常维护	工艺试验优化	掌握EAP、FDC等软件工具使用	日常报告	合计
评分	4	5	3	3	4	3	24

职业能力任职岗位要求	素质能力	技术能力	科研能力	领导力		合格分数
	30%	35%	15%	20%		60

素质体系：低档<2 中档≥2分 高档≥4分
专业技术知识：低档<2 中档≥2分 高档≥4分

图 4-26 设备工程师人才能力体系雷达图

岗位名称：制程工程师

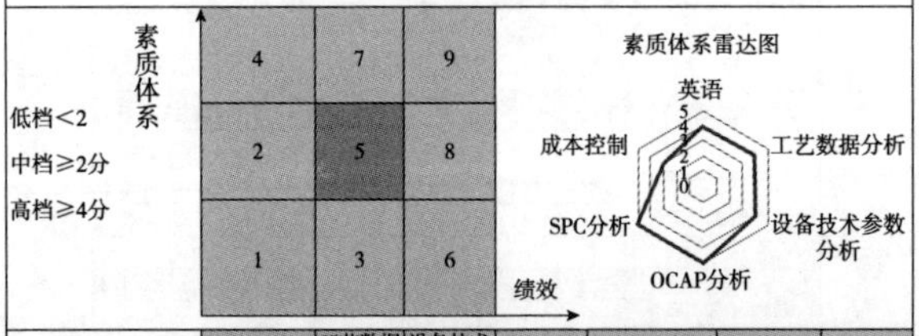

素质体系雷达图	英语	工艺数据分析	设备技术参数分析	OCAP分析	SPC分析	成本控制	合计
评分	4	4	5	5	5	3	25

专业技术知识	工艺研发	工艺调试	SOP编写	DOE原理知识	良率提升	日常报告	合计
评分	4	5	4	4	4	3	25

职业能力任职岗位要求	素质能力	技术能力	科研能力	领导力		合格分数
	30%	30%	30%	10%		60

素质体系：低档<2 中档≥2分 高档≥4分
专业技术知识：低档<2 中档≥2分 高档≥4分

图 4-27 制程工程师人才能力体系雷达图

4.4.4　封测类企业核心岗位人才能力体系雷达图

限于篇幅，本书仅列举制程工程师的核心岗位人才的能力体系雷达图，如图 4-28 所示，实际工作中可参考本图结合本单位实际修改。

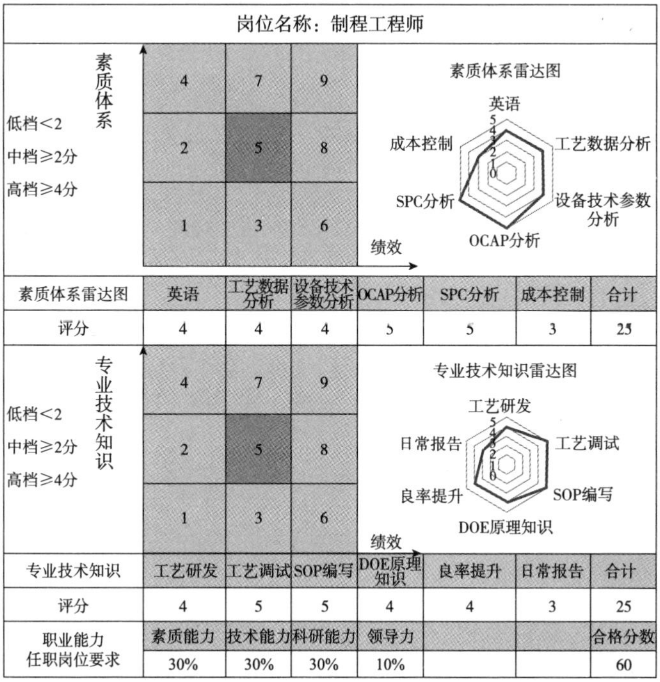
岗位名称：制程工程师
素质体系
低档<2
中档≥2分
高档≥4分
4 7 9
2 5 8
1 3 6
绩效
素质体系雷达图
英语
工艺数据分析
设备技术参数分析
OCAP分析
SPC分析
成本控制
素质体系雷达图 英语 工艺数据分析 设备技术参数分析 OCAP分析 SPC分析 成本控制 合计
评分 4 4 4 5 5 3 25
专业技术知识
低档<2
中档≥2分
高档≥4分
4 7 9
2 5 8
1 3 6
绩效
专业技术知识雷达图
工艺研发
工艺调试
SOP编写
DOE原理知识
良率提升
日常报告
专业技术知识 工艺研发 工艺调试 SOP编写 DOE原理知识 良率提升 日常报告 合计
评分 4 5 5 4 4 3 25
职业能力任职岗位要求 素质能力 技术能力 科研能力 领导力 合格分数
30% 30% 30% 10% 60

图 4-28　（封测类企业）制程工程师人才能力体系雷达图

4.5　从业人员岗位晋升

搭建人才发展与晋升通道，有助于员工明确职业生涯规划的发展目标，明晰晋升标准，在一定程度上加强人才吸引与保留。

清晰、畅通的职业晋升通道可作为集成电路企业吸引与保留人才的有效方式，据某机构调查，半导体集成电路企业中只有约半数的企业建立了标准的晋升通道，且很清晰很通畅，有 18% 的企业虽然建立了晋升通道，但晋升通道不太通畅，另有 18% 的企业还没有建立晋升通道，但正在计划中；仅有 9% 的企业还没有建立晋升通道，暂时也没有建立的计划。

4.5.1　半导体集成电路产业链整体晋升架构

从初学层次到资深层次的集成电路从业人员职业发展历程，可以分成管理发展通道和专业技术发展通道两条主线，通用的晋升框架路径如图 4-29 所示。

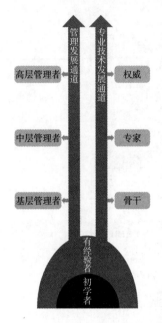

职能			学历与年限要求			
生产	技术	业务支持	高中 / 中专以下	大专	本科	硕士及以上
总监 / 技术专家			—	20+	12+	9+
高级经理 / 高级技术经理			—	15+	10+	7+
经理 / 技术经理			—	12+	8+	6+
—	主任工程师	主任管理师	12+	8+	4+	3+
高级生产主管	高级工程师	高级管理师	10+	7+	3+	2+
生产主管	工程师	管理师	7+	4+	1+	0+
助理生产主管	助理工程师	高级专员	6+	3+	0+	—
高级生产班组长	技术员	专员	4+	2+	—	—
生产班组长	高级助理技术员	助理	3+	1+	—	—
高级操作工	助理技术员	—	2+	0+	—	—
操作工	—	—	1+	0+	—	—

图 4-29　产业链整体晋升框架

以某企业为例，该企业以管理、专业及支持、生产操作、工程技术及研发和事务这五个类别（见图 4-30）来制定职位序列。

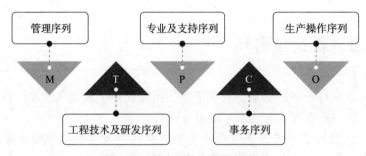

图 4-30　某半导体企业职位序列

来源：中智咨询。

同时，该企业还建立了管理类和专业技术类的双向职业发展通道（见图 4-31），此外还提供了纵向和横向两类发展通道。纵向发展通道是企业为绩效优异且有能力提升的员工给予晋升机会，同时在薪资、奖金和发展机会等方面给予激励；横向发展通道是企业为员工提供的转职机会，根据业务需求，在内网上发布内部招聘信息，员工可以结合个人职业规划及兴趣、特长进行申请，其充分调动员工的主动性和积极性，活化了企业人力资源配置。

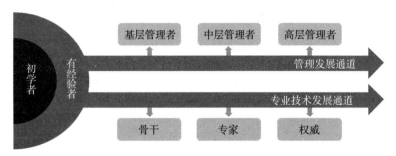

图 4-31　某半导体企业双向职业发展通道

资料来源：中智咨询。

4.5.2　设计类企业技术人才晋升

1. 典型芯片设计类岗位迁移路径

不同的芯片设计企业由于经营情况不同，岗位晋升路径略有不同，不过从全行业来看，一般是根据岗位为企业创造的价值、技术难度系数、市场紧俏程度等来为岗位设定薪资，不同的薪资也意味着岗位的阶数，数字芯片设计类岗位有个大家比较认可的迁移晋升路径，如图 4-32 所示。

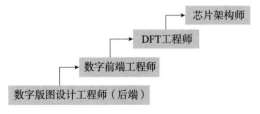

图 4-32　数字芯片设计类岗位迁移晋升路径

从图 4-32 可以看出，数字前端工程师目前薪资情况是高于数字后端（数字版图设计）工程师的，另外由于 DFT 工程师的缺少，其薪资和重要性也高于数字前端工程师。但随着产业发展和人才供需情况的变化，上述情况还会发生变化。

模拟芯片设计类岗位与数字芯片设计类岗位迁移晋升路径是一致的，如图 4-33 所示。

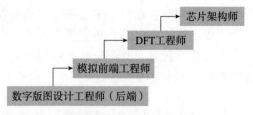

图 4-33　模拟芯片设计类岗位迁移晋升路径

总体来说，根据当前市场情况，部分设计类企业岗位还专门设置 RTL 工程师、HDL 工程师和版图验证工程师，不过，大多数企业中以上这些岗位都被分配到了数字前端工程师和（数字 / 模拟）后端工程师岗位。

未来 3～5 年，上述情况还会发生变化，不过总变化趋势大概率还是与价值、技术难度系数、市场紧俏程度相关而发生变化。

2. 芯片设计人才晋升普遍规律

IC 产品数年就要更新换代一次，而且每更新一次产品，都有新的、特殊的技术（工艺及设计）产生。IC 设计是一门实践性很强的科学、严格的技术和管理工作的实践，对于 IC 人才的成长和发展起着决定性作用。

不同层次 IC 人才的不同实践内容（包括不同的生产线水平、不同的设计手段和设计任务），有着不同的实践范围和实践周期。IC 人才成长的各个阶段中，实践应达到必要的项目工作量和项目层次。一般而言，IC 人才的层次水平与其参与的项目中所付出的劳动量成正比，也与其参与项目的层次水平有关。实践周期越长，经验积累越多，现场解决问题的能力越强，则其素质越高。许多企业对 IC 人才的培养，规定了各阶段培养实践的年限，如初级 IC 设计工程师 1～2 年、中级 IC 设计工程师 2～3 年、资深设计工程师 5 年以上。

在 IC 设计业锻炼大约 6～10 年以上的人可以做创造产品、创造市场的工作。设计人才可以规划产品，即定义产品、定义产品规范，将电路系统的指标转化为电路设计的指标。

专业技术人员的人才梯队建设规律如图 4-34 所示。

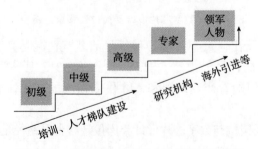

图 4-34　专业技术人员的人才梯队建设规律

专业技术人员直至领军人物的全程职业发展图，如图 4-35 所示。

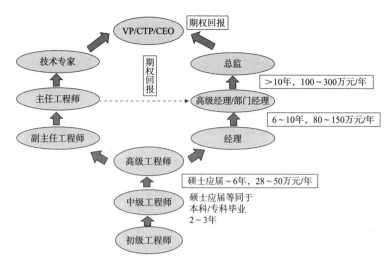

图 4-35 专业技术人员直至领军人物的全程职业发展图

3. 芯片设计人才晋升条件

上面部分阶梯图中的初、中、高级晋升部分，是严格根据《国家职业技术技能标准：集成电路工程技术人员（2021 年版）》中的人员要求进行规定的。我们将该标准提炼为图 4-36，并阐述了芯片设计领域技术 / 研发类通道的职业发展。

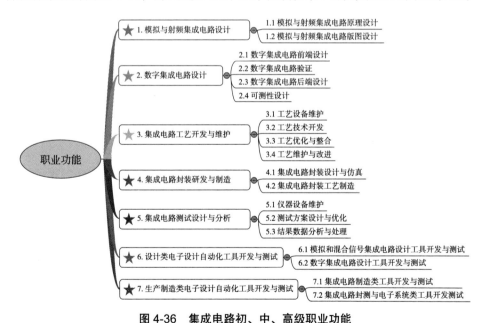

图 4-36 集成电路初、中、高级职业功能

资料来源：《国家职业技术技能标准：集成电路工程技术人员（2021 年版）》

其中，初级的能力标准主要是熟悉工具的使用、熟悉电路、熟练完成设计或者验证的流程。中级除了初级的能力外，要进行分析、优化。从 IC 人才的知识结构、能力结构的完善程度、技术特征分析，高级则需要补充参与实际项目的数量、年限和业绩，同时通过不断的培训和考试竞争来选拔。因为 IC 设计和工艺实践的过程是运用所掌握的知识去对某种 IC 形成过程中各种可能出现的问题进行不断分析、综合判断、逻辑推理的认识过程，也就是一个各种知识融会贯通和应用的过程，是一个人辩证思维方法的形成过程。

IC 设计人才与工艺人才成长的关键都是必须亲手做项目，设计过程很多是工程经验，是一个对多种方案的判断过程，而不是一个学术研讨过程。因此，一些经验丰富的资深设计人员可以帮助一个公司，特别是可以帮助刚入门的年轻人做出发展方向上的判断。比如，一个 IC 产品的设计过程，实际上一直贯穿有各种决策，如设计工具的选择；产品工艺的选择；电路性能提高与成本的选择。这些问题都涉及一些经验的判断。

针对人才梯队图，在专业技术人员的人才发展规律中，专家和领军人物类人才的成长路径较为普遍地呈现如下两种方式：

1）本土成长加上出国实习或高级学者访问。

2）衍生路径。在当今以高科技及创新技术为导向的产业竞争时代下，研究机构发展衍生公司不仅是技术移转及商品化的重要手段，也是专业研发人员发挥理想的最佳方式。衍生公司的定义是，某一研究机构中的员工随同原组织所拥有的技术成果，一齐脱离原组织成立独立自主的全新公司，继续推动技术创新与落实研究成果的商品化。

4.5.3 制造类企业技术人才晋升

1. 人才职业能力提升

芯片制造领域的专业技术人才梯队规律中，专家和领军人物类人才的成长路径与 4.5.2 节设计领域的阶梯图和所述规律类似，不再赘述。

以下着重讨论初、中、高级以及技师的发展路径（要求）。同样根据《国家职业技能标准：半导体芯片制造工》，对初级和中级的技能要求如图 4-37 所示，对高级和技师的技能要求在此基础上增加了对培训及管理的相关要求。

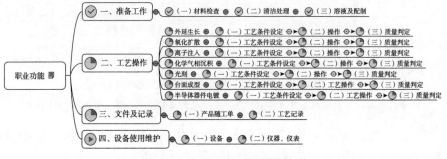

图 4-37 芯片制造工初级和中级

2. 人才晋升规律

在开始从事芯片行业前，在高等院校接受与集成电路设计与制造有关的专业教育，是一个接受和认知专业知识的阶段。此阶段，要掌握微电子学所包括的相关基础数理化知识、电子电路与半导体物理及化学等专门技术基础知识，集成电路设计知识与制造工艺的专业知识，同时要掌握一定的管理科学知识。这是为进入将来半导体集成电路的生产、工作实践打下坚实基础的时期。

进入企业后，对初级半导体集成电路人才的培养关键是要有扎实的基础知识和良好的学习态度，远离不好的工作习惯（如急功近利）；并在有经验者的带领下，去养成好习惯，学习好方法，了解设计或工艺、管理等工作的路径，增长成功的经验。而对于中级人员的培养，系统概念的形成与培养十分重要。

产品的更新换代，带来了从设计到设备，从工艺到管理甚至厂房布局等多方面的变革。因此经历过某一代制造工艺的半导体集成电路人才，未必一定能掌握新一代产品的技术关键，这就使得半导体集成电路人才的代层性显得特别明显。

制造企业的人才在参与对一些新工艺、新产品的试制等工作过程中，需要走过人才成长的关键阶段。由于人才成长的个体差异性，决定了只有少数中高层次的半导体集成电路人才具备从事这种创造活动的才能。在此阶段，他们要完成个人能力的"三个转化"：一是由掌握书本知识的能力向实际操作能力的转化，通过担负实际工作，由单项操作、测试或试验开始，通过不断的、有时是重复性的工作，逐步摸索掌握各种生产或工作的操作方法和工具技术的运用；同时养成良好的工作习惯和学习态度，积累成功与失败的经验。二是由操作能力向单项开发能力转化，逐步积累单项工艺开发等技术（与管理）的工作经验，具备与各自层次能级相适应的解决各种技术或管理问题的能力。这是一个较学习书本知识更艰巨更细致的过程。三是由单项开发能力向系统开发能力转化，这是一种从系统、整体概念出发的科研能力的培养。这一阶段（即中高级人才成长阶段，一般需要 5～8 年）完成后，工艺人员可以独立承担某一工艺的开发。

半导体集成电路人才群体中及人才个体之间，通过老员工带教而培育出一批优秀的半导体集成电路人才，这也是半导体集成电路人才培养成才的一个主要特征。很多公司都要求，中级技术人员，要能对下一级技术人员进行业务指导；资深人员要具有指导和培养下一级技术人员工作和学习的能力；高级技术人员，除了要具有培养专门人才的能力外，还要具有带领一个团队进行项目开发的能力。这一方面是半导体集成电路行业中上一级半导体集成电路人才带教培养下一级人才的职责，另一方面也是高一级的技术人员可以从低一层次的工作中解脱出来，从事更为高级的工作的必然选择。

在一个半导体集成电路公司或半导体集成电路研究机构中，在技术领军人物—高级工程师—中级工程师—初级工程师各个层次之间，以带教关系形成了一个完整的人才链。带教关系是促使人才走向成功的奥秘，也是一个半导体集成电路公司走向成功的关键之一。

4.5.4 封测类企业技术人才晋升

半导体封测行业工程师类晋升见表4-76。

表 4-76　半导体封测行业工程师类晋升

序号	工程类
1	资深工程师
2	高级工程师
3	工程师
4	助理工程师

半导体封测行业的迅速发展需要高端人才支撑，现有半导体封测的人才难以满足行业内日益增长的人才需求。尽管近年来我国人才培训力度及相关学科专业人才培养逐步加大，专业人员的供给量也在逐年上升，但高端人才相对匮乏的情况依然存在。

从半导体设计、制造、封测来看，设计对于技术积累与人才的要求最高；而制造对于资本的投入有巨大的要求，目前更是呈现强者恒强的局面；封测产业虽然相对于设计和制造产业链，在资本和人才的要求方面相对较低，并且对人工成本更为敏感，因此从实际情况来说，随着封测技术的发展，对芯片工艺包括先进工艺制程在受到国外封锁的情况下，封测技术的研发、工艺提升等也日益发挥着重要作用，因此对人才的需求与要求也日益提升。

封测行业也更需要具有经验的工程师团队来保障设备的利用率和产品质量，而有经验往往意味着昂贵，如果没有经验丰富的工程师，制造出来的产品往往在市场中会失去竞争力。

因此封测企业留不住人才的一个重要原因是技术含量相对较低，易引发价格竞争，尤其在中小封测厂中；此外，封测企业的成本大多在于原材料与设备中，留给人才的成本支出并不多。

想要彻底解决这一问题，一方面需要向更高的技术发展，比如先进的晶圆级封装技术含量并不低，但这些需要时间的积累，以及对员工持续的培训；另一方面需要降本增效，尽可能降低原材料成本，给人才留出更多的薪酬和晋升空间。

第5章 半导体产业贯通人才培养方案

5.1 半导体产业贯通人才培养体系的意义

半导体行业是一个资金、技术和高技术人才密集型行业，也是一个竞争程度非常高的行业。从半导体芯片的前端设计，到芯片制造、晶圆代工、封装测试，包括科研机构等都需要大量的高技术人才和科研人才，在目前行业人才缺口巨大的现实环境下，除了做好吸引、激励和保留核心人才是企业发展的核心命题之外，做好人才培养，尤其是人才贯通培养成为"政行校企"各界的共同任务与重要课题。

5.1.1 半导体产业人才培养的背景与现状

目前随着我国对半导体集成电路人才培养愈发重视，使得半导体集成电路人才无论是从数量还是从质量方面，都有了很大提升。在人才数量方面，我国集成电路产业正处于布局和发展期，行业薪酬不断提升，进入本行业的从业人员不断增多。

但目前半导体产业人才培养，通过产教融合、校企合作以及人才培养模式的探索，虽已有一定进步，但尚存较大困难，困难之处主要在于：

一是"远水解不了近渴"，半导体集成电路人才培养的周期较长，与企业对人才需求的迫切性不匹配。许多院校在专业培养目标定位上缺乏对所在区域的产业实际和人才需求状况进行充分调研论证，导致行业背景不突出，特色不鲜明，专业能力要求与行业标准契合度偏低。

二是产教融合人才培养的计划和内容与企业对人才知识结构的期待依旧有差距，人才培养体系设计上缺乏一体化的统筹考虑，多元协同交叉问题突出。理论与实践、课内与课外、教学内容与教学方式方法之间衔接不够，导致教学环节与实施策略不能有效支撑能力培养目标的达成，这其中部分原因在于一些高校的教学体系相对陈旧，且教师缺乏对产业生产实践的经验，使得学生也严重缺乏实践能力。

三是联合培养、定制班培养等模式存在着对学生的去向没有约束力，企业花了钱和时间，却没有办法留住人才，甚至出现为竞争对手培养人才的情况。同时定制班的名额往往有限，远远达不到企业的人才需求数量，使得企业觉得杯水车薪，不愿过多投入。地方产业优势资源在人才培养过程中没有得到充分利用，产教研融合深度和广度不够，多停留在教师与企业之间的"产研"融合层面，"产教""科教"融合不足，导致学生接触工程实际和科学研究训练的机会不多，不利于工程应用能力和科研创新能力的培养。

四是师资力量是人才培养的基石，而如今高校集成电路师资力量的短缺，也为人才培养增添了许多困难。

目前中国半导体行业缺乏高端产业人才和各类技术技能类人才，而这样的人才往往需要进行融合式的培养，即掌握产业链中企业的岗位要求和多项技能、职业能力要求，而不仅仅掌握单一技能，同时又能兼顾到学生和人才的职业发展需要，然而在师资方面，由于受到目前评价体系的限制，导致高校难以招聘到掌握多项技能的教师资源，因此在培养高端人才方面也尤为困难。

针对人才培养"校热企冷"和产教融合现象，可以通过"政行校企"搭建产教融合平台，把企业、学校和行业协会等各方需求和资源进行整合，在产教融合平台上展开合作，在帮助各方减少时间、沟通和创新成本之外，创新性地探索和实践半导体产业贯通人才培养体系，无疑是一种解决上述问题的方式和有效思路。

5.1.2　半导体产业贯通人才培养的内涵与内容

本书根据各层次院校、产业调研需求以及产教融合等人才培养的实际，提出半导体产业贯通人才培养的思路与内容如下：

1）面向产业需求的专本研学历模式下构建半导体产业人才或高层次人才培养模式的体系贯通。

2）推进产教融合模式下构建半导体人才培养目标、定位与产业发展的"人才链"衔接"创新链"推动"产业链"的贯通。即学生专业与产业融合、实践教学与产业实训实习基本融合、校企合作课程与产业技术发展融合、专业教师与高水平产业专家融合、学校教学治理模式与产业要求融合等五项贯通。

这五项贯通融合将高质量契合构建高水平半导体产业人才培养体系的要求，即更好地实现人才培养体系的横向"四业贯通"：一是专业，即学生在校期间必须完成的学习；二是职业，即学生毕业以后所从事的工作；三是产业，即学校教学过程与行业、企业紧密结合；四是学生的就业。

具备这类复合能力的专业院校、产业学院的育人贯通新模式将能够更好地围绕区域产业发展，为产业提供更多高层次等各类人才。

3）形成构建半导体产业人才能力和岗位要求的标准方案、职业发展和人才培养路线图的体系贯通。

与互联网行业靠商业模式创新、资本投入、规模化效应就可能盈利的发展模式不同，半导体行业不是一个资本密集型行业，没有大量胜任不同角色的技术人才通过系统性的业务规划、团队合作绝不可能做出快于市场竞争对手、流片率低、盈利比率高、技术参数领先的产品。

同时我们看到不少省市在教育和人才相关的"十四五"规划中都明确提出，优化人才培养体系，稳步推进贯通培养模式等意见和内容，可见贯通人才培养将成为未来各省市教育改革发展的重点领域。

伴随着产业技术升级和岗位变迁，行业企业对人才技能的需求呈现出精细化、高水平、复合型的趋势。贯通产业人才培养的核心问题是课程与教材、产业需求与学生职业发展融合的一体化设计与实施。

半导体产业的人才培养可以从构建产业人才岗位与职业能力要求的标准方案、打造科学的职业发展和人才培养路线图三方面着手。

1）构建半导体产业人才科学的职业发展路线图。半导体企业的岗位要求和能力素质模型通常基于技术路线、技术领导者路线、其他领导者路线、支持路线等大类，而通常技术路线和技术领导者路线是覆盖最多人，也是最受重视的培养路线。基于不同的发展方向，从工作任务要求出发，明确其经验、能力要求等。

因此人才培养方案的培养目标、定位、课程体系建设要紧密融合岗位要求和能力素质模型的要求，形成从目标、定位到课程体系、实训体系再到教学模式的一站式贯通。

2）构建半导体产业人才岗位与职业能力要求的标准方案。标准方案主要突出以下几点：

技术应用创新能力培养及针对复杂工程问题解决思维的训练；加强案例教学、模拟训练、实践（现场）教学、问题导向式、项目研究式等教学方式方法的运用。

重视案例研究、案例编写和案例库建设，完善课程实践教学依托开展的场地、设施配套。

以能力培养为导向，构建层级式、模块化、课内外交叉的贯穿学习全过程全维度的课程体系。

结合相关的人才岗位与职业能力要求标准，以解决复杂工程问题、科研能力为核心，将学生的能力培养目标分为专业技术、专业素养、个人职业从业能力、科研能力等四个维度：在专业技术方面要求学生能够运用自然数理知识和工程原理进行问题分析、表达，设计开发和集成创新。在专业素养上要求学生具备工程意识和创新思维能力，能够按照全生命周期的工程逻辑去分析和解决工程实际问题。在个人职业从业能力上要具备团队合作、组织协调、沟通表达、自主学习等通用能力，并按此能力素质要求，以教学内容模块化、能力培养项目化、课内课外学习一体化的思路反向设计了"点、线、面"相结合的三级专业核心课程体系，通过三个层级的课程设置实现课程体系与能力培养目标之间的逻辑衔接等。科研能力培养是现代科技人才培养的重要组成部分，需要注重学科基础、实践教学、团队合作和创新思维等方面。

3）构建半导体产业人才培养路线图。针对不同区域、城市的产业人才分类、能力现状及未来能力要求，应结合多种培养方法和教学方式，如导师制、项目任务、行动学习、正式项目等多种方式综合提升学生和学员能力。构建"大而上"的产业人才培养的需求，"大"指的是半导体产业作为"大国战略、大国重器"的高度，而"上"则指的是"上尽重城更上楼"，即在半导体产业的发展过程中，没有止境，也没有最好，只有更好的产业人才发展需求。

5.1.3　建立半导体产业贯通人才培养体系的意义

1）建立半导体产业人才培养的体系将会给各层次院校以及现代产业学院、企业的半导体人才培养模式带来创新乃至革命性变化。

因材施教不再针对少部分专业学生而会面向广大各相关专业学生；校、企、行、社的多元兼容进而推进教学基础资源的优化整合。在此基础上，人才培养模式在吸收传统成果养分的同时也在充分顾及半导体产业发展的变化，进而创新半导体人才培养方案、课程体系、教材与教法，利用一切可以利用的技术技能、教学资源，加强对学生的创新知识教育及其创新能力的培养。

2）建立半导体产业人才培养的体系将有助于贯穿半导体产业人才培养全过程。

该过程以产教融合平台为基础，兼顾"产教"与"科学技术"之间的融通用，专业教学理论和相应的实践配以紧密关联的制度体系实现高职教育培养目标，有助于在过往校企合作经验总结的基础上进一步探索产教融合新路径、新模式。

3）建立半导体产业人才培养的体系将有助于半导体产业人才培养模式的长效机制建构。

贯通半导体人才培养模式是对传统半导体人才培养模式的优化与创新，其教学实施环境与过去比较有巨大改变的趋势。人才培养模式要达到贯通的标准就必须有相应的培养实体平台或体系形成。贯通体系和标准、建设思路可以作为各层次院校、现代产业学院以及企业的支柱构架，可以促进"产学相融"为主的产教融合教学与服务产业体系化设计，并促进构建相应的制度保障体系的形成，比如培养高素质复合型技术技能、科研人才的门槛标准的形成，以产业发展需求为依据布局现代产业人才培养模式试点制度和模式的形成等。

4）建立半导体产业人才培养的体系将促进高水平现代产业学院建设突破口的形成，进而促进高水平半导体产业相关学院和教学体系的产教深度融合的发力点和落脚点的形成。

半导体产业人才贯通培养体系有助于健全区域龙头企业参与学校多元办学、积极发挥行业企业在产业育人中的双主体作用，有助于结合产业实际确定培养对象进行"校企双制、工学一体"人才培养，以实现人才培养与产业联动发展的教育供给侧与企业需求侧可持续平衡。

5）建立半导体产业人才培养的体系将有助于解决半导体产业供需结构矛盾突出的问题，高等院校、职业院校可参考目录优化调整专业学科和课程设置，培养提升创新能力和实践能力，加快人力资源供给侧结构性改革，打造半导体产业高质量发展急需的、紧缺的专业型、复合型人才队伍。

技术和产业发展需要融合创新，也呼唤人才培养的贯通融合发展，这是当前半导体产业发展和技术变革进程中的一个重要特征。贯通技术与技能人才、高层次人才以及职业发展要求，是顺应这一潮流的必然选择，将有效地满足半导体产业对新一代技术技能、高层次人才的需求，是促进我国半导体产业快速、高质量发展的重要支撑，进而为广大青年、学生的成才和就业开辟更加广阔的道路。

5.2　半导体产业贯通人才培养的定位与模式

从半导体产业链的构成来看，核心的三个环节为集成电路芯片设计、制造和封装测试，以及与之配套的材料、装备和应用。2021 年 1 月，国务院学位委员会正式批准设置集成电路科学与工程一级学科，属交叉学科门类。这是因为集成电路是基于数学、物理、化学、电子、信息、机械和计算机等基础学科的多学科交叉融合，内容覆盖广。半导体芯片人才的贯通培养，必须走多学科交叉、产教融合之路。

目前，半导体产业人才供给主要来源于国内高校培养、高端人才引进、社会培训和企业内部或联合培养等方式。

国内高校培养是目前贯通人才培养的主阵地，包括研究生、普通本科、职教本科、高职（大专）等层次，这是因为半导体集成电路行业是一个对于知识体系、能力结构和实践经验要求较高的行业，同时半导体人才培养又需要系统的教学体系和各种资源、环境包括师资的支撑，不能急功近利，是一项长期的工作和事业。因此，高校在进行半导体人才培养时，在不断加强教学资源和基础环境建设的同时，需要注意加快集成电路学科建设，增强高校集成电路人才实践能力，缩小高校人才培养与企业用人需求间的差距，充分利用和实践现代产业学院、集成电路学院的办学模式，积极推动集成电路人才的"供给侧结构性改革"。

除了学历人才培养，围绕半导体产业的战略发展和人才需求，通过产业化基地、培训基地等进行的人才培训也发展迅速。例如，科技部批准建立的集成电路设计产业化基地，通过集成电路设计技术服务平台，可开展人才培养和专业技术培训服务；设立的国家集成电路人才国际培训基地、国家集成电路师资国际培训中心等也会选派人员出国（境）培训，开展国际化、复合型、实用性、创新型的人才培训；工信部组织实施的"软件与集成电路人才培养计划"通过与比利时微电子研究中心（IMEC）等机构合作，在集成电路领域展开了"高管培训""工程师培训""高校教师培训"和"博士生培训"，工信部教育与考试中心通过成立工信领域网上学习平台发展委员会半导体集成电路专业委员会，并通过"揭榜挂帅"的方式等推动108个关键岗位人才的课程及考评体系建设等，都是在半导体人才培养方面所进行的有益、积极的探索和实践。

另外，在职教方面，通过与半导体行业大型企业签订校企合作培养协议，产生了"订单班"的培养模式。学生在校期间，企业一般提前一年左右，在相关专业中选拔在校生组成"订单班"，然后学院按照企业提出的人才培养目标和知识能力结构，修订教学计划，组织教学，可有效促进毕业生就业率和就业质量的提高。目前甚至出现大一就开始进行订单制培养的探索，但该类人才培养模式由于周期较长，企业投入资源较大，对企业的整体规划和持续人才战略要求较高。

5.2.1 半导体产业相关研发人才培养模式（本科、研究生）

半导体产业研发人才的培养目标为：培养掌握现代集成电路设计和集成系统软硬件设计的基本理论、基本方法、基本流程和 EDA 工具，熟悉电路、计算机、信号处理、通信、网络及软件技术和应用等相关的系统知识，具备从事集成电路及集成系统软硬件的研究、设计、开发、应用、教学及管理能力，并具有一定方法和技术创新能力的高级专业技术人才。

硕士研究生阶段，应注重培养学生深厚的学术基础和持续的创新能力，加强学科培育与实际产业需求的结合，将学生培养为具有独立从事集成电路与集成系统设计能力的优秀工程师。

对本科生的培养，在加强数理基础的同时，应注重增强学生解决实际问题的能力，即应用型人才的培养。

1. 研究生人才培养模式

针对学术学位和专业学位两种不同类型的研究生，构建协调发展的研究生培养体系。对学术学位研究生突出科教结合，强化知识更新力、学术创新力和国际竞争力的培养，加强课程教学内容的前沿性和交叉性，促进知识学习与科学研究的有机结合。对专业学位研究生突出产学结合，强化知识迁移力、实践创新力和职业胜任力的培养，构建面向实践、突出应用的专业学位课程体系，推进教学模式改革，提升实践教学质量。在硕士研究生培养中，坚持需求导向，培养模式突出协同创新，质量保障强化内涵发展，形成有特色的"服务需求，提高质量"的培养体系。

（1）学术学位研究生的人才培养模式

1）"学习—科研—学习—科研"的"两学两研"模式。针对学术学位研究生培养，搭建学术工作交流平台，开拓研究视野，依托高校或龙头企业的集成电路类重点实验室、工程研究中心等平台，以科研为牵引，注重对研究生探索能力的培养，形成在课题研究牵引下的"学习—科研—学习—科研"培养链与发展链，实现两者相互渗透、相辅相成的良性循环。

"两学两研"培养模式的总体思路是，先研后学，边研边学。学生入学后先熟悉课题，带着课题任务，充分利用研究生教育体系的研究资源学习理论知识，同时，利用校企共建的工程研究中心或重点实验室资源，进行工程实践，把理论学习与科研实践有机结合，形成"学习—科研—学习—科研"的"两学两研"模式。此时对于企业而言，也可将企业研发的部分课题，结合与学校的合作关系与程度，选择适当的高校和研究生导师，以及研究生，进行相关课题的攻关，包括前瞻性课题的研发，在实践中不断探索和总结，并注意研发后续的课题落地与应用等项目、产业开发的工作落实。

2）研究生联合培养基地模式。研究生联合培养基地模式是指在高校与企业之间建立合作桥梁，通过联合培养，实现高端人才与高质量产业、高端智力与高水平创新融合。基地的示范点企业提出研究需求，经过高校导师申请对接、企业确认对接、基地初步筛选、高校研究生院审核、专家评审预分配指标，最终确定联合培养配对关系。这种模式的创新培养理念就是将"论文着重在技术上，落实到产品里，研究做在工程中，成果转化到产业里"的这样一种模式。

（2）专业学位研究生的人才培养模式

1）"校企协同、产学研工程实践"的模式。针对专业学位研究生培养，校企协同，打造产学研工程实践体系。加强学校与半导体行（企）业的深度协同，按照"优势互补、资源共享、互利共赢、协同创新"的原则，开展联合招生和联合培养，构建人才培养、科学研究、社会服务等多元一体的协同育人模式，提高研究生培养质量。根据实际社会需求，按不同专业学位类别或工程领域，打造特色鲜明、校企协同育人的培养方案。在设置课程时，为满足研究生在专业实践和课题研发中所需的专业知识，根据具体合作方向的需求定制课程。

2）"N 类人才 +1 个平台 +X 种渠道"的"三合一"模式。针对集成电路产业链上 N 类人才需求，建立 1 个人才平台，通过 X 种渠道，打造集成电路人才培养结构性改革的"三把钥匙"。这种人才平台侧重于人才培养的入口管理，出口服务的功能建设，实施过程中可联合多种渠道和伙伴，共同推进。这样有助于强化产教融合，突破关键核心技术，在人才培育的数量和质量上共同发力，努力培养出满足产业急需的复合型创新型半导体芯片人才。

2. 本科生人才培养模式。

本科生人才培养模式主要是"高校+高端院所+龙头企业"多主体协同的校企合作模式。

通过建立科教、产教、创教"三融合"培养体系，构建本硕贯通课程体系，与企业联合开展"订单式"人才培养、共建研究开发中心和联合实验室、共同开发工程课程、共建教学实践基地。

1）师资方面：设置虚拟教研室，共建产、教、研多元教师队伍。通过设置集成电路课程虚拟教研室，高校专业教师、科研院所专家与企业资深工程师、技术人员组成教师队伍，共同制定人才培养方案、课程大纲、教学设计，共同参与教学和实践实训指导。

2）教学方面：课程教学+文献分享会+业内专家讲座。学生除了正常的人才培养方案既定课程学习之外，参加由研究院和高校组织的文献分享会，让学生了解行业领域的前沿技术，由行业内专家进行讲座和培训，让学生及时掌握专业发展的最新动态。

3）实践教学基地方面：高校基础实验室+校院企共建研发实验室+企业产线。学生在高校实验室进行基础实验学习，到校院企共建的研发实验室进行科研训练，到产线上进行实践活动，把书本知识与动手实践有机结合，培养既有扎实理论知识，又有实践经验的高素质应用型人才。

本科生人才培养模式还有全流程人才培养模式、开拓研究型（精英化）与工程型（大众化）并存的分类人才培养模式、"实培项目（科教融合）—校内/国内竞赛—企业实习基地建设（产教融合）"贯通的实践创新模式等。

3. 校企合作/产教融合模式

（1）"课程导入的教育培养+就业"的集成模式

该模式以企业用人需求和产业需要为导向，通过相关面向产业的培训课程体系导入，提供半导体行业完整的项目级培训，可覆盖集成电路芯片设计、晶圆制造及封装测试等完整环节，与企业用人的人才需求紧密结合，进而解决企业招人用人问题。

该模式下，首先企业或相关机构提供基础半导体相关培训资料，对学校老师进行培训，由相关授课老师根据学生就业方向和学生专业，对参加培训的学生进行大约数十课时培训，培训后安排到相关企业实训或者实习，在学生毕业后由半导体企业和学生签订就业协议。其次由企业或相关机构提供委托培养需求，定向培训应届毕业生，学生毕业后由企业直接接收或由相关机构安排到指定的半导体企业进行实习或直接就业。

（2）联合办学的学科共建模式

企业或相关机构与院校进行学科共建，联合培养学生，采取"3+1"的培养模式，即前三年教学、人才培养由院校完成，最后一年由企业或相关机构负责完成学生培养和实训等任务，增加企业实践课程，结合属地化和区域的产业化特征进行特色办学，学生在毕业时能在产业认识、素养以及技术能力方面更适应区域产业和企业的实际要求，进而提高了自己的竞争力，有助于快速就业的同时，也能够极大地提高学院的应届生就业率和就业质量。当然，也会有"1+3""2+2"等按不同时间段的教学合作模式，这有赖于合作企业与院校共同结合产业实际制定相关方案。

该模式下，企业或相关机构提供专业半导体课程体系及系统、环境等方面的建设，与学校共同成立相关半导体专业学科或院系，由企业或相关机构对学校老师进行理论和实训等全面培训。学生在校学习1～1.5年后安排到半导体企业进行实训，毕业前6个月进行实习，在学生毕业后，由半导体企业和学生签订就业协议。

企业或相关机构可按照双方约定协助学校进行招生，推进学生实训＋实习＋就业等工作。

（3）"委托培养＋联合办学"的模式

对于开设了半导体集成电路的相关院校和一般工科类型的专业学院，专业实验室建设始终是教育部或相关主管机构的重要考核指标之一，与企业联合共建实验室，是推进学院实验室建设的"双向"必要选择；企业或相关机构可以提供贴近或适合企业环境的优秀实验室建设方案，直接或联合提供相关专业设备。

同时企业或相关机构提供专业半导体课程体系与系统、环境建设等，和学校共同成立半导体专业学科或院系，对学校老师进行理论和实训等全面培训。学生在校学习1～1.5年后安排到半导体企业进行实训，毕业前6个月进行实习，在学生毕业后由半导体企业和学生签订就业协议。企业或相关机构按照双方约定协助学校进行招生、学生实训＋实习＋就业等工作。此项内容与前面"联合办学的学科共建模式"的内容基本相同。

接下来，为当地及区域半导体产业培训更多集成电路实用人才，包含集成电路芯片设计、制造、封测、整装等芯片成熟及先进制程等技术，由本地或上级教委、科委、人社局等部门牵头，由企业或相关机构联合院校在当地落实半导体集成电路实训基地等，各委办局每年给予基地各项政策支持。基地建设完成后，相关设备设施及环境等可由多个院校共用共享，使基地职能得到充分发挥的同时，也可充分发挥相关专业团队的能动性，进而创造更多可能条件，向技术研发服务、产业公共技术支撑和服务等项目方向转变，提升职能。

（4）"委托培养＋联合办学"的集成电路人才实训＋创新中心的模式

除上述"委托培养＋联合办学"的内容外，通过集成电路人才实训基地的建设，可通过引进真实的工业级设备和工作环境、真实的产业项目及真实的产业工程技术，整合企业资源和学校办学经验，联合打造"集成电路创新中心"，推动专业融合，创新课程体系，丰富教学内容，进而更加贴近产业，并增强基地服务产业、服务区域经济的同时，提高自身竞争力和创新能力。

同时也能更好地为集成电路行业培养更多紧缺的高技能、高素质产业人才，这样不但可以更好地服务于本地院校学生和产业，还可以辐射周边地区院校，为院校打造集成电路领域优势特色专业提供助力，打造专业"核心竞争力"。也有利于引入真实产业资源，丰富教学课程内涵，促进学校专业建设与改革，进而利用真实的产业工程师、真实的工业级设备和工作环境、真实的产业项目，建立以提高实践能力为引领的人才培养流程，将真实的产业资源引入到人才培养过程中，覆盖学校集成电路相关专业的专业建设、人才培养方案落地和课程体系支撑。

5.2.2　半导体产业相关职业教育专业人才培养模式（职业本科、高职、中职）

半导体产业职业教育专业（技能）人才培养目标为：培养理想信念坚定，德、智、体、美、劳全面发展，具有一定的科学文化水平，良好的人文素养、职业道德和创新意识，精益求精的工匠精神，较强的就业创业能力和可持续发展的能力，掌握本专业知识和技术技能，面向半导体、集成电路等行业企业，培养精通半导体器件制造、集成电路版图设计、集成电路封装测试等知识技能，从事半导体与集成电路行业的功率半导体器件制造、集成电路版图设计、集成电路开发、封装与测试等岗位工作的高素质技术技能人才。

我们建议在各培养层次都需明确并体现职业教育特色，强调职业道德和工匠精神，各个学校的培养模式与所处区域的产业结构、地理位置、经济环境等互相适应。培养模式做好关联、递进、区分关系，如高素质劳动者和技术技能人才（中职）/高素质技术技能人才（高职专科）/高层次技术技能人才（职业本科）。

人才培养模式是指职业院校为实现其培养目标而采取的培养过程的构造样式和运行方式，它主要包括专业设置、课程模式、教学设计、教育方法、师资队伍组成、培养途径与特色、实践教学等构成要素。同一类型的人才可以有不同的培养模式，但具体到某一种模式，必然有其独特的构架。

1. 职业本科人才培养模式

对职业本科，需要毕业生掌握较为系统的基础理论知识和技术技能，具有较高的技术研发、工艺设计、技术实践能力，能从事科技成果、实验成果转化，胜任产品设计或项目研发，能完成中高端技术服务、解决较复杂问题、进行较复杂操作，具备较强的创新创业能力和可持续发展能力，具有一定的国际视野和策划组织能力。

职业本科的专业设置要融入区域集成电路产业，服务地方经济社会发展，扎根行业、企业的生产、管理、服务一线寻找科技攻关选题，积极将成果向市场应用、转化和扩散，从而实现持续的技术技能积累。

根据教育层次和当地经济特点，院校可面向高新技术企业在技术研发、工艺改造、流程再造等方面开展深度合作，比如珠三角地区，中小企业星罗棋布，适合大面积布局毕业生流向。也可依托大中型企业、国有体系，吸收早些年企业办教育的经验，比如欠发达地区的中西部，最好的办法还是当地大企业产学融合、联合培养，这个办法更加客观实际。新晋职业本科院校应加强与普通高校、科研机构、行业企业的"产学研"联合培养机制，积极借鉴国内外先进经验，结合国家、地方、行业和企业情况，探索出了一些较为成功的人才培养模式，其中最为典型的是校企合作育人模式，以产教融合为载体，企业深度介入课程教学过程，参与教学设计，共建师资队伍，主导实践教学，形成具有集成电路、半导体芯片产业特色的产学研合作办学模式。

1）政策上鼓励企业与对口的院校和科研机构寻求合作、联合技术攻关，为合作院校提供教学、实训师资资助，为开设相关专业的院校提供毕业实习基地。

2）产教融合中，具备条件的企业还可以在企业内建立重点实验室或者工程技术研发中心，为院校和科研机构的科研成果转化提供平台和机会，通过联合开发项目课题的形式，一方面将优秀的科技成果吸纳、转化到企业中来，另一方面，也可以通过项目来带动职业本科高层次技术人才的培养。

3）"产教融合特色班"以 20～30 人为办学单元，培养半导体与集成电路行业急需人才：①芯片制造工程师，②封装工艺工程师，③芯片测试工程师，④光电类岗位工程师，⑤电子电气类岗位工程师，⑥半导体设备工程师（安装、调试、维护），⑦版图设计工程师，⑧工业工程师。

4）"产教融合特色班"主要针对半导体与集成电路产业集群的典型工艺、工序、工程项目和未来成长空间提升专业技能水平，产学研联合指导研发、制造、封测和工程应用，条件具备的扶持为双创团队并孵化创业。

5）企业为校方的专业设置、人才培养目标、学生的知识和能力结构、提高人才培养质量提出建设性意见。经双方协商确定，企业的行业专家接受校方的邀请担任其兼职教师或开展讲座活动。

2. 高职人才培养模式

面向"新工科"电子信息产业链，要适应产业优化升级需要，对接新产业、新业态、新模式下集成电路制造、封装、测试等岗位的新要求，以典型工作岗位能力要求、集成电路行业最新技术、工艺为导向，采用工学结合的人才培养模式，培养具有较强的实践操作能力、人际沟通能力、社会工作能力和可持续发展能力，以及良好的职业道德和健康的个性品质等素质的人才，不断满足集成电路产业高质量发展对高素质技术技能人才的需求，提高人才培养质量。

高职人才的培养模式，要遵循现代职业教育高质量发展的总体要求，学校应结合区域实际和自身办学定位，制定本校集成电路技术专业人才培养方案，鼓励以高标准办出特色和目标，根据职业能力和职业素质要求，对应具备的能力、知识、素质目标进行分解，教学团队制定出人才培养模式，基于此设计课程体系。

（1）典型培养模式

现代学徒制，依托企业实施人才共育。主要参考以德国为代表的"双元制"人才培养模式，是一种国家立法支持、校企合作共建的办学制度，这种模式由企业和学校共同担负培养人才的任务，按照企业对人才的要求组织教学和岗位培训。

"现代学徒制双主体育人"，一方是指学校，其主要职能是传授与职业有关的专业基础理论知识，实施严格的文化理论教育；另一方是指合作企业，其主要职能是让学生在企业或单位里接受职业技能方面的专业培训，接受严格的实践操作训练，因此，这种人才培养模式又叫"双重训练制"。

1）教学团队深化"工学交互、精准育人"人才培养模式，制定出本专业人才培养目标、人才培养方案和专业标准。

2）与企业共同开发专业课程和教学资源，共同完成专业核心课程标准的制定，合编产教融合课程教材以及配套的讲义和实习指导书。

3）完善本专业顶岗实习管理办法。校企合作制度可行、完善，文件规范，保障有力，学生的职业道德教育和职业精神培养得到加强；实现企业文化与校园文化对接。

4）教学团队在专业核心课程中实施教学做一体化教学模式。在不同阶段根据具体教学内容，实施不同的教学方式。第一阶段是一套完整的基础理论教学，采用课堂教学，以教师引导学生学习为主，即"教中学"方式；第二阶段是典型的项目，实施项目教学，是企业项目的再现，部分时间在课堂教学，部分时间在校内实训基地教学，即"学中做"方式；第三阶段是综合的课程项目教学，课程项目是真实的工作任务，即"做中学"方式。

（2）典型实践类教学课程

校企共同指导实践类课程。主要在企业或学校建立的"校中厂"开展课程教学，将企业文化、企业规章制度融入人才培养全过程，实施顶岗实习、专业见习等实践类课程，典型的"做中学"课程模式，全过程实现高技能人才的校企共育，企业积极融入课程，由有经验的企业导师负责课程教学、考核，教学团队保持沟通协作。

1）多元管理。成立实习领导小组、学生自我管理组织，企业人力资源部主管担任实习班主任，专业老师定期巡视，实现多元管理。

2）校企共建实习指导团队。校企成立由专业教师和企业工程师组成的实习指导老师团队，指导学生解决在实习中遇到的实际问题，同时为学生进行现场授课，实现集中学习与实践技能培养的有机结合。

3）校企共同考核实习成绩。教务系统开发学生顶岗实习管理平台，满足学生顶岗实习期间上传周志、实习报告、企业评价等内容，校内外指导教师在平台上批改周志，指导顶岗实习答辩。

4）购买实习保险。学校为全体学生购置实习责任险，同时实习单位为学生购买工伤意外险，建立风险防御体系，为学生顶岗实习安全保驾护航。

5）共建应急处理机制。校企共同建立实习应急处理机制，对学生因病请假、无故旷工、意外受伤、发生纠纷、食物中毒、外出活动安全事故等建立应急工作机制，维护校企的正常工学交互秩序，保障实习学生的安全。

6）学生参加企业的各种活动，如篮球赛、演讲比赛和优秀员工表彰活动等，让学生充分感受和了解到企业对人才的认同，将学生素质教育融入生活中，并提供创新创业合作平台。

3. 中职人才培养模式

对中职业教育（如微电子技术与器件制造专业），重点培养具有良好的职业道德和精益求精的工匠精神，以及基本的科学文化素养、扎实的义化基础知识、较强的就业创业和继续学习能力，掌握本专业知识和技术技能，面向电子设备制造行业的芯片制造、封装与测试技术领域，能够从事半导体器件和集成电路芯片一线生产、封装和测试等工作的高素质劳动者和技术技能人才。

5.3　不同产业链（DMP-Based）贯通人才培养方案

5.3.1　半导体设计产业

半导体设计产业作为集成电路产业链的第一环，对整个产业的发展具有带动作用。设计产业主要负责芯片的设计、研发、验证等。同时，其包含的 EDA 工具、工艺模型库、IP 开发等作为设计产业的支撑性内容现已越来越受到重视。在设计产业中，研发类岗位占比较高，人才培养和需求侧重于研究生、普通本科层次。

随着 5G、人工智能等新兴产业的发展，设计产业职位迅速涌现且增量大于现有人才供给，我国集成电路设计企业的快速发展对人才的需求量更大。在 2022年排名前十的紧缺岗位中，排名前五位的芯片设计岗位分别是模拟芯片设计、数字前端、数字验证、数字后端和模拟版图设计，这几个岗位也延续了 2021 年的紧缺程度。

集成电路设计相关竞赛，如全国研究生电子设计竞赛、全国大学生集成电路创新创业大赛、集成电路 EDA 设计精英挑战赛等，成为学生们初涉产业实践的第一步。华为、安谋科技、意法半导体、德州仪器等半导体企业的积极参与，也促进了集成电路教育链、人才链与产业链、创新链的有机衔接。

我国集成电路设计产业人才方面仍存在很多问题，包括人才吸引力不足，领军和高端人才缺乏，师资与实训条件不足，挖角现象严重，人才流动率过高，知识产权保护力度不够等。针对国内芯片设计产业人才现状的问题，需要加大产业人才专项政策激励与引导，利用集成电路一级学科建设优势推动产教融合，加大海外高端人才的吸引和保留，建立人才合作平台，规范人才流动机制，以赛代练加强校企配合，锻炼学生工程实践能力。

1. 半导体设计产业贯通人才培养定位与模式（包括框架图）

关于半导体设计产业的本科人才培养，其目标是，培养适应社会与经济发展需要，具有道德文化素质、社会责任感、创新竞赛和创业意识，掌握必备的数学、自然科学基础知识和相应专业知识，具备良好的学习能力、实践能力、专业能力和一定的创新创业能力，身心健康，可从事半导体集成电路领域中器件、芯片、系统和设备的研究、设计、开发、制造、应用、维护、管理等工作的高素质专门人才。学制均为 4 年制，授予电子信息工程、电子科学与技术、通信工程、微电子科学与工程、光电信息科学与技术、信息工程等专业工学或理学学士学位。

可通过辅修第二专业等模式培养复合型人才，通过本硕博贯通培养模式培养拔尖创新人才，通过中外合作模式，建立国际交流及联合培养机制，拓展人才培养的国际视野。

半导体设计产业贯通人才培养定位与模式对照，见表 5-1。

表 5-1 半导体设计产业贯通人才培养定位与模式对照表

学历类别	产业培养定位	培养模式	就业单位类型	就业方向	岗位能力要求
研究生	具有半导体集成电路芯片设计领域扎实的理论和知识，良好的模拟、数字、射频集成电路与MEMS等集成器件的设计、EDA工具使用与开发、系统应用等工程实践能力，能够在半导体集成电路设计领域解决行业复杂工程问题的高层次、引领性、高素质研发型工程人才	学术学位博士研究生4年制	科研院所、集成电路设计行业头部企业	模拟芯片设计、射频芯片设计、模拟/射频后端设计	掌握模拟与射频集成电路设计
		专业学位博士研究生4年制		数字前端设计、数字验证、FPGA验证设计、可测试性设计、数字后端设计、芯片架构师、算法工程师、协议工程师	掌握数字与系统芯片设计
		学术学位硕士研究生3年制		IP库单元设计、EDA软件开发、脚本开发、嵌入式软件开发	掌握集成器件模型、设计工具软件开发
		专业学位硕士研究生2.5年制		MEMS、分立器件、集成传感器	掌握MEMS、传感器设计

（续）

学历类别	产业培养定位	培养模式	就业单位类型	就业方向	岗位能力要求
普通本科	具有物理电子学、电子线路、计算机、信号处理、通信以及半导体、微电子器件、电磁场与电磁波、集成电路及集成系统等领域扎实的理论知识，良好的集成电路与系统设计开发的工程实践能力，能够在半导体集成电路设计领域解决行业复杂问题的厚基础、宽口径、高素质工程技术人才	4 年制	集成电路设计、集成系统应用企业	版图设计、芯片功能验证、信号完整性设计与测试、脚本开发	掌握电路设计、版图设计、测试
				算法工程师、数字前端设计、数字验证、FPGA 验证设计、可测试性设计、数字后端设计	掌握数字前端、数字后端、数字验证、架构、算法
				PCB 设计工程师、技术支持与服务、嵌入式软件开发、软件开发	掌握集成系统应用、嵌入式开发
职教本科	具备根据电路原理图完成相应的版图设计并完成 LVS 和 DRC，规划数字集成电路模块级验证方案、开发 UVM 等方法学的验证环境和验证脚本工具，撰写验证报告技能，根据集成电路的测试要求和设计测试方案制作 DUT 测试板以及利用专业测试机编写测试程序，芯片应用系统开发等方面工程应用能力与创新创业能力的应用型人才	4 年制	集成电路设计、集成生产制造型及应用型企业	集成电路逻辑和版图设计助理工程师、数字芯片验证工程师	掌握集成电路版图设计工具、数字集成电路模块级验证方法
				PCB 设计工程师、系统应用工程师	掌握芯片应用系统开发的流程与方法
高职	掌握集成电路专业基本知识和技术技能，面向半导体器件和集成电路设计、制造、封测岗位，能够从事集成电路版图设计、半导体芯片制造、封装、测试和应用开发等工作的高素质技术技能人才	3 年制	集成电路设计、集成生产制造型及应用型企业	集成电路版图设计员、PCB 设计员	掌握集成电路版图设计工具和 PCB 设计开发工具

2. 半导体设计产业人才培养方案［研究生、本科（普通本科、职教本科）、高职、中职］

半导体设计产业贯通人才培养方案对照，见表 5-2。

表 5-2　半导体设计产业贯通人才培养方案对照表

学历类别	相关专业	能力要求	课程板块	
			核心课程	实验/实训课程
研究生	集成电路科学与工程（1401）电子科学与技术（0809）信息与通信工程（0810）	素质能力	离散数学与最优决策、数值计算方法、形势与政策、职业发展与生涯规划、集成电路前沿、创新创业与学术科技	
		知识能力	现代半导体器件导论、现代半导体器件物理、新型微纳电子材料与器件、宽禁带半导体材料与器件、高等电磁理论、计算电磁学、天线理论与技术	模拟集成电路设计实验、SoC设计实验
		专业能力	集成电路设计与EDA、射频CMOS集成电路设计、集成电路的计算机辅助设计、大规模集成电路测试方法学概论、电源和功耗管理集成电路设计、数字通信系统集成电路设计、多物理场建模	集成电路设计实训、嵌入式系统实训
普通本科	电子信息工程（080701）集成电路设计与集成系统（080710T）微电子科学与工程（080704）电子科学与技术（080702）电子信息科学与技术（080714T）光电信息科学与工程（080705）信息工程（080706）	素质能力	高等数学、线性代数、概率论与数理统计、大学英语、工程伦理、集成电路学科导论、就业指导与职业发展、职业核心能力训练	工程认识实习
		知识能力	电路基础与分析、模拟电子线路、数字逻辑基础、信号与系统、集成电路概论、半导体物理、半导体器件原理、数字信号处理、计算机体系结构、集成电路高级硬件描述语言、电磁场与电磁波、通信电路与系统	电子线路实验、信号与系统实验
		专业能力	模拟集成电路设计原理、数字集成电路设计原理、数模混合集成电路设计、集成电路设计方法学、版图设计导论、微机电系统原理、处理器与系统设计、器件物理模型与仿真、存储器电路设计、集成电路设计自动化、人工智能芯片	集成电路设计实验、芯片测试原理与实践、嵌入式系统设计实验、集成电路版图设计与实践
职教本科	集成电路工程技术（310401）	素质能力	高等数学、工程数学、公共英语、大学物理、劳动教育、职业生涯规划、创业基础、集成电路导论	专业认知实训
		知识能力	电路分析与测试、模拟电子技术、数字电子技术、集成电路导论、半导体器件与物理、模拟集成电路基础、信号与系统、Linux基础	电路基础实训、电子技术基础实训、Linux技术实训

（续）

学历类别	相关专业	能力要求	课程板块	
			核心课程	实验 / 实训课程
职教本科	集成电路工程技术（310401）	专业能力	半导体器件工艺、数字集成电路设计、FPGA 应用设计、UVM 验证应用、模拟集成电路设计与仿真、集成电路版图设计、电子线路板设计及应用	数字集成电路验证实训、集成电路版图设计实训、芯片应用开发实训、电子线路板设计综合实训
高职	集成电路技术（510401）微电子技术（510402）	素质能力	高等数学、工程数学、公共英语、劳动教育、就业指导与职业发展、职业核心能力训练、电子信息导论	专业认知实训
		知识能力	电工与电路基础、电子技术与应用、编程基础及应用、单片机技术应用、网络技术基础、半导体器件基础	电工与电路综合实训、电子技术综合实训
		专业能力	半导体器件工艺、电子线路板设计与制作、集成电路版图设计、FPGA 应用设计、集成电路设计平台与仿真、微控制器技术与应用、硬件描述语言	集成电路版图设计实训、电子线路板设计综合实训

5.3.2　半导体制造产业

半导体制造产业主要指晶圆制造、晶圆加工（芯片制造），晶圆制造和芯片制造方向的专业有材料物理、机械设计制造及其自动化、光电信息科学与工程、材料科学与工程、集成电路设计与集成系统等。当然，芯片研发、晶圆加工制造离不开微电子等相关技术，也可以从微电子科学与工程、集成电路设计与集成系统、电子科学与技术、电子信息工程、电子信息科学与技术、电子封装技术、通信工程、光电信息科学与工程、计算机等专业方向入手。

该产业涉及复杂的工艺流程，生产制造类岗位占比较高，随着工艺水平和自动化程度的提升，制造业的研发岗位占比也在升高，对本科及以上的高层次人才需要增大。

然而，尽管年轻的半导体集成电路人才在不断涌现，从业人员增加，但很多半导体人才尤其是优秀人才在毕业后往往会选择集成电路芯片设计行业而并非芯片工艺研发、晶圆和芯片制造，导致从事芯片工艺研发、制造的人员数量和质量明显不足。其原因主要是集成电路芯片设计行业在很多人眼中是典型的"白领"，有良好的工作环境，而工艺研发和晶圆（芯片）制造行业则由于要求的工作环境必须是超净的，而且工作地点往往是在工厂或车间里，且劳动强度大，在很多人眼里是一份看似"蓝领"的工作。这使得从事工艺研发和制造的从业人员，多是来自相邻学科，如材料、化学、机械等，真正来自微电子专业的人员数量较少，从专业基础和构成来说，我国芯片工艺研发和制造人员的数量和水平存在一定不足。

首先，整个半导体行业和企业为主导提升芯片研发和制造环节人才的薪资待遇，从而减少与集成电路芯片设计行业待遇的差距。其次，应加强芯片制造企业与高校之间的合作，尤其是人才培养方面需要加强引流，保证更多高校中优秀的微电子专业人才能够落脚于芯片制造行业，真正做到产学研一体化融合。最后，应当动员社会各方力量加强对于芯片研发、制造行业就业的教育和动员，在增加青年人才从事芯片制造业的认知，并激发其热情和信心的同时，也要加强其他专业的贯通式半导体人才培养模式的研究和实践，扩大半导体人才的专业渠道和来源。

1. 半导体制造产业贯通人才培养定位与发展方向

半导体制造（晶圆制造和芯片制造）的产业贯通人才培养主要是从科班出身的角度来说属于培养微电子领域的专业人才。该专业的人才培养定位和目标一般是要求学生掌握半导体物理、微电子材料、微电子工艺、微电子器件的基础知识和集成电路的基本理论与设计方法，主要研究半导体、微电子器件与集成电路的工艺及器件设计、超大规模集成电路制造技术，具备器件特性分析、集成电路分析与设计、工艺实践等基本能力。培养的学生能够掌握微电子科学与工程领域的基本理论、基本原理，能够胜任本专业及相关领域科学研究、科技开发、创新创业、工程技术管理等工作，成为有较强的工程实践能力和跟踪掌握新理论、新知识、新技术能力的高级工程技术或科学研究人才，能够在半导体新材料、新工艺、新器件和集成电路制造等方面从事各类研发工作的高级工程技术人才。

半导体制造产业贯通人才培养定位与模式对照，见表 5-3。

表 5-3　半导体制造产业贯通人才培养定位与模式对照表

学历类别	产业培养定位	培养模式	就业单位类型	就业方向	岗位能力要求
研究生	具备集成电路制造工艺先导研发的能力，包括工艺的优化与整合，关键工艺的研发能力，为产业提供先进技术支持	学术学位博士研究生 4 年制 专业学位博士研究生 4 年制 学术学位硕士研究生 3 年制 专业学位硕士研究生 2.5 年制	集成电路制造工艺相关的企业	科研院所、集成电路设计、制造行业头部企业	1）具备完整工艺线流片经验 2）独立承担工艺开发的能力，能根据产品需求开发新工艺 3）能制定工艺整合方案，优化工艺流程

（续）

学历类别	产业培养定位	培养模式	就业单位类型	就业方向	岗位能力要求
普通本科	掌握集成电路先进制造工艺技术开发、工艺流程优化与整合、工艺设备的维护与改进	4 年制	集成电路制造工艺相关的企业	集成电路设计、制造及集成系统应用企业	1）能建立和完善工艺流程、生产流程、操作指导书的编制，并对新工艺的试产进行测试、优化和可靠性调试 2）能建立和维护基于工艺平台的 PDK 3）能针对制造工艺过程的问题，提出解决方案并实施
应用本科	掌握集成电路制造工艺流程和技术，了解前沿工艺技术，工艺设备的操作和维护	4 年制	集成电路制造工艺相关的企业	集成电路设计、集成生产制造型及应用型企业	1）能完成工艺设备的日常维护保养，排除简单的设备故障 2）能完成简单工艺研发、调试优化、工艺管控及生产维护 3）能完成工艺和设计方案优化，提高产品性能及良率
职教本科	具备根据电路原理图完成相应的版图设计并完成 LVS 和 DRC，规划数字集成电路模块级验证方案、开发 UVM 等方法学的验证环境和验证脚本工具，撰写验证报告技能，根据集成电路的测试要求和设计测试方案制作 DUT 测试板以及利用专业测试机编写测试程序，芯片应用系统开发等方面工程应用能力与创新创业能力的应用型人才	4 年制	集成电路设计、集成生产制造型及应用型企业	制程工程师 / 工艺工程师、测试工程师 / 质量工程师、产品工程师 / 良率提升工程师	掌握集成电路扩散、薄膜、光刻、刻蚀等工艺制程设计及相关产品质量检测技术
				设备工程师、半导体生产工艺操作员、半导体制造设备维护员	掌握生产设备操作及维护技术技能

（续）

学历类别	产业培养定位	培养模式	就业单位类型	就业方向	岗位能力要求
高职	掌握集成电路专业基本知识和技术技能，面向半导体器件和集成电路设计、制造、封测岗位，能够从事集成电路版图设计、半导体芯片制造、封装、测试和应用开发等工作的高素质技术技能人才	3年制	集成电路设计、集成生产制造型及应用型企业	测试工程师/质量工程师、产品工程/良率提升工程师	掌握集成电路扩散、薄膜、光刻、刻蚀等工艺及相关产品质量检测技术
				设备维护员、半导体生产工艺操作员、半导体制造设备维护员	掌握生产设备操作及维护技术技能

2. 半导体制造产业人才培养方案［研究生、本科（普通本科、职教本科）、高职、中职］

培养半导体制造产业人才，应面向的通用目标是使学生具备分析问题、解决实际问题的能力，培养学生具有质量意识、成本意识、安全意识、创新意识、职业道德观念及团队协作、沟通交流的品质，使学生具备从事微电子产业工艺制造的基本素养，并在此基础上达到以下职业能力培养目标。

1）知识目标：能掌握各单项工艺原理；能掌握各单项工艺设备的结构和工作原理；能理解各单项工艺的作业。

2）职业能力目标：能理解集成电路制造工艺流程与规范，按照客户要求制造芯片；能掌握机台工作原理，使用仿真软件完成基本操作；能使用各种仪器设备量测工艺参数，并通过工艺参数判断工艺是否正常。

3）职业素养目标：质量意识；成本意识；安全意识；团队协作意识；创新开拓能力。

同时，在校内教学中，注重以下7个指标点的"立德树人"培养，分别是，遵纪守法：遵守校纪校规，具备法律意识；诚实守信：为人诚实，信守承诺，尽职尽责；爱岗敬业：了解与专业相关的法律法规，充分认识本专业就业岗位在社会经济中的作用和地位，在学习和社会实践中遵守职业规范，具备职业道德操守；爱党爱国：了解祖国的优秀传统文化和历史，构建爱党爱国的理想信念；助人为乐：富于爱心，懂得感恩，具备助人为乐的品质；奉献社会：具有服务企业、服务社会的意愿和行为能力；爱护环境：具有爱护环境的意识和与自然和谐相处的环保理念。

注意，以上指标点仅作为参考个案，具体制定工作由各培养单位根据生源具体情况进行开发、实施。

半导体制造产业贯通人才培养方案对照，见表5-4。

表 5-4　半导体制造产业贯通人才培养方案对照表

学历类别	相关专业	能力要求	课程板块	
			核心课程	实验/实训课程
研究生	电子科学与技术一级学科—微电子学与固体电子学二级学科（博士、学术硕士） 集成电路科学与工程一级学科（博士） 集成电路工程(工程硕士)	素质能力	线性代数、离散数学与最优决策、数值计算方法、形势与政策、集成电路前沿、创新创业与学术科技	专业学位：根据集成电路工程领域的实践特点、毕业论文实际需要，专业实践的时间、地点、方式因人而异 学术学位：一般由科研训练与实践两部分组成。①科研训练环节要求学术学位研究生参与前沿性、探索性科研工作，以高水平系统的科学研究支撑学术学位研究生训练。科研训练的形式可以是参与导师课题、导师指导下的独立研究、承担或参与科研基金项目等。②劳动实践旨在培养学术学位研究生利用所学知识服务社会的能力，形式包括教学实践、社会实践、社会调查、科技开发和服务等
		知识能力	半导体器件物理、集成电路制造工艺、学科前沿等	
		专业能力	根据各学科、研究方向不同，各细分领域的核心课程不同 例如，学科通开课程：固体电子器件Ⅱ（现代半导体器件物理）、微电子制造工艺Ⅱ（半导体工程学） 学科方向：数字集成电路设计Ⅱ、半导体器件的数值分析与模拟、半导体光电子学Ⅱ（现代光电子器件）、有机电子学、量子基础Ⅳ（磁性量子理论） 研究方向：微纳光子学、微电子科学与工程概论、自旋电子学、材料微波测试原理与技术等	
普通本科	微电子学 微电子科学与工程（芯片制造、电子封装） 电子信息工程（080701） 微电子科学与工程（080704） 电子科学与技术（080702） 电子信息科学与技术（080714T） 光电信息科学与工程（080705） 信息工程（080706）	素质能力	高等数学、线性代数、概率论与数理统计、大学物理、工程伦理、集成电路学科导论、形势与政策、职业生涯规划、集成电路应用、创新创业与学术科技	工程认识实习、数字/模拟电路配套实验、基础物理（电学）实验
		知识能力	半导体物理、集成电路原理、机械设计基础、工程力学、分析化学、材料科学基础、材料物理与力学性能	制造技术基础训练
		专业能力	半导体工艺原理与技术、集成电路版图技术、电子器件、电子封装材料、电子封装工艺	集成电路工艺实验、集成电路测试实践、电子封装实训

（续）

学历类别	相关专业	能力要求	课程板块	
			核心课程	实验/实训课程
职教本科	集成电路工程技术（310401）	素质能力	高等数学、工程数学、公共英语、大学物理、劳动教育、职业生涯规划、创业基础、集成电路导论	专业认知实训
		知识能力	电路分析与测试、模拟电子技术、数字电子技术、集成电路导论、半导体器件与物理、模拟集成电路基础、信号与系统、Linux基础	电路基础实训、电子技术基础实训、Linux技术实训
		专业能力	集成电路制造技术、集成电路工艺制程技术、现代电子装联技术、电子线路板设计及应用、产品营销与技术服务、数字产业化企业管理实务	集成电路制造技术实训、现代电子装联技术实训
高职	集成电路技术（510401）微电子技术（510402）	素质能力	高等数学、工程数学、公共英语、劳动教育、就业指导与职业发展、职业核心能力训练、电子信息导论	专业认知实训
		知识能力	电工与电路基础、电子技术与应用、编程基础及应用、单片机技术应用、网络技术基础、半导体器件基础	电工与电路综合实训、电子技术综合实训
		专业能力	半导体器件工艺、集成电路制造技术、现代电子装联技术、电子线路板设计及应用、产品营销与技术服务	集成电路制造技术实训、现代电子装联技术实训

5.3.3 半导体封测产业

封测产业作为产业链的后端，相对属于人力密集型，生产运营岗位占比最高，研发相比设计、制造的比例要低。芯片制造技术的高精密化已经成为摩尔定律持续发展的关键，但随着摩尔定律发展到瓶颈阶段，在半导体产业链中，技术创新和迭代的推动力正在从设计、制造向封装测试延伸。超越摩尔（More than Moore）的发展要求集成度的提高不一定要靠把更多模块放到同一块芯片上，而是可以靠先进的封装技术来实现，包括3D封装、Chiplet（芯粒）等，在这一方面对于高层次人才的需求也在加强。

但目前国内先进封装工艺所对应的高端封装测试设备和材料均为进口。随着地缘政治对国内半导体产业环境负面影响的加剧，国内产业链各环节之间互相支持，验证并使用国产设备和材料，以克服外围不利因素，都不会是短期内能够跨越的障碍。

因此，全面的半导体人才包括封测人才的供给面临紧缺，尤其是高端人才。而我国封测行业人才的引进、培养和留用还任重道远。需要政府、学校和企业从人才的选育用留方面和从制度到政策给予全方位的支持，同时封测人才的贯通培养也日益成为紧迫事项。

1. 半导体封测产业贯通人才培养定位与模式（框架图）

封装产业链在我国集成电路产业中一直保持着稳定增长势头。特别是近几年来，我国集成电路封装行业在我国产业升级的大背景下符合国家战略发展方向，有完善的政策资金支持，国内封装测试企业快速成长；同时，国外半导体公司向国内转移封装测试业务，我国的半导体集成电路封装行业蓬勃发展。长电科技、华天科技、通富微电等企业已经是目前国内乃至世界半导体集成电路封测行业的头部企业。

但集成电路封测处于集成电路产业链的下游，包括集成电路封装和测试两个环节，其中集成电路测试环节主要是使用塑封材料保护集成电路外部免受损伤，而测试环节贯穿了整个集成电路产业链，是提高集成电路良率的关键工序。

规模化培养集成电路封装测试产业人才，注重针对晶圆封装、系统封装以及MEMS封装等技术的人才培养，而在检测环节，开始由肉眼向 AOI 视觉检测技术发展的背景下，在制造和封测领域的教学中，人才培养模式以"两条腿走路"的方案，运用多种形式，如 VR 技术、全真虚拟仿真系统、测试实训平台等注重封装测试人才的全面教学。

半导体封测产业贯通人才培养定位与模式对照，见表 5-5。

表 5-5　半导体封测产业贯通人才培养定位与模式对照表

学历类别	产业培养定位	培养模式	就业单位类型	就业方向	岗位能力要求
研究生	具有半导体集成电路封装测试领域扎实的理论和知识，良好的模拟、数字、射频集成电路与 MEMS 等集成器件的设计、EDA 工具使用与开发、系统应用等工程实践能力，能够在半导体封测领域解决行业复杂工程问题的高层次、引领性、高素质研发型工程人才	学术学位博士研究生 4 年制 专业学位博士研究生 4 年制 学术学位硕士研究生 3 年制 专业学位硕士研究生 2.5 年制	科研院所、集成电路封测企业	芯片测试工程师、ATE 工程师、SI/PI 分析师、封装研发工程师、射频集成电路封装设计师、封装工艺工程师、封装基板设计工程师	熟练使用封装和 PI/SI 领域的各种 EDA 仿真工具 熟悉封装结构，熟悉对 D/2.5D/3D 封装的建模 熟悉 LGA、FCLGA、BGA、塑封、陶瓷封装
				封装研发技术工程师	高端半导体 BGA 产品的基板设计经验，实际操作 APD 的能力，精通各种高频器件的基板走线要求和实现方式

半导体产业人才发展指南

（续）

学历类别	产业培养定位	培养模式	就业单位类型	就业方向	岗位能力要求
普通本科	具有物理电子学、电子线路、计算机、信号处理、通信以及半导体、微电子器件、电磁场与电磁波、集成电路及集成系统等领域扎实的理论知识，良好的集成电路与系统设计开发的工程实践能力，能够在半导体集成电路封测领域解决行业复杂问题的厚基础、宽口径、高素质工程技术人才	4年制		封装产品工程师	半导体分立器件开发、流片、封装相关经验
				COB工程师	熟悉APQP产品开发流程
				封装工艺整合工程师	熟悉CSP后段封装工艺，有CP/KGD测试经验
职教本科	具备根据电路原理图完成相应的版图设计并完成LVS和DRC，规划数字集成电路模块级验证方案、开发UVM等方法学的验证环境和验证脚本工具，撰写验证报告技能，根据集成电路的测试要求和设计测试方案制作DUT测试板以及利用专业测试机编写测试程序，芯片应用系统开发等方面工程应用能力与创新创业能力的应用型人才	4年制	半导体器件与集成电路芯片开发、制造、封测行业研究机构、独立设计公司、头部企业 集成电路封装与测试企业、集成生产制造型及应用型企业	封装设计工程师、封装仿真工程师	具备封装协同设计，封装方案设计和封装仿真的能力；掌握封装工艺流程、设备维护与使用的技术技能
				半导体器件与集成电路等技术领域，能够从事产品及系统开发设计，系统调试、测试与质检，工艺与工业管理，器件制造及技术支持，项目管理及咨询工作 集成电路封装工艺开发、集成电路晶圆/成品测试等岗位群 测试工艺工程师、测试开发工程师	掌握集成电路测试方法，具备测试方案的设计、常见测试负载板、探针卡的设计和测试程序编写能力；掌握产品的调试和优化，掌握测试和分选的常见异常、低良率的分析及处理、改善方法；掌握测试和分选设备操作、设备工艺能力监控和维护技术技能

206

（续）

学历类别	产业培养定位	培养模式	就业单位类型	就业方向	岗位能力要求
高职	掌握集成电路专业的基本知识和技术技能，面向半导体器件和集成电路设计、制造、封测岗位，能够从事集成电路版图设计、半导体芯片制造、封装、测试和应用开发等工作的高素质技术技能人才	3 年制	集成电路制造、封测行业头部企业 集成电路封装与测试企业、集成生产制造型及应用型企业	集成电路封装工艺技术员、封装设备操作员、封装设备维护员	具备封装工艺操作的能力；掌握封装工艺流程、设备维护与使用的技术技能
				集成电路封装与测试技术员、集成电路系统验证员、集成电路品质管理员	掌握集成电路测试方法，具备常见测试负载板、探针卡的选项和测试能力；掌握产品的调试和优化；具备测试和分选的常见异常、低良率的分析及处理、改善方法；掌握测试和分选设备操作、设备工艺能力监控和维护技术技能

2.半导体封测产业人才培养方案［研究生、本科（普通本科、职教本科）、高职、中职］

本专业培养德智体美劳全面发展，掌握扎实的科学文化基础和集成电路设计、制造、封装、测试等知识，具备集成电路设计、工艺开发、芯片测试应用等能力，具有工匠精神和职业素养，能够从事集成电路设计、制造工艺整合、封装工艺开发、集成电路测试等工作的高层次人才和工程应用型等类型人才。

结合封装测试产业链特点和发展特征，着眼于满足半导体集成电路制造和封装测试的发展需求，培养基础好、口径宽、重实践、讲实效和具备国际化思维的封装测试产业的专业技术人才。

半导体封测产业贯通人才培养方案对照，见表 5-6。

表 5-6　半导体封测产业贯通人才培养方案对照表

学历类别	相关专业	能力要求	课程板块	
			核心课程	实验 / 实训课程
研究生	集成电路科学与工程（1401）电子科学与技术（0809）信息与通信工程（0810）	素质能力	离散数学与最优决策、数值计算方法、集成电路前沿研讨	

（续）

学历类别	相关专业	能力要求	课程板块	
			核心课程	实验 / 实训课程
研究生	集成电路科学与工程（1401）电子科学与技术（0809）信息与通信工程（0810）	知识能力	现代半导体器件导论、现代半导体器件物理、新型微纳电子材料与器件、宽禁带半导体材料与器件、高等电磁理论、计算电磁学、天线理论与技术	
		专业能力	电力电子器件基础、微电子电路设计、片上系统（SoC）技术、电磁性能分析与设计、封装材料与封装结构、封装的可靠性理论与工程、集成微电子器件、CMOS模拟集成电路	微电子电路设计实践、电磁性能分析与设计实践、封装的可靠性设计与仿真实践
普通本科	电子信息工程（080701）集成电路设计与集成系统（080710T）微电子科学与工程（080704）电子科学与技术（080702）电子信息科学与技术（080714T）光电信息科学与工程（080705）信息工程（080706）	素质能力	高等数学、线性代数、概率论与数理统计、大学英语、工程伦理、集成电路学科导论	工程认识实习
		知识能力	电路基础与分析、模拟电子线路、数字逻辑基础、信号与系统、集成电路概论、半导体物理、半导体器件原理、数字信号处理、计算机体系结构、集成电路高级硬件描述语言、电磁场与电磁波、通信电路与系统、集成电路工艺	电子线路实验、信号与系统实验
		专业能力	集成电路测试与封装、集成电路可靠性技术、集成电路可测性设计、微电子测试技术、电子封装结构设计、嵌入式技术及机电控制、光电检测、电子封装设备、电子封装材料与工艺、电子封装测试与可靠性、微机电及其封装技术	EDA实验、集成电路原理实验、集成电路工艺实验、VLSI/SoC设计综合实验
职教本科	集成电路工程技术（310401）	素质能力	高等数学、工程数学、公共英语、大学物理、劳动教育、职业生涯规划、创业基础、集成电路导论	专业认知实训
		知识能力	电路分析与测试、模拟电子技术、数字电子技术、集成电路导论、半导体器件与物理、模拟集成电路基础、信号与系统、Linux基础	电路基础实训、电子技术基础实训、Linux技术实训
		专业能力	集成电路制造技术、半导体器件工艺、集成电路测试及验证、先进封装技术、集成电路测试技术、ATE测试应用	芯片生产和封测试实训、集成电路测试及验证实训
高职	集成电路技术（510401）微电子技术（510402）	素质能力	高等数学、工程数学、公共英语、劳动教育、就业指导与职业发展、职业核心能力训练、电子信息导论	专业认知实训

（续）

学历类别	相关专业	能力要求	课程板块	
			核心课程	实验 / 实训课程
高职	集成电路技术（510401）微电子技术（510402）	知识能力	电工与电路基础、电子技术与应用、编程基础及应用、单片机技术应用、网络技术基础、半导体器件基础	电工与电路综合实训、电子技术综合实训
		专业能力	集成电路制造技术、半导体器件工艺、集成电路封装技术、集成电路测试技术	集成电路封装与测试实训

5.4 半导体集成电路相关师资培养

半导体产业的发展需要有一批优秀人才的有力支撑。发展半导体产业关键之一是有一批高素质的教师队伍。集成电路师资队伍建设是半导体产业发展的先导性、基础性、战略性工程。

5.4.1 师资培养的总体思路

要建立高等学校、行业企业联合培养双师型教师的机制。

1）通过分析当今国内外半导体产业发展格局、发展趋势，以及我国高等教育发展战略要求和从事半导体产业人才培养的高校教师的职责能力素质要求等，有的放矢地设定培训对象和设计培训目标。

2）依据培训对象、培训目标和期望达到的学习结果，将培训内容分层为素质培训、能力培训和技术培训。

3）根据培训目标和内容层次，统筹国内半导体教育专家和高层次技术专家，确定培训专家团队。

4）为了确保培训方案的成功实施，还应该制定相应的保障措施，包括组织保障、制度保障、经费保障，以及激励保障。通过建立专职的内部机构负责设计实施、评估和培训的正常运行等组织保障。通过建立和完善明确的培训管理规章实现制度保障，使培训工作的开展有章可循。为培训提供相应的预算资金负责经费保障。把能力提升与个人收益和发展合理地挂钩，形成动态联动，提升培训效果。

5）对照培训目标进行效果评估。

5.4.2 师资条件的基本要求

1）学生数与本专业专任教师数比例不高于 25 : 1，双师素质教师占专业教师比例不低于 60%，专任教师队伍要考虑职称、年龄，形成合理的梯队结构。

2）专任教师要求具有高校教师资格；具有高尚的师德，爱岗敬业，遵纪守法；具有微电子技术相关专业本科及以上学历，具有扎实的微电子工艺、集成电路设计和应用开发相关的理论功底和实践能力；具有信息化教学能力，能够开展课程教学改革和科学研究；每5年累计不少于6个月的企业实践经历。专业带头人原则上应具有副高及以上职称，能够较好地把握国内外行业、专业发展，能主动对接行业企业，了解行业企业对微电子人才的实际需求，牵头组织开展教学科研工作能力强，在本区域或本专业领域有一定的影响力。

3）兼职教师主要从微电子相关企业聘任，具备良好的思想政治素质、职业道德和工匠精神，具有扎实的微电子专业知识和丰富的实际工作经验，具有微电子工艺工程师、集成电路设计和应用开发工程师及以上职称，能承担课程与实训教学、实习指导等专业教学任务。

5.4.3 师资培训培养方案设计

要通过培训学习提高教师的半导体相关专业教学能力、半导体科技的学习能力、人才培养的抓落实能力，突出问题导向，加强专业训练、实践锻炼、思想淬炼，不断提高解决实际问题的能力和创新发展的能力。

按照当前以及近5年来集成电路产业对人才的需求，建议本科院校和高职院校进行开设，集成电路本科专业重点培养的是同时具有一定研究能力和职业能力的人才；集成电路高职专业重点培养的是高级技能人才。因此，下面从本科高校师资培养和高职院校师资培养两方面尝试设计培养方案，重要的就是提出素质能力要求目标和技术要求目标。

1.本科高校师资培养方案

本科高校师资培养方案部分内容见表5-7。

表 5-7 本科高校师资培养方案部分内容

素质能力要求	技术要求
1）高校集成电路专业群教学计划管理、教学运行管理、教学质量管理、教学质量评价	1）对各类功能电路和基本单元电路的原理和设计技术达到融会贯通的程度
2）新时期，保持对集成电路行业发展趋势的敏锐洞察力，具有很强的科研能力和学习能力	2）掌握 VHDL 或 Verilog HDL 等硬件描述语言及相应的分析和综合工具
3）新时期，集成电路专业群的教学模式、教学理念、教学方法上的创新能力	3）掌握 SPICE 或类似的电路分析工具；版图设计工具
4）新时期，除具备吃苦耐劳、严谨细致、一丝不苟的工作作风外，还要有奉献精神和高度的责任感，要树立为国家服务的意识	4）对于从事集成电路设计相关专业教学的老师，需要掌握集成电路设计所用元器件的特性和物理数学模型
5）除具有良好的心态和稳定的情绪外，还要加强与兄弟单位人员的配合协作，正确处理好与师生各方面的关系，保持一个良好的人际氛围，促进提升人才培养工作的效率	5）对于从事集成电路工艺和制造相关专业教学的老师，要熟悉制造工艺的基本原理和过程，熟悉集成电路材料学。具有全面地利用，甚至充分地挖掘出工艺的潜力，可在现有工艺的基础上，成功地创造出功能最强和性能最佳的集成电路

2.高职院校师资培养方案

高职院校师资培养方案部分内容见表 5-8。

表 5-8 高职院校师资培养方案部分内容

素质能力要求	技术要求
1）集成电路专业群教学计划管理、教学运行管理、教学质量管理、教学质量评价 2）新时期，集成电路专业群的教学模式、教学理念、教学方法上的创新能力 3）新时期，除具备吃苦耐劳、严谨细致、一丝不苟的工作作风外，还要有奉献精神和高度的责任感，要树立为国家服务的意识 4）除具有良好的心态和稳定的情绪外，还要加强与兄弟单位人员的配合协作，正确处理好与师生各方面的关系，保持一个良好的人际氛围，促进提升人才培养工作的效率	1）熟悉各类功能电路和基本单元电路的原理和设计技术 2）掌握 VHDL 或 Verilog HDL 等硬件描述语言及相应的分析和综合工具 3）掌握 SPICE 或类似的电路分析工具；版图设计工具 4）对于从事集成电路设计相关专业教学的老师，要熟悉集成电路设计所用元器件的特性和物理数学模型 5）对于从事集成电路工艺和制造相关专业教学的老师，要熟悉制造工艺的基本原理和过程，熟悉集成电路材料学

5.4.4 企业内训师资队伍建设及人才培养课程开发

半导体企业内训师作为推动企业培训体系落地、高效率推动企业内部人才培养、传承组织文化与理念的载体，受到越来越多的关注。如何通过强化企业内训师队伍建设、提升企业内训师队伍水平也将直接影响企业人才培训规划的应用效果。

我们建议企业内训师队伍建设应主要聚焦在明确内训师角色定位、进行内训师选拔和认证、做好课程需求开发、推进内训师培养、做好内训师的激励以及动态管理等方面。

另外，课程体系作为培训体系的基石，是制度体系、讲师体系、课程体系和硬件设施等企业培训和人才培养体系的重中之重。培训课程开发的过程也是对公司经验和知识的总结过程，课程凝聚了优秀员工的工作经验和知识沉淀，是企业的宝贵资源。开发的课程通过培训的形式又传递给在职和新入职员工，经过良性循环，员工技能素养不仅能得到提升，企业的优秀基因也会得以传承。

培训课程开发与设计的方法可以采用 PIEM 培训开发模型。PIEM 是指一套有系统地发展教学的方法。主要包含了：为什么学（要达成的目的和效果），要学什么（学习内容的制定），如何学（学习方法和策略的运用），学得怎么样（学习评估的实施），如何学得更好（评估后的改进，包括标准化）。

Plan（计划）：强调的是对产业和企业现状的把握和发现课题的意识、能力，发现课题是解决课题的第一步，是分析课题的条件。其中包括①对教学所要达到的行为目标、任务、受众、环境、绩效目标等进行一系列的分析；②对将要进行的教学活动进行课程设计；③对已经设计好的框架、评估手段等进行相应的课程内容撰写、页面设计、测试等。

Implement（实施）：对已经开发的课程进行教学实施，同时进行实施支持。

Evaluation（评估）：对已经完成的教学课程及受众学习效果进行评估。

Modify（改善）：根据课程实施的结果和效果评估，从进行培训需求分析开始直至授课完善并进行再设计、再开发，不断优化改善，从而达到课程开发与设计形成一个动态和循环改进的过程。

对半导体企业的人力资源从业者来说，这是一个有效控制管理过程和工作质量的工具。采用 PIEM 方法可以使人才培养管理向良性循环的方向发展，通过实施并熟练运用，人力资源管理者一定能在工作中不断提高效率，更加有效地驾驭工作。

半导体产业人才不管是外部引进还是内部培养，良性发展的企业一定会根据产业发展规律和趋势要求，向员工提出更高的知识与技能要求，向管理团队提出更高效的管理及经营能力要求。因此，一定要形成一套完整的技术人才培养体系，拥有一套完整的课程设计与开发体系，锻造一支高素质的企业内训师队伍，推动企业人才发展的"供需模式"升级。

第6章　半导体产业从业人员技能提升培训体系与知识更新工程

半导体产业是国民经济的重要支撑产业，知识更新是保持产业动力与活力的必要工程，打造岗位从业人员技能提升和知识更新体系，建立适合半导体企业员工的岗位技能提升模型，有助于为半导体企业打造学习型团队奠定良好的基础。

在知识体系更新的过程中，事实上没有基础与高级的区别，在实际工作岗位上要不断地刷新整个知识体系，才能适应产业、企业、个人自我发展的需要。全面的岗位技能提升和知识更新，对加强半导体企业的核心竞争力，进一步保证和促进企业稳定运行和发展有极强的现实意义。

本章对半导体产业从业人员技术技能提升以及知识更新的目标意义、体系框架模型、方案路径、未来策略进行介绍和探讨。

6.1　半导体产业从业人员技能提升培训的目标与内涵

6.1.1　半导体产业从业人员技能背景与现状分析

我国半导体产业链渐趋完善，产业生态体系逐步成形。目前我国虽然是最大的世界半导体市场，但芯片自给率仍较低，且产业呈现市场成长快、技术对外依存度高的现象。而半导体行业技术人员、经营管理人员都是行业中优先的核心群体分类之一，成熟的半导体企业会针对不同层级的培养给予不同的投入，如按照技术职业发展路径打造不同的发展计划，而不同的层级在上升到更高的层级时，所要求的知识、技能和视野都需要提升和更新。

因此，半导体产业从业人员技术技能的知识更新以及相关培训体系的建立，是适应半导体产业和企业自身发展的必要过程。

本节将从半导体产业从业人员的人才结构现状、人才培养现状、技能提升培训与知识更新工程现状等三个方面对半导体产业从业人员技能提升和知识更新的现状进行分析。

1. 半导体产业从业人员人才结构现状

半导体集成电路是知识密集型产业，对从业人员的学历和专业要求较高，通常要求从业人员具备一定的学习能力和知识结构。

从人才需求的角度来看，国内芯片行业人才普遍存在缺口，主要涉及设计人才、研发人才、企业管理人才、各制造工序的高技能制造人才等，还包括操作技能类人才、封装技能类人才、设备维护技能类人才等。

除此之外，半导体产业还需要各类管理人才、运营人才和具备专业能力及全球视野的高级领军人才，包括先进的半导体装备制造、新型半导体材料的研究等方面的人才，都是制约我国半导体集成电路产业发展的主要因素之一。

参考国内某知名芯片制造公司 2022 年发布的报告显示，该企业在 2021 年校园招聘中，主要招聘了图 6-1 所示的这些专业，我们可以清晰地了解芯片制造企业对各种专业的需求。

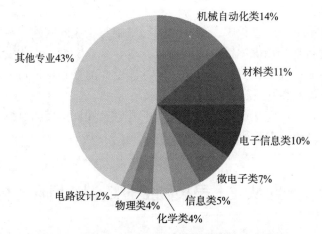

图 6-1　某知名企业 2021 年校园招聘各专业占比

为了更好地了解行业对专业的需求情况，通过对几家国内比较知名的招聘网站的行业人才毕业院校和专业背景的相关数据进行分析（见图 6-2），从中可以发现：

1）电子科技类大学的毕业生在半导体行业占比最多。

2）目前隶属于电子科学与技术的集成电路一级学科，还未达成规模，无法满足日益发展的半导体产业的人才需求。

3）半导体产业从业人员的专业背景大多来自于电子信息工程、机械设计制造及其自动化等专业。

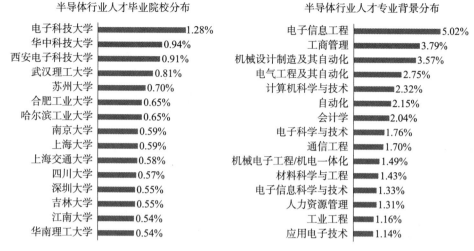

图 6-2　半导体行业人才毕业院校分布和专业背景分布

　　从人才的质量上来看，上面提到的缺口不仅是指规模上的缺口，而且是指符合企业发展要求的高质量人才缺口。相对于欧美等半导体产业发达国家和地区，我国半导体集成电路人才的培养和沉淀相对滞后。由于没有高质量人才输出，企业为了满足自身发展而对人才规模上的需求，通常会降低对人才的工作年限、专业背景、实际能力等的要求。但是，这只是半导体产业人才供给的过渡时期，随着国家和社会对该行业人才储备的日益重视，各类机构包括研究所、大学以及职业院校都开始初步建立集成电路专业，相信经过未来 5～10 年的发展，可以极大地满足或者缓解半导体产业发展对人才特别是技术人才的需求。

　　从上述分析来看，半导体产业人员规模和质量缺口的主要原因如下：

　　（1）技能提升和知识更新模式单一

　　半导体行业对工程化要求很强，其特点决定了需要大量工程人才。但半导体产业涉及的教学工具和实验设备昂贵，技术更新很快，以及有产业和技术经验的师资缺乏等因素，导致大部分高校毕业生在学校所学的专业知识主要是基础理论，缺乏企业所需的专业技能。因此，高校毕业生的专业技能与企业的实际需求有一定的差距。

　　以上原因导致大多数的学生在学历教育完成后，不论是本科、硕士还是博士，往往不能直接跟上企业运营的节奏，为企业所用，还需要经过企业 1～2 年的专业技能培训和实践，才能为企业实现真正的价值。更加严重的是，在半导体行业，企业人才的流动性非常大。当企业终于培养出符合自身技术需求的专业人才时，就会面临流失的情况，这又极大地打击了企业对人才培养的投入和积极性。如果因此而形成行业常态，就会极大影响半导体行业的健康发展，最终也不利于专业人才的职业发展。

（2）知识结构的复合性要求高

半导体行业主要有设计、制造、封测、应用等环节，全产业链岗位需要电子、通信、物理、化学、材料、机电等各类相关专业的毕业生。例如，工艺工程师需要化学与材料等专业的人才；设备工程师需要机械、机电、自动化专业的人才。目前国内很多高校都开设了相关专业，专业能力突出的优秀毕业生也很多，但全面了解半导体集成电路上下游产业链，既有丰富的知识储备，又有基础技能，还愿意进入企业制造工厂的复合型基础工程师却很少。因此，单一的人才供应和内部培养模式，也是人才供应无法满足市场需求的重要因素之一。

（3）培养规模及周期等其他方面

一方面，每年我国集成电路专业领域的高校毕业生仅有不足4万人进入本行业就业，单纯依托高校培养人才不能满足产业规模的扩张（每年20%增长的人才需求）。

另一方面，半导体领域与其他领域不一样，人才培养的周期较长。目前，在国内行业有7年以上工作经验的高级工程师非常少，行业、技术领军人物更是十分稀缺。当然，这个现象不仅只是在我国，在美国、欧洲等世界其他国家和地区情况也一样。因此，近几年，全球芯片高级人才资源的争夺，已经日趋激烈。

2. 半导体产业从业人员人才培养现状

从师资队伍来看，目前我国高等院校掌握国际前沿理论和技术、具备实战能力的师资较为缺乏，而在校企推动"双导师制"过程中，企业师资也可能因工作强度较大、要时刻跟进机台及工艺进程等原因，在学生培养中发挥的作用有限。学校的论文发表数等考核指标也使得人才培养存在产教脱节问题。

从实训基地来看，我国院校培养人才的实训环境缺乏，并且相关的培训师资也十分稀缺。半导体产业所涉及的教学工具和实践设备昂贵，院校相关软/硬件设备落后且数量不足，校企合作难以开展，企业能够提供用于教学的设备较少等现状，导致学生实操训练机会有限，特别是很多学生在校期间根本就无法接触集成电路流片等实操工艺，很难满足企业对集成电路人才技能的实际要求。

从企业的角度来看，由于进入半导体行业的人才总量不足，且行业发展较快，造成企业招人困难、培养投入费时费力、人员流动频繁的现状，且企业心态焦躁，直接进行了"抢人""挖人"，代替了企业人才培养。但同时也有迹象表明，越来越多的半导体企业，特别是头部企业开始注重从源头"抢人"的同时，也愿意自主培养人才。

尽管如此，但是企业并非是专业的技能培训机构，因此也存在着如培训力度和准确度不够、培养手段单一化、人才技能提升和培训体系滞后、未能建立适应半导体行业和企业特点的有效培训模式等问题。

比如，培训手段和模式上，由于生产一线劳动用工配置紧张，工学矛盾突出，加之培训成本高，企业中的相关部门尤其是业务主管部门不愿意花钱、花时间对相关员工进行培训，导致技能人才不能及时提高技术和工作能力。

现场培训的手段较弱，技术更新速度快、半导体设备昂贵且产能占用、不能符合培训要求也是不适应因素之一。企业及职业领域内的晋级培养过程中进行跨专业培养，提高进阶技能水平，让有志向的技能人才对知识和技能培训有求必应，与高级培养进行对接，带动基础培养和技能水平提升的力度，组织更多更有效的实操和模拟的培训项目，这些在实际中都存在一定的困难。

企业没能建立有效的培训模式，这主要体现在：培训内容和师资有限，外聘师资费用较高，往往只是对急需岗位展开培训，对专业性强的技能培训未给予重视，培训内容无法跟上半导体产业发展的步伐，培训的内容缺乏针对性，且多是浅层老化的内容，深层先进的内容比较少，而且多重视理论知识的学习，缺少实操训练。

3. 半导体产业从业人员技能提升培训与知识更新工程现状

对于半导体企业来说，在从高校及其他渠道获取人才后，加强对人才的培养，尤其是技术培训、知识更新以及职业素养等全方位的培训，使人才适应企业文化、技术要求和企业发展，是支撑企业业务需要的关键一环。

目前半导体企业人才的培养主要是通过企业内部培训、委托外部机构培训、自行学习企业报销等方式来进行的。

通过对部分半导体企业的调查发现，多数企业对人才培养、企业从业人员的技能提升培训与知识更新等并没有一个明确且精准的培训系统，例如培训与岗位技能需求脱节，大多数企业的人力资源部门对于企业关键岗位、关键人才所需要的能力缺少一个体系化且科学的评估标准，更多的还是依赖培训团队自身的累积、履历与经验等。企业在培训过程中，往往会出现以下三种情况：一是过分看重技能人才投入的短期收益而忽视人才技能提升的长期效益，在用工过程中存在"重使用、轻培养"的现象；二是经营者受员工的流动性成本影响，在培训中仅注重开展新录用人员岗位培训，而对企业职工岗位技能提升培训甚至高技能人才培训投入较少；三是部分企业未制定职业培训规划，员工培训缺乏系统性和长期性，培训结束后缺乏巩固提升的过程，培训效果得不到有效保障。

当然，社会上也几乎没有专业合规且性价比高的职业技能（集成电路领域）培训机构，培训学校和公共实训基地等培训资源也十分稀缺，无法为企业的人才培养提供课程资源和专业培训团队的需求。

另外从培训内容上看，多以传统理论教学为主，实操内容少、针对性不强；从形式上看，主要以线下培训为主，网络培训平台发展有待成熟；从技能认证上看，有效的技能培训监督、认证的管理体系尚未成熟。

6.1.2　半导体产业从业人员技能提升的社会意义和经济价值

伴随着半导体产业技术和工艺的不断突破，应用领域不断推广和深入，更加凸显了半导体产业对于保障国家安全和经济社会持续发展的重要性。

所以，对于半导体行业来说，对知识及知识型人才的诉求和依赖程度不言而喻，同时进行知识更新和技能提升既是产业从业者适应产业发展、进行调适的一种手段，也是适应社会、产业技术不断发展和变化的竞争要求。这就要求半导体产业从业者能够实现从"学生"到"员工"、从"技术小白"到"技术骨干"、从"产业新兵"到"行业精英"、从"模仿继承性的创新"到"自主创新"的转变，这样才能突破关键核心技术，形成企业标志性的核心竞争力，推动行业技术发展和革新，从根本上解决我国芯片领域的"卡脖子"问题，打造充满生机的创新企业集群、战略领先的现代产业集群，实现半导体产业的高质量发展。

随着我国半导体集成电路国产化进程的推进、核心技术的突破，半导体行业的发展步伐也会持续加快，产业各界需要时刻保持与产业同步发展的成长思维，持续关注人才发展、知识更新和技能提升，从而真正为产业、企业提供更多的高素质人才，推动整个半导体行业更加健康顺利发展。

6.1.3　半导体产业从业人员胜任力指标及技能提升

"胜任力"最初是由哈佛大学教授麦克兰德（David McClelland）提出的概念，主要包括个人的行为技能或者认知、某领域知识、价值观、态度、自我形象、特质等，任何能够被可靠量化，并且可以显著区分一般绩效和优秀绩效个体的特征。因此，岗位胜任力的定义为：员工履行好岗位职责和要求所需具备的专业技能、专业知识以及个性特质等，是员工胜任某岗位的必要要素。在半导体产业，企业应更加注重半导体人才在专业技能和知识上的提升与培训，个性特质等更是体现在创新型人才以及高级管理人才等的素质模型中。

岗位胜任力模型搭建是现代人力资源管理的重要基础工作。其主要内容是了解岗位胜任力的定义，并创建科学的岗位胜任力要素组合，主要包括技能、知识、动机、个性、自我认识以及职业角色等。通过岗位胜任力的指标及目标的建立，能够为企业人力资源管理各个环节，例如员工招聘、分配、培训、职业规划、绩效评估以及岗位晋升等提供可靠且重要的参考。

为了更好地理解"胜任力指标"的设定，我们将胜任力指标拆分成两个维度：生产力维度和生产关系维度。其中，生产力维度以技能目标进行分类，生产关系维度以管理目标进行分类，见表6-1。

表 6-1　按技能目标和管理目标分类

分类方法	设计产业链	制造产业链	封测产业链
按照技能目标分类【生产力维度】	1）设计方法 2）设计工具 3）材料、物理等基本知识	1）前道工艺 2）后道工艺 3）厂务系统	1）封装工艺 2）测试工艺 3）软件开发 4）测试软件/程序开发 5）细分产品技术
按照管理目标分类【生产关系维度】	1）设计师工程思想 2）设计工程方法 3）产品理念 4）产品应用知识 5）目标规划 6）管理认知 7）管理架构与组织 8）沟通激励	1）生产工程师思维 2）SOP思维模式和系统思维模式 3）品质管理 4）产品场景及应用要求 5）目标规划 6）管理认知 7）管理架构与组织 8）沟通激励	1）测试项目工程规划 2）半导体器件测试计划 3）半导体器件参数分析知识 4）测试程序调整及解决问题 5）目标规划 6）管理认知 7）管理架构与组织 8）沟通激励

1. 按技术研发管理及业务人员的任职要求划分

根据半导体企业战略发展目标、生产技术定位以及技术研发业务人员的任职要求等，我们为企业从技能、知识、职业素养3个能力层面构建了专员、主管、经理（总监）的能力素质资源库。可以根据企业和培训员工的实际需求，进行有效组合，构建岗位胜任力的素质模型，见表6-2。

表 6-2　DMP-Based 产业链技术岗位胜任力能力素质模型

培训对象		聘任职位	
技术背景	学历		
	专业		
	工作年限		
	专业/技术		
	能力证书		
岗位级别	□ 专员	□ 主管	□ 经理（总监）
按需选择打"√"			
培训期限	□ 集中时间短期培训	□ 固定时间中期培训	
	□ 长时间定期培训		
培训规模	□ 团队集训	□ 个人培养	
	□ 团队培训		
能力素养培育清单			

（续）

技能	□ 专业学习能力	□ 产品设计能力
	□ 归纳思维能力	□ 技术需求转化能力
	□ 问题发现与解决能力	□ 教练辅导能力
	□ 技术创新能力	□ 决策能力
	□ 领导能力	□ 专业技能升级
	其他：_____	其他：_____
知识	□ 半导体行业知识	□ 微电子基础
	□ 半导体企业知识	□ 专业技能原理/理论
	□ 半导体产品知识	□ 集成电路工厂概论
	□ 半导体产品质量知识	□ 半导体技术概论/导论
	□ 微电子专业英语	□ 数据统计与分析
	其他：_____	其他：_____
职业素养	□ 责任心	□ 诚信正直
	□ 纪律性	□ 创新意识
	□ 敬业精神	□ 成本意识
	□ 团队意识	□ 全局观念
	其他：_____	其他：_____

2. 设计产业链按能力类别划分

设计产业链按能力类别划分，见表 6-3。

表 6-3　设计产业链按能力类别划分

序号	能力类别	能力概要
1	综合能力	掌握半导体材料、物理结构及原理等相关知识 熟悉集成电路设计的流程和方法 具备良好的内外部沟通能力 了解集成电路设计领域的应用业务需求，并提供相应的解决方案
2	专业知识	具备集成电路设计和半导体工艺等基础知识 熟悉常见的 CPU、GPU、IP 和 SoC 总线架构，以及常见的音视频、通信、人工智能等方面的算法
3	技能	掌握 Verilog 编程技能 掌握 C/C++、Python、Bash、Tcl、Perl 等脚本编程语言 熟悉 Linux 操作系统以及 vim 等文本编辑工具的操作 熟悉主流的集成电路设计 EDA 工具，比如逻辑仿真、物理验证等
4	工程实践能力	熟悉复杂 SoC 芯片架构以及前端和后端设计流程，具备芯片设计经验 具备一定的项目经验，熟悉超大规模集成电路设计的前端和后端设计流程 具备大规模芯片量产和流片的经验

3. 制造产业链按岗位及职务、技术及能力类别划分

制造产业链按岗位及职务、技术及能力类别划分，见表 6-4。

表 6-4　制造产业链按岗位及职务、技术及能力类别划分

序号	岗位及职务	工作经验	技术及能力要求
1	生产助理 / 助理工程师	1～3 年	芯片制造工艺 设备运营管理 专业英语
2	资深生产助理 / 初 / 中级工程师	3～5 年	专业英语应用 数据分析（工艺参数、设备参数、OCAP） SOP 编写 制造工艺调试
3	班长 / 资深工程师	5～8 年	熟悉设备参数 技术指导、技术工艺研发 芯片测试和数据分析 良率提升 芯片参数分析
4	线长 / 资深线长 /（副）主任工程师	5～10 年	丰富的一线设备管理 团队管理 技术指导 全球一线技术经验 技术与设备研发
5	中 / 高级管理层	6 年以上	项目管理 团队管理 金融 / 财务管理 战略管理 组织能力 人才培育与发展能力 业务能力

6.2　半导体产业从业人员技能提升培训体系

半导体产业从业人员技能提升培训体系的建设，有助于使半导体企业培训工作责任明确、分工合理，加强部门间横向配合，减少协调成本，提高培训工作运行效率；有利于克服技能提升培训的随意性，规范和加强培训管理，提高培训质量，增强培训效果；有利于对培训进行整体规划，并结合员工职业生涯，使半导体人才培养工作更加符合人才成长规律，提高员工参加培训的积极性和主动性，促进培训的长期可持续发展。

企业人才培养的体系关系，如图 6-3 所示。

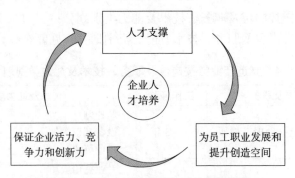

图 6-3　企业人才培养的体系关系示意图

　　半导体产业从业人员技能提升培训首先要明确核心诉求，建立所需人员的能力模型。通用素质、专业技能、管理能力三个方向，是半导体企业培训基本的出发点，如图 6-4 所示。

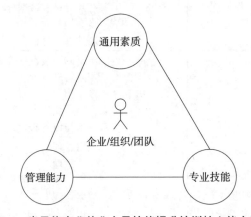

图 6-4　半导体产业从业人员技能提升培训核心能力模型

　　半导体企业的人才技能提升培训体系可从基于人才能力标准或岗位胜任力模型构建、定期进行岗位及人才评估、打造行业及企业人才培养路线图等多方面着手，进行相关以 DMP-Based 产业链架构的培训体系总体框架设计和实施等工作。

6.2.1　DMP-Based 产业链架构的培训体系总体框架设计

　　1. 半导体行业培训体系总体框架建设

　　培训体系总体框架是为了促进技能提升等人才培训顺利开展采取的一系列管理工作流程，而基于半导体产业架构的培训体系框架应结合半导体产业链的特点和分类有针对性地进行划分。

　　（1）培训分类

　　从培训的对象来说，一般包括全体员工培训、技能人员的专项技能培训以及中高层管理者的提升培训等。

从培训的内容来说，一般包括新员工入职培训、通用培训、专业培训等，如图 6-5 所示。

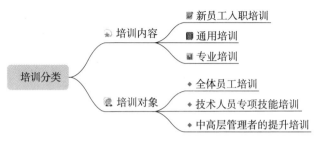

图 6-5　半导体产业培训分类与内容

（2）培训体系构成

从培训的体系构成来说，一般包括培训管理和培训评估两大体系，如图 6-6 所示。其中，培训管理体系包括运作层面的培训计划、评估跟踪管理；资源层面的讲师体系、课程体系；保障层面的制度管理、策略管理等内容。培训评估体系主要是为了促进技能提升目标和培训效果的实现而采取的措施。

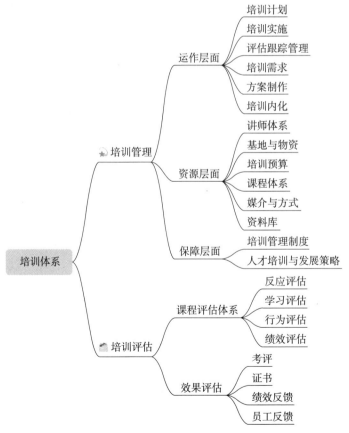

图 6-6　半导体产业培训体系构成

保障层面强调培训管理的思路与规则，是关于半导体人才培训和发展的统筹性规则政策或者导向性思路策略，通常包括半导体企业的人才培训和发展策略、详细的培训管理制度等。

资源层面是对企业内外部可调配的培训资源进行管理与跟进，包括培训预算、培训场地以及涉及的软硬件等。

运作层面则是保证培训有效、开展有序的关键，是对培训计划的实际贯彻以及对培训资源的合理应用，培训运作对培训效果、目标的达成影响很大。

运作层面最重要的是培训计划的制定及执行，培训计划的内容框架主要包含目的、内容、人员、类型、周期以及其他，如图6-7所示。

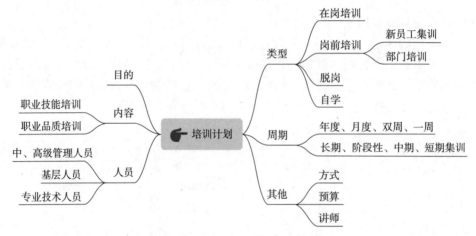

图6-7 半导体培训计划的内容框架

其中，培训目的主要是指经过培训后员工要达到的目标，本书中是指半导体产业从业人员的胜任力指标和技能提升目标。

围绕相关指标和目标，培训内容的框架内容一般为：职业品质培训，主要是企业文化、职业态度、企业愿景和管理理念、职业道德、职业行为规范、责任感等，一般主要围绕企业员工规范及手册进行；职业技能培训，主要是专业知识技能、管理技能、职业规划、素质能力、沟通技能等。

2. 半导体行业知识管理体系的框架建设

半导体行业企业实质上就是知识管理和快速创新兼而有之的企业，知识管理是半导体行业实现核心竞争力的必经途径。一般来说，半导体企业的知识管理体系的框架建设分两方面内容：一是知识管理战略设计，二是构建知识管理整体体系。

（1）知识管理战略设计

知识管理战略设计一般从挖掘半导体行业的业务与知识之间的关联关系入手，对知识管理现状调研，并对发现的问题进行归纳总结，形成评价结论，作为整体规划的参考。最后考虑目前的知识管理现状及主要需求，分析知识管理的战略定位。

（2）构建知识管理整体体系

半导体行业受到国际地缘政治、国际产业分布和布局、国际贸易与商业合作的地域性原则与政策和国家政策等内外部因素影响，因此半导体产业领域知识管理体系的构建对企业外界以及内部信息的收集、获取并进行宏观和微观分析有着极高的要求。通过对现有知识进行科学合理的分类，从知识、管理、系统、文化等四个层面构建知识分类体系框架，尤其是对产品研发业务、管理中所涉及的知识进行清晰的分类、界定，实现知识分类梳理的规范化、标准化，便于知识的统一、有序管理和员工技能整体提升的需求满足。

至于是否构建半导体产业领域知识库和系统平台，由于半导体行业技术更新快、产业发展快的特点，这取决于企业战略的规划和实施。

半导体企业必须认识到知识管理的重要性，以知识为基础提升技术能力，加强核心知识的转化，使知识不断赋能业务落地实现。从知识存量与流量的角度看，半导体行业通过个人学习和组织学习来实现知识的静态积累（知识储备和维持）和动态积累（知识创新），进而支撑技术能力的不断提升。

3. 岗位胜任力模型的培训需求获取与分析

岗位胜任力培训体系主要按照生产力－生产关系两个维度建立，并以企业内训能力进阶为主线，这也比较符合目前技能提升培训以企业为主的趋势和特点。

企业在创建基于岗位胜任力模型的培训体系时，应该明确培训的对象以及内容，对岗位的实际需求进行分析，从而能够为岗位员工的培训提供可靠、有效的参考和标准。

根据岗位胜任力模型，能够准确地找到员工技能和岗位胜任力之间的差距，从而帮助人力资源部门制定针对性的培训计划，弥补员工在上述能力上的缺口。同时，可根据企业未来的发展目标和方向，以及培训和技能提升的结果，对员工进行任务和职责的重构，然后确定岗位的职能，以便于对半导体企业所有岗位和员工进行全面的掌握。

培训需求获取的途径和方法从企业层面、岗位层面和个人层面看有如图 6-8 所示的几种。

根据企业发展战略及长中短期目标，分析公司目前的人力资源状况，获取企业对于人才的需求（短期、中期和长期），如图 6-9 所示。除了从企业外部招聘之外，更重要的是对公司内部人才的技能与能力、素养的培训、提升、开发和使用等。

图 6-8 培训需求获取途径示意图

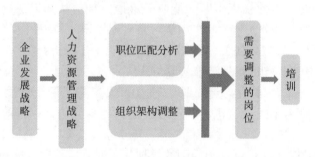

图 6-9 从企业发展战略获取培训需求

根据工作岗位胜任力说明书分析标准，分析个人业绩评价标准、要完成任务所需的知识、技能、行业和态度等，确认理想绩效与实际绩效的差距，分析其成因和重要性。

根据分析确认需求和对象，拟定培训项目需求，如图 6-10 所示。

技术基础知识		电路设计/仿真知识	芯片整体/模块指标	工艺模型知识	元器件参数知识	模拟电路结构知识	验证/测试知识	合计
评分		3	4	3	3	5	4	22
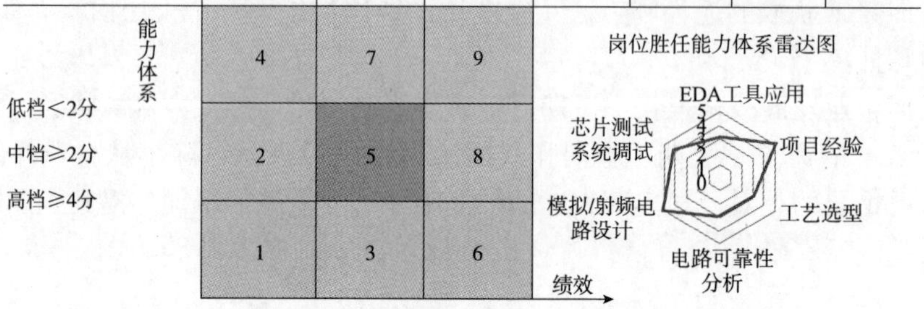 能力体系		4	7	9	岗位胜任能力体系雷达图			
低档<2分 中档≥2分 高档≥4分		2	5	8				
		1	3	6				

图 6-10 从岗位胜任力要素和绩效考评结果挖掘培训需求

通过员工职业生涯规划等来获取培训需求，如图6-11所示。

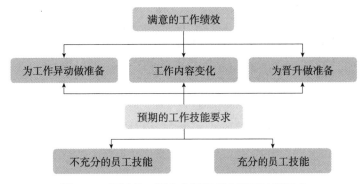

图 6-11　通过员工职业生涯规划来获取培训需求

6.2.2　DMP-Based 产业链技术岗位胜任力技能培训体系

DMP-Based 产业链技术岗位胜任力技能培训体系针对技术岗位人员主要从技术研发的通用知识类、业务问题分析及解决问题类两方面建立，具体内容可根据企业战略、产品以及所在产业链的特点等综合评判和确定。

1. 通用知识类培训课程体系

技术研发类岗位的通用知识主要包括半导体企业知识、产品知识、知识产权知识以及专业技术知识四个方面，技术研发类岗位通用知识导图，如图6-12所示。

2. 技术研发通用知识类课程体系

根据技术研发通用知识的划分设计通用知识课程体系，技术研发通用知识类课程体系见表6-5。

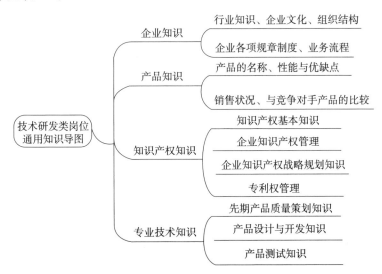

图 6-12　技术研发类岗位通用知识导图

表 6-5　技术研发通用知识类课程体系

知识模块	知识模块细分
行业知识	半导体行业基本知识、国际国内发展现状、产业与人才政策等
企业知识	企业战略、经营历史、愿景、宗旨、规模和未来规划及发展前景
	企业内部的组织结构、管理系统
	企业的规章制度
	企业的文化、价值观
产品知识	企业目前产品的名称、性能与优缺点
	产品销售状况、目标顾客以及与其他企业产品相比较的优势、价格等
知识产权知识	国家知识产权基本知识
	企业知识产权管理
	专利权管理
专业技术知识	产品设计与开发知识
	技术研发过程的质量知识
	测试知识

3. 技术研发问题解决类课程体系

半导体企业是技术密集型企业，因此是非常重视技术研发的，这也是企业竞争创新取得优胜的关键，但一般其在技术研发业务上容易存在一系列的问题，见表 6-6。

表 6-6　技术研发业务问题分析分类

序号	问题概要	问题细化说明
1	研发理念与创新创意问题	有些企业的研发理念比较零碎模糊，缺乏系统性，而且存在许多不正确的、过时的观点 研发缺乏前瞻性、创新创意不足
2	研发资源浪费	多数企业普遍缺乏把产品开发作为一项投资来管理的意识，尤其是产品立项后未进行业务决策评审的投资管理活动，对于具有很大业务风险、难以带来投资价值的项目，未能在研发过程中及时发现并砍掉，导致大量产品上市后失败，增加了研发费用，造成企业资源的浪费
3	研发项目管控难	由于相配套的企业机制、业务流程、考评激励措施欠缺，加上研发工作本身的不确定性、复杂性，导致研发项目管控较难，如总体研发进度计划不完整、进展情况得不到及时汇报等
4	缺乏有效的研发考评与激励机制	由于研发工作的创造性和不确定性，目标难以量化，对研发工作和研发人员的评价比较困难，同时，绩效考核的不科学也使研发人员感到不公平，影响研发人员的工作积极性
5	研发问题解决能力较低	因企业研发人员的研发工作问题解决能力较差，不能及时解决在研发过程中遇到的问题（如各类的产品设计的品质问题），延误研发时机，增加研发成本

针对企业的技术研发业务问题，可以通过对技术研发人员进行培训加以解决，技术研发业务培训课程体系可以从解决研发理念与创新创意问题、研发资源浪费问题、研发项目管控难、缺乏有效的研发考评与激励机制、研发问题解决能力较低等五个维度开展课程立项或学习。

6.2.3　DMP-Based 产业链管理运营岗位能力提升培训体系

半导体企业针对各产业链的管理运营能力提供体系制定流程和步骤如下：

1. 根据企业战略制定培训计划

一般是人力资源部门根据公司整体战略发展规划和企业各部门培训需求的汇总情况制定本公司的培训年度计划和预算。

2. 培训计划核心要素

基于公司整体战略规划发展的年度培训计划如图 6-13 所示。

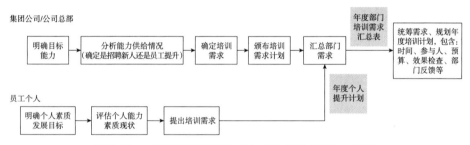

图 6-13　公司整体战略规划发展的年度培训计划示意图

制定培训计划时需考虑不同管理层级、不同职能领域、不同在职时间的员工培训需求，如高层管理者与中层管理人员的需求，运营部门和研发部门的需求等，如图 6-14 所示。

3. 培训内容的差异化管理

对于不同管理层级、职能领域，技能的提升需求有较大的差异性，内容也不同，主要差异点在于技术培训和管理培训（包括业务技巧、组织管理能力等）。一般来说，半导体企业由于其产业特点，一般是以技术和研发人员为主，普遍存在着技术技能提升，以及管理能力提升的双重特点和要求，如图 6-15 所示。

半导体企业大多数管理人员一般都是由技术人员转化而来。技术人员要转化为管理人员，首先要解决的关键问题是角色转换。从技术人员到管理人员的角色认知可以划分为三个维度，即人际关系角色、信息角色、决策角色。

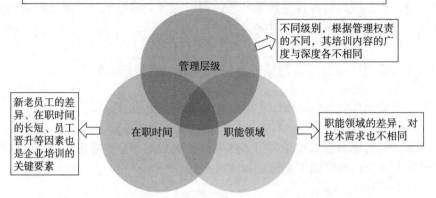

图 6-14 培训计划核心要素示意图

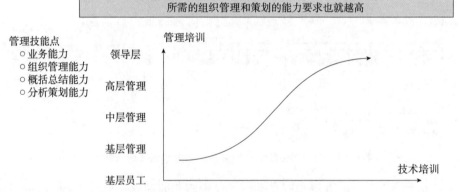

图 6-15 培训内容的差异化管理示意图

技术人员与管理人员存在着本质的不同，其主要体现在四个方面，如图 6-16 所示。

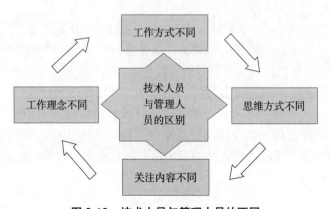

图 6-16 技术人员与管理人员的不同

1）工作理念不同。技术人员认为凡事都应有对错之分，即要有明确的是非观，而管理人员则认为在管理中没有绝对正确的事情，也没有绝对错误的事情，所有的事情都要具体情况具体分析。

2）工作方式不同。技术人员的工作方式通常是一项工作完成后再去做另一项工作，而管理人员则不同，他们可以同时开展几项工作。

3）思维方式不同。技术人员在思考问题时思维模式较为模式化、单一化，更倾向于收敛思维，而管理人员在思考问题时强调变通，更倾向于发散思维。

4）关注内容不同。技术人员更多关注的是具体事项，如技术研发工作是否按时按质完成，而管理人员更多是关注人，如下属的潜力是否得到了充分的发挥，下属是否在工作中尽了自己最大的努力等。

对于从技术人员到管理人员的培训内容可以从角色转变、管理知识、管理技能三个维度进行，如图 6-17 所示。

图 6-17　从技术人员到管理人员的培训内容维度

1）从技术人员到管理人员培训课程体系。从技术人员到管理人员的课程体系可以依据培训内容维度进行设计，其课程体系设计可以从角色转变、管理知识、管理技能（如目标与计划、组织与分派工作、控制与纠偏、决策、领导与激励、沟通、时间管理等）三个大维度、若干子维度展开课程立项或学习。

2）技术研发团队管理培训课程体系。

①技术研发团队管理培训内容可以按照团队管理事项划分为九个维度，如图 6-18 所示。

②技术研发团队管理培训内容的九个维度所对应的内容细分，见表 6-7。

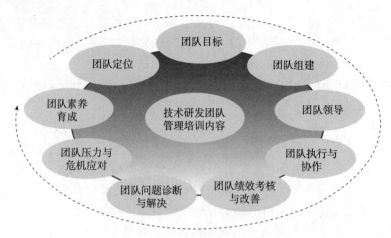

图 6-18　技术研发团队管理培训内容维度

表 6-7　技术研发团队管理培训内容维度及细分

序号	维度名称	维度细分
1	团队定位	团队资源定位、团队功能定位等
2	团队目标	团队目标的确立方法、团队目标的管理等
3	团队组建	团队成员选择、团队成员角色定位、团队组建方法、团队文化建设以及团队管理制度编写等
4	团队领导	团队决策、授权、成员潜能开发、时间管理、冲突管理、沟通及激励等
5	团队执行与协作	团队执行力提升方法与工具、团队协作力提升方法与工具等
6	团队绩效考核与改善	考核时机与依据的选择、团队考核方法与工具、团队绩效考核内容与指标、绩效面谈、团队绩效改善方式与改善工具等
7	团队问题诊断与解决	团队问题诊断方法与工具、团队问题类型、团队问题应对方法等
8	团队压力与危机应对	团队压力的类型、压力应对、团队危机识别、团队危机分析以及团队危机解决等
9	团队素养育成	团队成员的态度、责任、敬业精神以及忠诚度等

③技术研发团队管理培训课程体系可以依据培训内容维度进行设计，其课程体系设计可以从表 6-8 所示的多个维度展开课程立项或学习。

表 6-8　技术研发团队管理培训课程体系

课程模块	
团队定位	基础知识
	资源定位
	类型定位

（续）

	团队成员角色定位
团队组建	团队成员选择
	组建方法
	团队文化
	制度规范
团队领导	团队决策
	授权
	成员潜能开发
	团队沟通
	时间管理
	冲突管理
	成员激励
团队执行与协作	执行
	协作
团队绩效考核与改善	基础知识与角色认知
	绩效考核
	绩效面谈
	绩效改善
团队问题诊断与解决	问题诊断
	问题解决
团队压力与危机应对	团队压力
	团队危机
团队素养育成	态度
	责任
	敬业
	忠诚

　　总之，无论是管理者还是经营者，不同职能部门、不同级别的人员技能提升培训内容也应有所不同，企业人力资源管理者、培训负责人以及相关培训机构，可根据所需知识和能力的不同，灵活设计与安排，如图 6-19 所示。

　　世界上应用最广泛的培训评估工具是由国际著名学者美国威斯康星大学教授唐纳德·L. 柯克帕特里克（Donald L.Kirkpatrick）于 1959 年提出的柯氏四级培训评估模型（Kirkpatrick Model）。其也可供半导体企业技能提升相关培训参考。其主要内容和框架如图 6-20 所示。

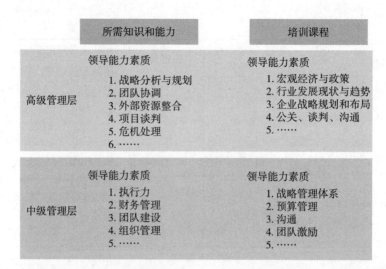

图 6-19 不同级别的人员技能提升培训所需知识和能力与培训课程结合示意图

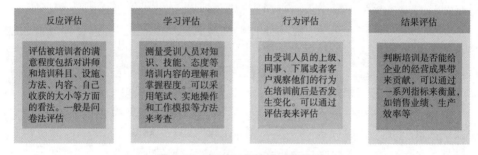

图 6-20 柯氏四级培训评估模型

1）反应评估：受训者对整个培训的满意程度，最为常见的评估方法就是问卷调查。培训组织者在培训活动结束之后，向受训者发放问卷，以衡量受训者的反应。

2）学习评估：受训者在知识、技能、态度上的收获或改变。评估方法可以是笔试、操作技能考试、角色扮演、场景模拟、撰写心得体会或学习报告等。在培训的过程中或结束后都可以进行学习评估。

3）行为评估：受训者回到工作岗位后行为上的变化。主要采取类似 360° 考核的方法，由受训者本人、上级、同事、下属、客户对受训者培训前后行为上的变化进行评价，一般在培训结束后的三个月或半年内进行。

4）结果评估：受训者在业绩上的确切变化，也是衡量组织培训投资回报率（ROI）的重要内容，这里确切的业绩结果，包括降低成本、提高质量和效率、提高生产率、保留员工、增加销售等。这个评估的时机应距离培训结束半年或一年。

6.3　半导体产业从业人员技能提升的主要模式与部分方案

6.3.1　技能提升及知识更新工程的主要模式

不同半导体产业从业人员技能提升及知识更新的主要方式和模式可参见表 6-9。

表 6-9　技能提升方案的学习模式

	模式	特点	不足
按模式分	线上	• 时间和地点的自由 • 降低学习成本 • 选择范围更广	• 团队氛围构建不足 • 无法掌握实操技术 • 学习有效性难以把控
	线下	• 理论 + 实训 • 可全面掌握学习者的学习进度、深度、有效性的掌控	• 时间、地点不够灵活 • 成本较高
按时间分	长期	• 长期培训计划利于系统性知识构建 • 扎实的理论基础和基本实操技术 • 基本能力的培育：英语书写、数据分析、设备工艺等	• 长期培训对产业急需人才提供有延迟 • 无法有效满足企业的用工需求 • 因为课程体系的庞大，无法实现技术的先进性与灵活性
	短期	• 针对某一技术进行短期教学，可以迅速、有效地掌握 • 迅速掌握专业英语、特定设备操作、设备参数分析、SOP 编写能力等	• 无法培养基础理论和能力 • 无法达成技术认定和考级证书 • 对个人职业长期发展提升作用不明显
按形式分	理论 - 实践	• 理论培训对训练严格的逻辑思维非常有优势 • 实践培训对现场工艺、设备运营、技术参数分析有优势	• 理论的形成是滞后的，在现实上，往往是技术突破带动理论的变革 • 过于强调技术能力，则对职业发展不利，后劲不足，只能做到技术骨干。在职业发展中，成为高级管理者，则还需要更为重要的人力资源管理、资本管理、技术前瞻性相关知识
按能力结果分	考证 - 实战	• 考证对关键知识掌握量化性好；有助于自我增值；帮助我们进入行业；提升社会地位或收入 • 有助于累积经验；提升职业素养；成为技术骨干	• 缺少实操经验，进入企业后，仍然需要一段时间的学习才能顺利开展工作 • 在就业、评级、加薪、升职、跳槽等关键时间，"证书"的加分作用十分明显

（续）

	模式	特点	不足
按职级体系分	学历 - 职称	• 在半导体行业，学历与收入正相关，学历越高，平均收入更高；是决定在半导体领域发展空间和升值空间的基石 • 对于升职加薪、养老金、GK（招标、竞争项目）、专家技术方案论证以及个人落户、上学等都有作用	• 学历越高，可以在产业链中工种选择时，拥有更多选择的权力。学历是评判收入分阶的一个标准 • 有时候学历也是获得职称的一个门槛。以"集成电路技术员"职称为例，要获得中级职称，拥有本科学历是门槛；若需要获得高级职称，则研究生学历获得的可能性更高

6.3.2 DMP-Based 产业链从业人员技能提升的部分方案

1. 半导体集成电路设计课程及方案

"集成电路版图设计与建模工程师"课程是国家相关机构组织开展的"工业和信息化职业技能提升工程"培训项目，旨在培养集成电路设计应用型人才，提升一线企业工作人员的理论和动手能力，课程相关内容见表 6-10。

表 6-10 集成电路版图设计与建模工程师课程内容

课程名称	涵盖的技术技能知识点	课时
半导体器件物理	半导体器件基础理论	2
集成电路制造工艺	CMOS 关键加工工艺和光刻掩模版制作	2
版图设计环境	Linux 常用命令和 EDA 软件使用	2
CMOS 工艺版图	棒状图原理和工艺监测版图	2
模拟电路设计流程	模拟仿真设计和物理验证等基本概念	2
模拟电路器件单元设计	电阻、电容、电感、二极管和晶体管等单元原理和版图设计	4
PDK 开发和建模	模拟电路工艺设计开发包定义和建立	1
数字电路设计流程	仿真综合、时序验证、后端布局布线等基本概念	2
数字标准单元库单元设计	组合逻辑单元、时序单元和特殊单元等原理和版图设计	2
数字标准单元库建模	数字标准单元库的定义和建立	2

2. 半导体集成电路制造工艺课程及方案

"集成电路先进制造工艺技术"课程是国家相关机构组织开展的"工业和信息化职业技能提升工程"入选培训项目，旨在培养集成电路初级应用型人才。主要面向集成电路制造、装备、材料等企业专业人员能力提升，以及物理、材料等本专科生的培训提升需求。授课方式为线上直播授课。

　课程内容和安排为 38 学时（26 理论学时 +12 实训学时，实训时间自主安排），见表 6-11。

表 6-11　半导体集成电路制造工艺课程内容

课程名称	涵盖的知识点	课时
集成电路制造技术综述	集成电路制造过程总体介绍；量产质量控制要素	2
PDK 建模与版图设计	如何进行 PDK 建模；常用版图设计软件与基本使用	2
半导体物理初步	晶体结构与能带理论	2
实训 1	芯片制造设备认识实习基本操作教学	1
光刻工艺	光刻工艺基本原理、设备与典型应用	2
实训 2	极紫外光（EUV）光刻机认识实习	1
实训 3	硅刻蚀机、介质刻蚀机、光刻胶刻蚀机、化合物刻蚀机认识实习	1
刻蚀基本原理与基础工艺	刻蚀工艺基本原理、设备与典型应用	2
实训 4	金属刻蚀机认识实习	1
CVD 工艺	化学气相沉积工艺基本原理、设备与典型应用	2
实训 5	金属有机化学气相沉积设备和硅外延设备认识实习	1
薄膜沉积 PVD 工艺	物理气相沉积工艺基本原理、设备与典型应用	2
实训 6	物理气相沉积设备认识实习	1
实训 7	原子层沉积设备认识实习	1
清洗设备及工艺	清洗、腐蚀工艺基本原理、设备与典型应用	1
实训 8	槽式清洗机认识实习	1
CMP 设备及工艺	化学机械平坦化工艺基本原理、设备与典型应用	1
离子注入工艺	离子注入工艺基本原理、设备与典型应用	2
实训 9	离子注入机认识实习	1
扩散工艺	扩散工艺基本原理、设备与典型应用	1
实训 10	氧化炉认识实习	1
实训 11	退火炉、扩散炉和低压化学气相沉积设备认识实习	1
电学测试	电学测试设备的基本原理与典型应用	1
工艺监测	集成电路制造在线量测的基本原理与典型应用	1
净化间 6S 管理和安全规则	净化间安全与 6S 管理规则	1
物理化学表征	半导体技术常用的物理化学表征方法	2
实训 12	激光退火设备认识实习	1
CMOS 工艺集成	CMOS 工艺集成全流程技术	2

3. 半导体集成电路封装测试课程及方案一

　"集成电路 ATE 测试技术工程师"课程是国家相关机构组织开展的"工业和信息化职业技能提升工程"入选培训项目，旨在培养集成电路测试中级应用型人才，提升一线企业工作人员的理论和动手能力。

其主要满足集成电路设计、制造、测试及集成电路设备、材料相关企业的专业人员能力提升，以及企业刚接收的应届研究生培训需求。

相关课程内容见表 6-12。

表 6-12　半导体集成电路封装测试课程内容

课程名称	涵盖的知识点	课时
集成电路测试技术导论	集成电路制造工艺流程及产业链，封装技术发展趋势，集成电路测试的概念和目的，主要测试种类及自动测试设备，集成电路测试前沿技术	2
集成电路测试方法及理论基础	集成电路测试的意义，测试主要分类，测试内容及典型方法，故障模型及故障压缩，自动测试向量生成技术 ATPG	3
集成电路标准概述	标准化概述，集成电路标准组织，集成电路标准体系，集成电路重要标准介绍	2
数字集成电路测试关键参数详解	集成电路测试基本术语，数字电路详细规范解读，数字电路测试关键参数概念详解，基于 ATE 设备的测试要点讲解	2
基于自动化测试设备（ATE）的数字集成电路测试技术	ATE 系统资源及工作原理，测试原理，连接性测试和功能测试，DC/AC 参数测试，特性分析工具，数字芯片测试案例的演示和讲解	4
测试向量转换	测试向量格式介绍，测试向量转换软件介绍，测试向量转换方法	1
基于 ATE 的数模混合集成电路测试技术——静态参数测试	模数混合电路测试设备的系统资源及工作原理，ADC/DAC 的静态参数介绍，ADC/DAC 的静态参数测试方法	2
基于 ATE 的数模混合集成电路测试技术——动态参数测试	采样原理，ADC/DAC 的动态参数测试，ADC/DAC 测试案例的演示和讲解	3
存储器测试技术	存储器芯片的分类，DRAM/SRAM/NAND Flash，存储器测试方法介绍，存储器测试机台的测试资源，存储器和 SoC 测试机台的对比	2
集成电路晶圆级测试实训	晶圆测试虚拟探针台的实操，包括探针台启动、晶圆取放、测试 Pad 的定位、扎探针等操作方法	2
模拟集成电路测试	集成运算放大器的基本特性，集成运算放大器的特征参数，集成运算放大器参数测试方法	3

4. 半导体集成电路封装测试课程及方案二

本课程以集成电测试行业员工入职培训方案为例。

（1）培训目标

针对即将入职的集成电路（测试）行业的员工进行为期 10 天的培训，实现集成电路方向的实操技能。授课教师由具有多年集成电路产业经验的企业高级工程师、领域专家、国家精品课程任课老师组成。课程大纲、培训资料和上机测试案例紧密结合市场上最抢手的人才需求和学生的真实需求。课程将结合测试设备实操课程资料和教师课件，完成培训。

（2）培训计划

培训规划为 10 天，属于短期的企业入职培训/在校毕业生的技能培训，具体课程见表 6-13。

表 6-13　集成电路测试 10 天入门短期培训计划

第 1 天	开班仪式	授课组	第 6 天	模拟芯片运放测试与实践一	企业高级工程师
	集成电路产业介绍	企业高级工程师		模拟芯片运放测试与实践二	
第 2 天	集成电路测试技术前置课程——模电基础一	院校专家	第 7 天	集成电路测试基础原理——直流参数测试	企业高级工程师
	集成电路测试技术前置课程——模电基础二			集成电路测试基础原理——数字电路功能及交流参数测试	
第 3 天	集成电路测试技术前置课程——数电基础一	院校专家	第 8 天	数字芯片存储器测试与实践一	企业高级工程师
	集成电路测试技术前置课程——数电基础二			数字芯片存储器测试与实践二	
第 4 天	集成电路测试系统（设备硬件平台）	企业高级工程师	第 9 天	电源管理芯片测试与实践一	企业高级工程师
	集成电路测试系统（设备软件平台+测试开发流程）			电源管理芯片测试与实践二	
第 5 天	数字芯片测试（1）与实践	企业高级工程师	第 10 天	实操手册深度解析电源模块深度解析	企业高级工程师
	数字芯片测试（2）与实践	院校专家		集成电路测试开发故障调试解析	

实操设备主要包括：数模混合信号测试机、开发调试软件、半导体工程师实训平台等。

5. 半导体集成电路师资培训课程与方案一

以"集成电路先进制造工艺工程师"课程为例，该课程是国家相关机构职业能力提升行动计划的推荐培训项目，旨在培养集成电路中级应用型人才及师资力量，提升一线企业工作人员的理论和动手能力。课程共计 46 学时，面向集成电路设计、装备、材料及量产企业专业人员能力提升，以及企业刚接收的应届研究生培训需求。课程设置包括集成电路制造过程中常用设计软件、光刻、刻蚀、注入、扩散、清洗、平坦化、外延、原子层薄膜沉积、各种基础薄膜工艺的主流设备构造、原理、工艺应用，以及与集成电路全流程制造相关的集成技术。

主要面向对象为高校教师、企业师资及技术骨干等，授课方式为线上直播授课，课程内容和安排总计 46 学时（29 学时理论 +17 学时在线实训），见表 6-14。

表 6-14 半导体集成电路师资培训课程（一）

课程类别	课程名称	涵盖的技术技能知识点	课时
理论	集成电路制造技术综述	制造工艺总体概述	2
	PDK 建模与版图设计	设计流程和版图设计	2
	半导体器件物理	PN 结、MOSFET 基本工作原理	2
	芯片工艺制造基本操作教学	芯片虚拟工艺制造实习的基本操作方法	1
	光刻机原理及工艺	光刻工艺基本原理、设备与典型应用	2
	介质刻蚀机原理及工艺	刻蚀工艺基本原理、设备与材料、主要参数表征与制程	2
	金属刻蚀机原理及工艺		2
	注入机原理及工艺	注入与扩散工艺基本原理、设备与材料、参数表征与制程	2
	扩散设备原理及工艺		1
	PVD 设备及工艺	PVD 工艺基本原理、设备与材料、主要参数表征与制程	2
	CVD 设备及工艺	CVD 工艺基本原理、设备与材料、主要参数表征与制程	2
	清洗设备及工艺	清洗、腐蚀、化学机械平坦化工艺基本原理、常用设备与材料、主要参数表征与制程应用	2
	CMP 设备及工艺		1
	在线测试与表征	集成电路制造在线量测的基本原理与典型应用	1
	电学测试	量产质量控制要素	1
	物理化学表征	半导体技术常用的物理化学表征方法	2
	CMOS 工艺集成	CMOS 工艺集成全流程技术	2
在线实训	熟悉芯片工艺制造相关设备		1
	集成电路电阻制造常规生产实习		1
	集成电路二极管制造常规生产实习		1
	集成电路双极型晶体管制造常规生产实习		2
	集成电路 MOSFET 制造常规生产实习		2
	集成电路 JFET 制造常规生产实习		1
	集成电路 MESFET 制造常规生产实习		1
	集成电路 LDMOS 制造常规生产实习		2
	应用 MOSFET 进行 Varactor 制造综合生产实习		2
	应用 MOSFET 进行 SOI 制造综合生产实习		2
	应用 MOSFET 进行 FinFET 制造综合生产实习		2

6.半导体集成电路师资培训课程与方案二

表 6-15 为某省电子工程与集成电路工程师资融合培训班课程与案例。

表 6-15　半导体集成电路师资培训课程（二）

时间	课时	类别	课程名称	课程内容
第1天	4	动员会	开班仪式	领导发言，开班课，破冰行动
	4	行业信息	半导体行业整体产业介绍	半导体全产业链介绍 集成电路发展史 我国集成电路产业介绍
第2天	8	参观半导体协会	参观半导体协会	1. 参观半导体产线：全面了解半导体制造工艺及流程 2. 参观半导体产业展厅，主要内容围绕：陕西半导体产业发展概况；半导体产业链代表企业及其产品介绍；先导中心及其三代半导体产品介绍
第3天	4	IC 设计	数字芯片设计全流程讲解	学习了解芯片设计全流程
	4		芯片设计岗位介绍	芯片设计岗位介绍
第4天	4	设计	IC 数字设计（一）	数字前端设计工作内容及相关技术规范
	4		IC 数字设计（二）	
第5天	4		IC 数字设计（三）	
	4		IC 数字设计（四）	
第6天	4	验证	IC 数字验证（一）	数字验证工作内容及相关技术规范
	4		IC 数字验证（二）	
第7天	4		IC 数字验证（三）	
	4		IC 数字验证（四）	
第8天	4	后端	IC 数字后端（一）	数字后端实现工作内容及相关技术规范
	4		IC 数字后端（二）	
第9天	4		IC 数字后端（三）	
	4		IC 数字后端（四）	
第10天	8	参观企业	参观 IC 设计企业	参观某 IC 设计企业
第11天	4	报告	我国集成电路产业以及发展趋势	
	4	小组讨论	我国集成电路产业发展	小组交流讨论，派代表发言
第12天	4	模拟版图	IC 模拟版图（一）	模拟版图设计工作内容及相关技术规范
	4		IC 模拟版图（二）	
第13天	4		IC 模拟版图（三）	
	4		IC 模拟版图（四）	
第14天	4	EDA 工具	EDA 工具讲解	EDA 工具讲解
	4		EDA 工具练习	EDA 工具之模拟版图设计训练
第15天	4	项目实操	IC 设计项目练习（一）	版图进阶练习
	4		IC 设计项目练习（二）	

（续）

时间	课时	类别	课程名称	课程内容
第16天	4	芯片制造	芯片制造工艺	芯片制造材料讲解 前沿制造工艺介绍
	4		芯片制造设备	芯片制造设备介绍
第17天	8	参观企业	制造企业	参观某半导体制造企业
第18天	4	集成电路封装	集成电路芯片封装概述	芯片封装流程详解 芯片封装材料介绍
	4		集成电路封装工艺及封装设备	封装可靠性以及缺陷分析 先进封装技术介绍
第19天	8	参观企业	封测企业	参观某半导体封测企业
第20天	4	集成电路测试	集成电路测试概述	芯片检测工艺
	4	参观企业	测试企业	参观集成电路测试中心
第21天	4	学科建设	某大学	参观该学校的集成电路技术以应用专业的实训室，以及院长分享学校专业建设经验
	4	报告	IC设计企业的用人标准	
第22天	4	思政课程	集成电路领域的"工匠精神"	
	4	小组讨论	讨论高校集成电路人才培养模式	小组交流讨论，派代表发言
第23天	4	考核	结业考试	结业考试
	4			
第24天	4	分享交流	分享培训心得	完成研修日志，分享培训心得
	4	结业	结业仪式	

6.4 半导体产业从业人员的技能提升体系展望

6.4.1 未来 DMP-Based 产业链纵深演进情形下的技能提升策略探索

半导体产业在发展早期，由于各种支撑技术不够成熟，当时几乎所有的芯片厂商都采用了设计、制造包括封测能力在一起的 IDM 发展模式，当然在这个过程中逐步形成了半导体设备、半导体材料和 EDA 工具三大支撑产业。

随着产业和技术的发展，整个半导体产业发生了分化，既有经济规律的驱动，又有技术形态发生变化的推动。在国际半导体技术不断创新和发展的背景下，产业链上下游生态的变化演进将不断推动技术、标准和生态的变化，进而有必要探索在基于 DMP-Based 产业链纵深演进情形下的未来半导体产业人才知识更新的提升策略，见表 6-16。

表 6-16　产业链上下游生态变化演进分析

未来可能的演进角度	生产形态的演变	挑战点	预案策略探索
产业模式的视角	原材料的变化带来生产工艺流程的变更	材料变更的工艺突变	新工艺材料知识储备 新工艺材料市场研习 新工艺材料市场研判
产能与市场的产业驱动的视角	应用市场需求的变更带来产能产线的变更	供需不稳定带来产能产线的动荡	应用市场趋势与技术研习 国际与国内产能现状与趋势研究 技术与市场趋势研判
产业链上下游资源配置变化的视角	设计－制造－封测，上下游不匹配	产业链上不均匀引起的不稳定性	产业上下游技术与市场趋势研习、研判
后摩尔时代技术变化	新材料出现 新技术出现	新工艺、新设备的成熟周期不确定性 性能更好更优质新产品出现的冲击	技术前沿、前瞻性学习与知识储备 新产品新市场趋势的学习与研判

　　DMP-Based 产业链纵深演进会促使企业战略维度发生变化，在此情形下战略变化所涉及的关键人群和能力要求的维度也将发生变化，因为可能引发的技术提升和知识更新也将随之变化，见表 6-17。

表 6-17　DMP-Based 产业链纵深演进引发的战略及要求变化

企业战略维度变化	战略变化涉及的关键人群和能力要求	可能引发的培训需求
业务需求	商业模式	新商业模式、半导体企业尤其是集成电路企业生态化的学习
	产品	产品设计与开发培训、新产品线技术与设备培训、产品新标准培训、产品推广培训
	区域	区域推广培训、新市场策划培训等
组织要求	资本结构	资本成本培训、资本运作培训、资本项目培训
	组织结构	组织架构设计培训、公司治理结构培训、责权体系等培训
	新岗位	新岗位规则培训、标准培训、程序培训、制度培训等
	流程结构	管理流程、业务流程、控制体系、流程控制
文化变化	价值观	共同价值观体系、企业文化精要、发展战略
标准变化	行业标准	新标准培训、行业标准新进展培训
	质量体系	质量方针和质量目标、质量管理体系文件、质量体系审核、质量提升
	知识管理体系	知识管理文化、知识管理组织、知识管理运行及激励制度、知识管理系统

6.4.2 未来多产业链交叉融合情形下的技能提升策略探索

半导体产业具有多产业链交叉融合的特点，半导体产业直接的产品是芯片、传感器、元器件等，这些半导体产品大多数情况下是不能脱离实际应用场景而单一存在的。所以，半导体产业会越来越深地嵌套到其他产业链中，帮助解决其他产业链中的问题，提升其他产业链的功能。

多产业链的交叉融合为半导体产业从业人员带来新挑战，除了不断提升半导体产业本身需要的技能外，还需要结合应用的交叉产业链提升不同产业链知识，从而达到与交叉产业链的融合。

但是，根据地域发展战略和产业布局不同，不同区域的多产业链交叉融合对象各有不同，比如以某城市为例，该城市从最开始的重工业基地慢慢向汽车产业转变，近年来汽车产业已成为重点发展产业之一，而汽车与半导体之间的结合迫在眉睫。在半导体与汽车产业链交叉融合的情况下，半导体产业从业人才需要了解汽车电子相关知识，从而提升实现车规级电子产品的技能。

未来多产业链交叉融合情形下的技能提升策略见表 6-18。

表 6-18　未来多产业链交叉融合情形下的技能提升策略

交叉融合	演变形态	挑战点	预案策略探索
国际企业的进出	商业模式"垂直化"	同业竞争加剧、资本流动加快、人力资本复杂	提升企业的综合实力、发展中间业务、调整资产结构
资本扰动	金融风险、资本博弈	资本扰动带来产品形态稳定期压缩	优化战略、稳健布局
跨界企业的冲击	复杂的竞争环境、技术创新变革	跨界企业入行带来不同的生产形态和市场搅局	制定跨界战略、加强垂直整合
高端人才（人挑企业）	人才流失、成本风险	高端人才储备不足、释能不够、存在流失风险	营造高端人才队伍建设的战略态势、为高端人才提供更多的学习培训机会、帮助高端人才自主进行职业生涯管理、其他约束策略
技术、资金、人才、环境（软实力）	科研能力、创新能力需求提升	化解软实力危机、解决竞争风险的问题	明确企业的经营和奋斗目标、规定企业的价值取向、打造技术内核、提升人才高地

6.4.3 未来元宇宙时代的元教育知识更新体系探索

元宇宙的概念一经提出，就迅速成为全球的热门话题，同时也引发了科技、教育及文化等领域的高度关注。教育领域作为元宇宙应用场景的主战场，如何在元宇宙的赋能下，克服目前半导体人才培养中技术技能提升与知识更新过程中遇到的常见而又难以解决的老问题，如何利用元宇宙为未来半导体人才的培养提供新的方式、方法等，这些都将是应该高度关注和重点研究的"元教育"新课题。

对于学习者而言，元宇宙能为学习者创建沉浸式的学习环境，为学习活动提供虚拟空间和资源，如半导体生产车间等，可以支持虚拟空间中的社交互动、操作互动，如半导体设备的操作，甚至芯片的模拟仿真制作等。

在半导体的传统理论学习中，半导体工艺设备一般都是具象化的实体。在元宇宙元教育的状态下，对设备的了解和操作相关知识点可以进行相关虚拟化仿真设计，通过设备扫描培训资料中的二维码或戴 AR 眼镜等，就可以立体演示整个制造工艺流程、设备以及芯片产业的历史发展与变革，学员就可以沉浸式的虚拟实验室中，了解与掌握半导体产业的相关知识，奠定扎实的理论基础的同时，增强操作的互动。

通过元宇宙环境下的虚拟仿真＋互联网学习平台进行学习，可以记录学习过程，形成评价的基础参数，最终作为技能提升培训效果的评价标准之一，从而可以更加客观地评估实际培训效果。

在元宇宙元教育的模式下，技术提升、知识学习的交互过程将更充分。在元宇宙里，虚拟技术与 5G、人工智能技术相结合，相关内容和要素将更好地实现交互、服务和体验升级。由于强互动是元宇宙的一个基本特点，所以在虚拟世界里，每个人都可以扮演不同的角色，如半导体产线的角色分工，这些角色之间的互动性与真实世界趋同，因此，扮演不同的角色进行学习互动，有利于更加贴近于真实场景的学习体验，从而取得良好的学习和培训效果。

对于企业而言，如果元宇宙的趋势成为现实，那么半导体产业人才的培养、技能提升培训等将发生很大变化，更多线下的培训将更多地向企业在线培训迁移：一方面将提升培训效率、效果；另一方面将在培训评估、改进等培训管理方面提供更多数字化、智能化的支撑。

最后不得不提到，关于元宇宙元教育的时间和资金成本，因为这很大程度会决定元宇宙在教育培训方面的实施推进程度。

尽管在某种程度上，元宇宙相关技术和解决方案提供了一种效果好、低成本的学习、培训教育的替代方案。例如，建造一个半导体实训实验室可能需要上千万元资金，而且需要大量的空间和人工维护成本，而元宇宙虚拟实验室可以较好地解决了这个问题。

但事实上，就目前而言，元宇宙技术的背后有许多隐藏的成本。比如，元宇宙后期运营需要大量的资源来维持其运转，如数据中心（数据库）的运营成本，包括空间的租用、算力的支出成本、电力、相关维护人员等。此外，相关的硬件成本实际上增加了教育机构、培训机构的成本，如 VR 内容许可、数字孪生校园建设、VR 头部显示和其他投资成本等。这其中也包括后续的维护成本，甚至有可能更高。

未来培训体系的可能模式设想见表 6-19。

表 6-19　未来培训体系的可能模式

新体系	技术模式	挑战点	预案策略探索
基于视觉	AR、VR、MR	算力支撑、计算机图形引擎技术	借力国家虚拟仿真实验平台等相关公共服务资源，利用开源技术框架，优化产品
基于触觉	虚拟产线实操	关键工艺的操作器械手的感知训练	智能制造虚拟设备、操作流程及厂务系统操作
基于市场	市场预测	产能预测模型的建立	新结构基于大数据预测的数字孪生可视化

第7章 半导体产业国际化人才培养及引进

　　我国半导体产业一直受到各方面的种种限制，导致高端芯片长期且大规模依赖进口的背景下，相关产业的发展受到国家有关部门的重视，早在2011年国务院就颁发了《进一步鼓励软件产业和集成电路产业发展的若干政策》，并明确指出集成电路人才培养应深化改革，努力培养国际化、复合型、应用型人才。

　　随着全球半导体产业供应链重构加速，各个国家和地区纷纷发力布局本土半导体产业，不论是我国，还是美国和欧盟，都在芯片产业领域制定了各自的芯片政策，都在计划或已经投入巨资加强各自在半导体产业领域的竞争实力，其中最关键的就是人才的竞争。在产业内人士看来，由于海外并购频频受到外国政府阻挠，自身半导体技术的研发便显得更加重要。我国半导体产业除了需要资金支持外，更需要人才的培养，而借鉴半导体产业和技术发展较好的国家或地区的国际化人才培养经验与方案就尤其显得更加重要。

　　根据德勤发布的数据，2022年全球半导体行业从业人数为200万人，至2023年还需要再增加100万人。

　　2020年，以美国、欧洲、韩国为代表的国家和地区半导体产业从业人数呈现较为明显的增长。例如美国从业人员呈现大幅增长态势，达到近30万人，较2019年增长了14.87%；欧洲半导体产业从业人员规模呈现小幅增长，2020年从业人数为20万人左右，其中头部企业人数保持增长；韩国半导体产业从业人员规模近18万，较2019年增长了17.17%，预计到2030年其半导体相关岗位将增至27万个。

　　纵观整个半导体行业，整体上我国这些年来一直在追赶业界技术先进国家，同时由于半导体产业高度依赖全球分工协作，所以在人才的培育、培养方面，国外先进的方式、方法也很值得国内半导体产业参考、借鉴。本章将以半导体产业其他国家和地区的人才培养、培育模式与案例为主进行介绍。

7.1 国外半导体产业发达国家和地区人才培养模式借鉴

半导体产业经过六十多年的发展，已基本形成依照各个国家和地区资源要素分工的全球化市场格局，人才分布也随各个国家和地区产业规模呈现出区域集中的特点。表 7-1 为一些国家和地区半导体产业从业人员规模。

表 7-1　一些国家和地区半导体产业从业人员规模

国家 / 地区	半导体行业从业人员规模 / 万人
美国	30
欧洲	20
日本	16
韩国	18
新加坡	3

资料来源：数据来自公开资料整理，截至 2021 年 8 月。

本节将聚焦国外半导体产业技术人才（半导体芯片设计、半导体设备、半导体制造等方面的人才）的培养，产线操作类人员、市场销售人员的培育、培养不在讨论范围内。

7.1.1 美国半导体产业人才培养模式

美国的半导体产业人才发展政策主要集中于支持本国教育和研究，以及吸引、培养并留住其他国家优秀人才两方面。由于半导体产业是一个高度工程化的产业，美国教育界很早就认识到半导体产业人才和 STEM 教育之间存在着因果关系。2018 年 12 月 4 日，美国公布了《制定成功路线：美国 STEM 教育战略》（Charting a Course for Success: America's Strategy for STEM Education），详细介绍了美国政府致力于扩大和提高全民 STEM 教育，为未来经济保驾护航的 5 年战略。2019 年 11 月，美国教育部宣布将投资 5.4 亿美元支持 STEM 教育。2020 年，美国政府机构共设立 STEM 教育项目 174 个，预算共计 36.8 亿美元，比 2019 年增加了约 15%。美国 2021 年在《无尽前沿法案》（Endless Frontier Act）中也提出，5 年内拨款 100 亿美元用于创建 10 个技术中心，将美国各地的制造业中心和研究型大学连接起来，分散投资，以支持和扩大新技术的研究，包括半导体、人工智能和机器人技术等。

此外，一些大型半导体企业也通过与中学、高校和社区学院合作推进 STEM 教育，如设立奖学金吸引学生攻读相关专业、建立员工教育援助项目、鼓励女性学习相关专业、促进族裔多元化等方式鼓励培养相关人才。比如，美国某半导体企业每年提供数百万美元经费支持员工攻读与工作相关的学位，或为员工提供每年数万美元的学费报销；还有一些企业通过雇佣合作/学生实习等方式为企业培养储备人才。相关高校也通过开设实践相关的课程或设置导师项目，帮助学生提前了解行业情况和工作内容。

美国的半导体产业人才培养模式是业界的标杆，而且早已进入成熟期。我们以 QS 排名靠前的高校的课程设置为例进行分析。

1. 斯坦福大学

斯坦福大学有着全球顶尖的电气工程系，也是斯坦福大学工程学院最大的系，半导体专业、半导体实验室都隶属于该系。半导体产业方面有专门的"Integrated Circuits & Power Electronics"专业，隶属于硬件/软件系统专业方向，主要涉及电子电路系统的应用设计，涵盖从低频到毫米波和太赫兹的广泛频谱。该专业研究融合了多种技术，包括新兴的纳米和 MEMS 器件、纳米 CMOS 和 BiCMOS 工艺，以及各类分立电子器件。

该专业具体研究方向包括：

1）混合信号集成电路设计（数据转换器、传感器接口、成像技术和生物仪器）。

2）射频和毫米波集成电路设计（宽带通信系统、微波和毫米波成像、相控阵、集成天线）。

3）电力电子（开关模式电源转换器、谐振转换器、开关模式射频功率放大器无源元件设计、使用 SiC 和 GaN 的 10MHz 的转换器、高压电源、无线电力传输系统、脉冲电源应用、高压电源、无线电力传输系统、脉冲电源应用）。

4）新兴纳米系统（数字及模拟电路系统），包括设计方法、验证和测试、近似计算以及鲁棒电路和系统。

5）用于数字和模拟电路的硅技术建模，包括光电/射频应用、生物传感器和计算机辅助生物传感器设计、无线植入式传感器。

2. 加利福尼亚大学洛杉矶分校

加利福尼亚大学洛杉矶分校（UCLA）的亨利·萨缪理工程和应用科学学院（Henry Samueli School of Engineering and Applied Science）的电气工程（EE）专业包含集成电路相关学科，相关课程包括模拟 IC 设计、VLSI 电路和系统的设计和建模、RF 电路和系统设计、信令和同步、VLSI 信号处理和通信系统设计。

3. 加利福尼亚大学伯克利分校

加利福尼亚大学伯克利分校是世界著名公立研究型大学，为国际上最负盛名的高等学府之一。在半导体/集成电路领域，无论从研究实力、师资队伍还是实验室平台方面,该校均属全球高校中综合实力最强,是国际顶尖的半导体 / 集成电路人才培养高地。历史上,该校对集成电路产业发展贡献巨大,不仅培养了大批的半导体行业领袖,还在半导体器件(如 FinFET)、设计工具(如 SPICE、BSIM Model 等)、设计方法和计算机体系结构(如 RISC 处理器、RISC-V)等方面做出了突出的贡献。

在课程设置特点方面,该校首先关注自然科学类课程的设置。数学类课程的设置重点是微积分、线性代数、常微分方程和概率论。科学和工程物理学(A/B/C)主要讲授力学和波动、热学、电学、磁学、电磁波、光学、相对论以及量子物理。化学(1A)主要教授化学反应的计算法、原子的量子力学描述、化学键接、热力学平衡等。这些知识点广泛应用于集成电路的材料制备、设计、制造、封装、测试等多个领域。

其次,专业课程的设置横向上可以分为三类。第一类是计算机类相关课程,包括计算机程序、数据结构、计算机体系结构。第二类是电子类基础课,包括信号与系统、电子电路、数字系统设计等。第三类是集成电路专业核心课,从半导体工艺,到半导体器件、集成器件,再到模拟集成电路、数字集成电路和通信集成电路。课程设置从纵向看,包括了 4 门低年级课和 11 门高年级课,其中高年级课程都包含了实验。此外,专业选修课只有一门。

再次,每门专业课程都包含课堂讲授、课堂讨论、实验和项目等四个部分,体现了理论与实践结合、参与学习、自我学习等特点。

最后,每门课程的最终分数由多部分组成,重视过程监督和考核。以微电子器件和电路课为例,最终分数由课后作业(10%)、实验(20%)、两次中期考核(30%)以及期末考试(40%)构成。

7.1.2 欧洲半导体产业人才培养模式

2019 年 11 月,由国际半导体产业协会(SEMI)与欧洲 14 个国家的 19 个合作伙伴共同在德国慕尼黑工业大学(TUM)建立了一个研究机构,并发起了一项名为 METIS(微电子学培训、工业和技能,Microelectronics Training, Industry and Skills)的微电子学教育鼓励计划。该计划将总计 400 万欧元的公共资金,用于促进欧洲微电子人才的发展。

2020 年 11 月,欧盟委员会发布了《技能公约》(Pact for Skills),旨在让成千上万的工人适应新变化,掌握新技能,熟悉新岗位,帮助成员国实现绿色生态和数字化转型。在微电子产业,该公约计划募集 20 亿欧元,为产业集群内超过 25 万名工人和学生提供培训。

2022 年 2 月 8 日,欧盟委员会正式公布了《欧洲芯片法案》(European Chips Act),计划投入超过 430 亿欧元的公共和私募资金,以提振欧洲芯片产业。欧盟计划到 2030 年将其在全球的芯片生产份额从目前的 10% 增加到 20%。该法案主要包括欧洲芯片倡议、确保供应安全的新框架、欧盟层面的协调机制 3 个主要组成部分。其中欧洲芯片倡议将汇集欧盟及其成员国和第三国的相关资源，建立确保供应安全的芯片基金。该法案条款还包括监测欧盟产芯片出口机制，可在危机时期控制芯片出口；强调加强欧盟在芯片领域的研发能力，支持各国建设芯片生产设施，支持小型初创企业。

欧盟委员会在法案发布的同时，呼吁在包括微电子行业在内的关键工业生态系统领域建立欧洲技能合作伙伴关系，通过联合所有相关合作伙伴的力量，将人才投资的影响最大化，以提升现有人才的技能水平，适应绿色生态和数字化转型的新需求。欧盟委员会号召产业界、企业雇主、社会伙伴、商会、协会、教育和培训机构、职业介绍所等共同努力，为欧盟成员国国内所有适龄工作人员提供培训，共同推进欧洲人才的技能提升，从而填补转型道路上的人才缺口。

2021 年 2 月，欧盟 19 国共同推出了"芯片战略"，计划为欧洲芯片产业投资约 500 亿欧元，打造欧洲自己的半导体生态系统。欧盟委员会在 2021 年 9 月 3 日推出《2030 数字罗盘：欧洲数字十年之路》（2030 Digital Compass：the European way for the Digital Decade）计划，希望到 21 世纪 20 年代末，能生产全球 20% 的尖端半导体芯片。

欧洲各主要国家在鼓励半导体产业发展方面都不遗余力。德国半导体创新计划（German Chip Act）于 2021 年 2 月发布，该计划旨在促进德国半导体产业的发展和创新，总投资额为 10 亿欧元。该计划主要支持研发和创新、提高半导体生产能力、加强人才培养等方面。法国通过了"法国 2030"计划，该计划旨在通过投资、技术创新和人才培养等方式，提高法国通过创新实现经济增长的能力。其中涉及半导体、生物制药、核能、电动汽车、农业等领域，例如在半导体领域，法国将投资近 60 亿欧元，应对半导体短缺并确保法国工业在该领域的独立性，使法国电子产品产量在 2030 年前增加一倍。意大利计划在 2030 年前拨出逾 40 亿欧元的资金用于推动本土芯片制造业发展，以吸引全球领先的半导体企业的投资。同时，意大利政府也在一直撮合英特尔在罗马建造一座芯片工厂，罗马负责提供公共资金与其他优惠条件，该项目投资约 80 亿欧元，计划十年建成。

欧盟同时也是半导体产业专业人才培养的标杆之一，以下列举 3 所欧洲的高校，通过分析其课程构成剖析其人才培养模式。

1. 荷兰代尔夫特大学

欧盟在电子工程方面有非常完备的课程体系，其中以荷兰代尔夫特大学最为完备，这也是 ASML 等荷兰半导体设备公司能够长期占据全球半导体行业制高点的原因之一。

该校半导体相关课程分为无线通信和传感、信号和系统、微电子学三个方向，具体课程设置见表 7-2。

表 7-2　荷兰代尔夫特大学半导体相关专业课程设置

课程类型	无线通信和传感方向	信号和系统方向	微电子学方向
基础公共核心课	先进计算系统 资料查阅及学术技能 统计数字信号处理 控制系统设计 电磁学 网络技术基础 测量和仪器 模拟电路设计基础 系统工程 应用于电气工程的机器学习		
跟踪型核心课程	高性能数据网络 信息论 电磁波的传播和散射 雷达基础：从基本原理到应用 无线通信基础 估计与检测 无线网络	应用凸优化 信息论 波场成像 数据压缩：熵编码和稀疏的编码 无线通信基础 估计与检测	结构化电子设计 模拟 CMOS 设计 I 半导体器件物理 用于无线应用的集成电路和系统 数字集成电路设计 传感器和执行器 集成电路和 MEMS 技术
专业选修课	气体观测 天线系统 电磁学进阶 应用凸优化 分布式信号处理 信息论 电磁波的传播和散射 准光学系统 波场成像 电磁学谱域方法 雷达对象分类学 数据压缩：熵编码和稀疏编码 传感器信号和数据处理 纠错码 电信架构和商业模式 通信信号处理 雷达基础：从基本原理到应用 超宽带技术	医学成像信号和系统 解剖学和生理学 生理学和工程学 天线系统 数字音频和语音处理 应用凸优化 分布式信号处理 信息论 电磁波的传播和散射 波场成像 先进的磁共振成像 雷达对象分类学 基于贝叶斯技术的机器学习 矩阵处理 传感器信号和数据处理 纠错码 生物医学电子学 生物电 通信信号处理	解剖学和生理学 计算机算法学 HDL 系统设计 模拟 CMOS 设计 II 应用凸优化 有源植入式生物医学微系统 量子计算电子学 波场成像 无线概念和系统 用于无线应用的集成电路和系统 高级数字集成电路设计 硬件可靠性 超导天文仪器 生物医学电子学主题 通信信号处理 处理器设计项目 模拟集成电路设计 纳米电子学

（续）

课程类型	无线通信和传感方向	信号和系统方向	微电子学方向
专业选修课	雷达进阶：理论与系统设计 测量和模拟互联网 无线、微波和雷达工程中的应用电磁分析 无线通信基础 估计与检测 自组织网络 复杂自然及人造网络 无线网络 高级移动通信技术 网络安全 分布式算法 "黑客实验室"应用安全分析 智能手机感应 通信网络和系统的性能分析	雷达基础：从基本原理到应用 超宽带技术介绍 雷达进阶：理论与系统设计 传感器和执行器 无线通信基础 估计与检测 自组织网络 神经网络 模式识别 安全和密码学 医学可视化 项目系统与控制 鲁棒多变量控制设计 控制理论 过滤和识别 集成项目系统与控制 模型预测控制 基于知识的控制系统 系统和控制优化 信号、系统和控制方面的专题 混合系统的建模和控制 车辆机电一体化 傅里叶和拉普拉斯变换 近似理论	传感器和执行器 微系统集成 微电子可靠性 过采样数据转换器 奈奎斯特速率数据转换器 高级无线收发器 光伏基础知识 光伏技术 光伏系统 CMOS 技术中的功率转换技术 成像传感器 先进微电子封装 集成电路技术实验 结构化电子设计实验

荷兰在半导体人才培养方面独具的特色包括：

1）跨学科培养：课程纷繁多样，包括电子工程、物理、化学、材料科学等多个学科的交叉融合。这种培养方式可以帮助学生掌握多个领域的知识和技能，提高他们在半导体产业中的适应性和竞争力。

2）实践导向：注重学生的实际操作能力和解决问题的能力。学生在学习理论知识的同时，还需要进行实验、项目实践等实践活动，以加深对理论知识的理解和应用能力。

3）与产业合作：荷兰的半导体人才培养机构通常会与半导体产业公司进行合作，为学生提供实习、项目合作等机会。通过与产学合作，学生可以更深入地了解半导体产业的发展趋势和市场需求，同时也可以获得实践经验和职业发展机会。

4）国际化的培养：荷兰的半导体人才培养非常国际化，吸引了来自世界各地的学生和教师，代尔夫特大学有一半以上的教师和学生来自其他国家。通过与来自不同国家的学生和教师进行交流合作，拓展自己的国际视野和跨文化交流能力。

2. 比利时鲁汶大学

比利时鲁汶大学电气工程专业有专门的电子和芯片设计（Electronics and Chip Design）专业，具体课程见表7-3。

表7-3　比利时鲁汶大学半导体相关专业课程设置

课程类型	课程名称	
专业必修课	通信及信息系统 数字信号处理 模拟及混合信号 电子设备信号处理 电信系统构建 数字平台设计 模拟电路的设计与实现 计算机体系结构 集成电路设计 微电子技术	PCB、微电子和纳米天线技术 数字集成电路设计 电子技术与芯片设计 计算机辅助集成电路设计 模拟和数字系统中的电磁干扰 用于人工智能和嵌入式处理的计算平台 MEMS 和微系统 射频和毫米波集成电路设计 实时控制软件设计
专业选修课	测量系统 集成射频元件和电路 半导体物理学 纳米电子材料物理与技术	数字通信系统分析 微型和纳米电子元件的可靠性和良率 电磁传播硬件安全 进阶模拟和射频 IC 设计

3. 意大利都灵理工大学

意大利都灵理工大学的电子与电气工程系的国际课程在 2021 QS 排名中获得前 10% 的好成绩，其相关专业课程设置见表7-4。

表7-4　意大利都灵理工大学半导体相关专业课程设置

课程类型	集成电子和光电子的器件和技术	微电子学	电子系统
必修课	数字电子技术 集成数字系统 测量系统和传感器 测试和认证 高速电子器件 光电子学 电信电子产品 模拟和电力电子 微纳电子器件 微波电子学 无源光学元件 半导体器件 CAD 集成系统技术 光子器件	数字电子技术 集成数字系统 测量系统和传感器 测试和认证 光电子学 电信电子产品 模拟电子和电气电子技术 数字微电子 低功耗电子系统 模拟集成电路 集成系统技术 射频集成电路 集成系统架构 纳米电子系统	测量系统和传感器 测试和认证 光电子学 集成数字系统 电信电子产品 模拟电子和电气电子技术 数字微电子 雷达和遥感 低功耗电子系统 集成系统架构 集成系统技术 操作系统 有限元建模 嵌入式系统集成

（续）

课程类型	集成电子和光电子的器件和技术	微电子学	电子系统
选修课	有限元建模 嵌入式系统集成 信号处理与光传输实验 信号处理与无线传输实验 大数据：架构和数据分析 凸优化及工程应用 用于 AI/ML 的嵌入式电子系统 开放光网络 信号完整性和合规性的先进设计 生物信息学 电磁场和生物组织：效应和医学应用 工程管理心理学 用于物联网的创新无线平台 用于能源应用的纳米材料和纳米技术 通信系统项目和实验 数字技术与社会 纳米电子系统 射频集成电路 晶体和有机半导体中的电子传输	有限元建模 嵌入式系统集成 信号处理与光传输实验 信号处理与无线传输实验 无源光学元件 雷达和遥感 辐射电磁系统 大数据：架构和数据分析 凸优化和工程应用 用于 AI/ML 的嵌入式电子系统 开放光网络 信号完整性和合规性的先进设计 生物信息学 电磁场和生物组织：效应和医学应用 工程管理心理学 用于物联网的创新无线平台 用于能源应用的纳米材料和纳米技术 通信系统项目和实验 数字技术与社会	信号处理与光传输实验 信号处理与无线传输实验 先进天线工程 协同设计方法和工具 信号完整性和合规性的先进设计 大数据：架构和数据分析 凸优化和工程应用 用于 AI/ML 的嵌入式电子系统 开放型全光网络 生物信息学 电磁场和生物组织：效应和医学应用 工程管理心理学 用于物联网的创新无线平台 用于能源应用的纳米材料和纳米技术 通信系统项目和实验 数字技术与社会

比利时虽然国土面积不大，但其综合学术在欧洲的地位一直较高，得益于如下先天优势：

1）杰出教育机构间的横向合作：比利时拥有多所声誉卓著的大学和学院，除鲁汶大学外，还有根特大学和列日大学等。这些教育机构提供广泛的半导体相关课程和专业，包括微电子工程、半导体物理等，学校之间地理位置较近，教师和学生联系广泛，因此优势能够互相融合放大。

2）卓越研究机构的充分赋能：比利时在半导体领域拥有众多世界知名的研究机构，其中最著名的是 IMEC（比利时微电子研究中心）。IMEC 是全球领先的研究机构之一，在半导体技术和创新方面取得了显著成就。在校学生有机会与专业研究人员一起从事前沿的科学研究和工程项目。

3）全方位的创新创业支持：比利时政府积极支持创新和创业精神，为创新者提供资金、设施和咨询等支持。学生和教师可以获得各种创业支持、导师指导和创新资源，帮助他们将半导体技术转化为商业机会。

7.1.3 日本半导体产业人才培养模式

据不完全统计，日本自 2019 年发布《超智能社会高技术人才培养计划》以来，尚未有国家层面的半导体产业人才相关政策，但自 2021 年以来陆续出台了多项产业发展战略，在支持本国企业加强研发的同时，还大力引进世界顶尖研发制造企业。2021 年 2 月，台积电公司宣布在日本筑波科技城设立 3D IC 研究开发中心。日本政府鼓励半导体生产设备企业、材料企业与之合作。2021 年 3 月，日本产业技术综合研究所与佳能、东京电子公司、SCREEN 达成联合开发协议，为迎接新一代高速通信技术的普及，出资 420 亿日元共同开发 2nm 级半导体芯片及其生产技术。

2021 年 6 月 4 日，日本经济产业省宣布，日本已完成对半导体、数字基础设施及数字产业战略的研究汇总工作，确立了以扩大国内生产能力为目标的"半导体数字产业战略"。至此，重振日本的半导体和数字产业，作为一项国家层面的战略被提出。通过这一战略，日本将加强与海外合作，联合开发尖端半导体制造技术并确保生产能力；加快数字投资，强化尖端逻辑半导体设计和开发；促进绿色创新；优化国内半导体产业布局，加强产业韧性。

以日本东北大学为例，该校是其国内较早开展半导体专业人才培养的高校，其相关课程设置非常庞大，同时配套了数十个实验室以打通产业化和学术研究间的隔阂，这也是日本半导体产业一直在亚洲位于第一梯队的重要原因。

日本东北大学半导体相关专业的具体课程见表 7-5。

表 7-5　日本东北大学半导体相关专业课程设置

学段	电气与电子工程专业	信息与通信工程专业
研究生	凝聚态半导体理论 电力电子电路与系统 纳米材料测量技术 能量系统理论 能源装置理论 模拟集成电路 纳米材料测量 光伏发电基础 等离子工程 光与物质基础理论 无线通信工程	模拟集成电路 信息光学处理 基本传感信息学 仿真大脑计算 医学影像系统 以人为本的信息系统 超大规模集成电路系统设计 通信和计算机工程 高级通信系统工程 多维信息处理 无线信号处理

（续）

学段	电气与电子工程专业	信息与通信工程专业
研究生	电磁波专题讲座 超大规模集成电路工程 电气建模和仿真 固体物理专题 高频测量工程 电力工程专题讲座 知识信息资源和专利的利用 电子物理性质基础理论 超大规模集成电路系统设计 脉冲电源工程 电力电气系统分析与控制 光通信系统 双极晶体管和化合物半导体 电力电了 电力系统应用专题讲座 半导体存储器专题讲座 信息存储工程 电力电子控制与分析专题讲座 量子化学专题讲座（材料） 光电子学 波导电路理论 电气与电子工程研究 成像材料 光与物质基本理论 纳米器件材料分析/等离子处理 磁与自旋工程专题讲座 磁悬浮与磁支撑工程 先进功能电子设备 纳米结构器件 人工智能与通信网络系统专题讲座 介电特性和有机器件专题讲座 光与物质基本理论 纳米材料电子 专业英语	大脑和并行计算的统计理论 资讯及通信工程研讨 并行和可重构的 VLSI 计算 高级信号处理（ICT） 现代密码学 数据通信系统 医学信息学 信息与通信工程研讨 超人规模集成电路布局设计 医学图像处理 视觉感知机制 虚拟现实与交互 语言工程 先进的信息和通信网络 感官信息的高级测量 媒体质量 高级信息与通信理论 IT 社会与信息安全 语音信息技术 信息与通信工程课程校外项目 移动通信高级专题 量子信息处理 信息与通信工程研究实习合作 信息与通信工程专项实验
本科	电子学基础 电路 I 傅里叶变换和拉普拉斯变换 电与磁 I 计算算法和编程	信号和系统分析 传播理论（ICT） 高级计算机编程（ICT） 线性电路 信息与通信工程概论

（续）

学段	电气与电子工程专业	信息与通信工程专业
本科	半导体物理学 电气与电子工程实验 电路Ⅱ 电与磁Ⅱ 控制理论 应用概率和统计理论 电气和电子工程师分析 量子力学 电磁场和波 模拟电子电路 离散时间系统 电力工程Ⅰ 电子测量 波导工程和无线电波 先进的电子电路 机械工程概论 电子器件Ⅰ 半导体和器件应用的光学物理 信号系统 科学与工程伦理（电气与电子工程） 高压工程 能源电力转换技术 电力电子 计算机体系结构（电气和电子工程） 核工程概论 数字电子电路 材料力学基础 电气与电子工程实验室 集成电路技术 通信理论（电气与电子工程） 电气电子项目 半导体制造工艺 电源设备 光电子学 电力工程Ⅱ 电子电气材料 电子材料科学 电气化铁路 电机及仪器 电力工程实验 存储设备 线性控制定理	信息与通信工程实验Ⅰ 逻辑电路理论与设计 信息与通信工程基础Ⅰ 概率统计（ICT） 基本计算机编程（ICT） 信息与通信工程基础Ⅱ 代数系统和编码理论 自动机和语言（ICT） 信息与通信工程Ⅲ 计算机逻辑设计（ICT） 电路 数字信号处理 信息与通信工程实验Ⅱ 离散结构和算法 逻辑推理 通信系统 统计信号处理 网络架构和控制 计算机体系结构（ICT） 感觉和感知系统 机器学习（ICT） 独立研究项目（ICT） 泛函分析和逆问题 高级独立研究项目 通信网络基础 具体数学 多媒体分发技术 嵌入式系统 使用信息通信技术的服务设计 集成电路设计 学院高级独立研究项目（ICT领域） 信息与通信工程 数学规划 线性电子电路 人工智能（ICT）基础 数值分析（ICT） 密码技术与网络安全

（续）

学段	电气与电子工程专业	信息与通信工程专业
本科	工程写作 电机设计与绘图 电力工程规范与运行管理 电子器件Ⅱ 环境净化实验室	

日本的半导体人才培养能够立足本土优势，充分借鉴全球外脑，有着比较鲜明的特点：

1）企业积极参与：日本的半导体企业在人才培养方面积极参与，通过与大学、职业学校等教育机构合作，共同开展研究和教育项目，提供实习和就业机会。例如，东芝、索尼、NEC 等知名企业都与日本东北大学有长期合作，设立了研究实验室和人才培养基地。

2）职业培训：日本一直以来就有重视职业培训的特点，高校以外的各类职业培训机构实力雄厚，不仅为半导体人才提供职业技能培训和认证，还提供包括实习、实践、实操课程、独特的行业大赛等，既提高了半导体人才的实践能力和职业素养，又创造了一个完全可以与大学教育相当的发展通道。

3）国家提供专项创新和创业支持：日本政府专门设立了"日本产业革新投资机构"（JIC），其中也为半导体创业企业提供资金和技术支持，每年的投入都在百亿美元以上，包括但不限于技术购买、人才扶持、上市辅导等。还有日本科学技术振兴机构（JST）、日本物质材料研究机构（NIMS）等，都为人才培养提供了科研资源和支持。

7.1.4　韩国半导体产业人才培养模式

2021 年 5 月，韩国政府与 153 家半导体企业共同发表了《K 半导体战略》，旨在保持韩国在存储芯片行业的领先地位，建成全球最大的半导体生产基地，并争取引领系统芯片行业，成为全球半导体产业供应链的核心成员。为实现该目标，将使用 4500 亿美元用以支持未来 10 年的各类研发工作。在人才培养方面，该战略的目标是到 2031 年培养 3.6 万名半导体人才，设置一批与半导体生产设备和工艺、基础理论研究、新产品开发等场景密切相关的新学科，并面向在职者或毕业生提供半导体专门实务教育。此外，为防止人力外流，还制定了"半导体名人"计划、特聘教授计划等有吸引力的人才保留方案。

2022 年 7 月，韩国副总理兼教育部长李周浩与企划财政部、科学技术信息通信部、产业通商资源部、雇佣劳动部等部门联合发布有关培养半导体人才的方案，批准韩国政府在未来 10 年培养 15 万名半导体专业人才，其中高校半导体相关专业招生名额最多将增至每年 5700 人。

2022 年 9 月，作为上述 "半导体相关人才培养方案" 的后续措施，韩国教育部与来自政府、产业界以及研究界共计 15 家机构联合签署 "半导体人才培养支援合作中心的业务协议"，旨在为半导体人才培养方案的落地提供运营基础，并负责协调半导体相关人才在培养过程中出现的困难事项。在运营层面，该协议签署机构包括以韩国教育部、产业通商资源部、科学技术信息通信部为代表的政府部门和以韩国大学教育协议会、韩国专科大学教育协议会为代表的教育机构，以及以三星电子、SK 海力士和韩国半导体产业协会为核心的产业机构。韩国教育部计划以此次协议签署为契机，打造联结大学、职业学校、半导体公司以及研究机构的合作网络，通过跨机构之间的信息共享和通力合作培养高质量的半导体专业人才。在职能分工层面，该协议指定政府部门作为统筹协调中心，负责引进半导体相关的专家资源、制定半导体教育政策、发掘半导体前沿课题、进行半导体产业人力需求分析以及公共活用基础设施等事项；指定教育部门在开发半导体人才培养课程的同时，还肩负收集产业界的人才意见、研究半导体人才培养路径并向各地区共享的职能；指定产业界负责支持培养半导体相关人才所需的设备、场地和资金，以及为相关人才提供现场实习的机会，反馈半导体紧缺型人才的标准等事项。此外，韩国半导体产业协会还负责分析半导体产业人力需求前景以及半导体相关技术动向和未来展望分析等前瞻性研究。同时将从中小学阶段起加强 STEM 教育，着重提升数学及科学教育基础能力。

针对半导体专业的本科及硕士研究生教育，韩国将建立更加符合产业现场需求的人才培育体系，主要有如下措施：

1）优化学位取得途径，不仅可以依托传统的论文撰写取得，还可以依托产业或创业实务取得。

2）引入双轨制培养，扩大非学位型的创新课程，在各类工学院全面引进 AI 教育及现场实战教育，建设灵活且适应未来需求变化的产业人才培养体系。

3）积极扩大民间主导的人才培育。

4）针对在职人员，建立专业能力持续开发体系，提供高水准专业在职教育。

5）加强大学回流教育（Recurrent Education），建构专业技术人员职务转换支援体系等。

在人才引进方面，韩国进一步强化了海外人才引进政策，比如提供优秀人才签证特例、破格吸引核心领域人才、建设全球人才特区、促进国际合作研究、搭建硕博士交流平台等，以扩大全球研究网络，持续吸引人才及推动交流合作。针对高层次科技人才，发掘其可持续活跃的新活动领域，建构高层次科技人才支撑体系，包括设立资深科技人才支持中心，研究制定高层次科技人才综合计划，协助其参与科技领域的政府开发援助（Official Development Assistance，ODA）计划等。

　　韩国是全球内存芯片制造的领头羊，同时也一直兼顾非存储类的逻辑芯片的设计和生产领域。作为韩国经济增长的主要动力，半导体领域在未来 10 年将出现 3 万名左右的人才短缺，因此韩国政府不遗余力地发展相关人才培养计划。目前只要在政府指定的专门从事半导体领域的高等教育机构进行综合本科学习，就可获得可观且稳定的国家补助金。同时，政府也鼓励机构设立研究生院，开设硕士和博士课程，进而培养更多、更高端的具备相关领域知识的专家，从而达到扩充具有相关经验和研究专长的产业和学术人员队伍的目的。值得一提的是，韩国还鼓励人文社会科学专业的学生也学习半导体相关课程，并将学习范围扩大到零件、材料、设备等领域。

　　韩国深刻理解虽然半导体产业链是一个高度全球化的市场，但可以通过不断提高在某项市场领域的专注度，或者完善生产制造环节的方式，降低对其他市场的依赖。通过设立专门的教育项目和机构，每年规划培养 1200 名半导体专业领域高级人才。韩国已经意识到要实现在半导体核心领域的自主的发展，必须将人才培养纳入其国家信息产业发展的关键政策中。

　　下面以韩国最著名的首尔大学为例剖析韩国半导体人才培养模式。该大学也是韩国半导体人才的主要培育场所，其课程规模比较大（见表 7-6），学校具备各类先进的实验室和专业的教学资源。

表 7-6　韩国首尔大学半导体相关专业课程设置

类型	电气专业	微电子专业	计算机专业
必修课	电子电路与实验导论 电气与电子工程导论研讨 数字逻辑设计与实验 电磁学导论与实践 电气系统的编程方法论 线性代数 高级电气与电子工程研讨 电磁学 电力与能源系统概论 机电能量转换 信号与系统 随机变量过程概论 数据通信网络概论 通信概论 控制工程基础	电子电路与实验导论 电气与电子工程导论研讨 数字逻辑设计与实验 电磁学导论与实践 高级电气与电子工程研讨会 量子力学应用 半导体器件 电子电路导论和实验 模拟电子电路	电子电路与实验导论 电气与电子工程导论研讨 数字逻辑设计与实验室 电磁学导论与实践 编程方法论 数据结构导论 电子电路与实验导论 高级电气与电子工程研讨 计算机组织 算法导论 数字 系统设计与实验

（续）

类型	电气专业	微电子专业	计算机专业
选修课	电力系统经济学通信系统 机器人学概论 电气和电子工程新工业技术 数字信号处理 智能系统简介 电机与控制 电磁工程 先进的控制技术 电力电子 网络协议设计与实验	量子力学应用 半导体器件 电子电路导论和实验 模拟电子电路 纳米电子器件基础 电物理概论 数字集成电路 光子学概论 微系统技术概论 有机电子器件 生物医学工程概论 生物仪器	电气和电子工程 电气设备和系统的设计项目 操作系统 嵌入式系统设计 编译器设计

韩国作为全球重要的半导体产品生产国，其人才培养体系也有鲜明的特征：

1）产学深度结合的教育体系：韩国的大学和研究机构在半导体技术方面具有很强的实力和声誉，其教育体系注重科学和工程领域的培养，并为学生提供广泛的半导体相关课程和专业，教授课程的教师很多都来自一流的半导体企业，同时，一流的半导体企业也为韩国的大学、研究机构提供绿色通道，优先提供良好的实践环境，学生有机会亲身参与半导体生产过程，具备对半导体工艺和设备的实际操作能力。

2）培养系统级设计能力：通过设置相关课程和提供相关实践机会，让学生了解整个系统的设计流程和各个部分之间的联系，提高学生的系统级设计能力。跨学科、跨专业的优秀半导体人才在立体化的教育环境下更容易脱颖而出。

3）不遗余力地支持国际合作：韩国深知通过与国际企业、研究机构建立合作关系，引进先进技术和管理经验，可以有效提高半导体人才培养的质量和水平。政府和学校积极为半导体人才培养提供资金支持，例如设立奖学金、提供学费补贴、提供实习实验场所等，以吸引更多学生选择学习半导体相关专业，吸引更多的外国专家来授课交流。

4）将半导体人才培养方案与国家战略深度绑定：半导体产业作为韩国的支柱产业，同时面临来自各方的激烈竞争，因此韩国政府几乎每年都要调整相关的产业政策，各高校和研究机构也随之调整自身的人才培养策略。

7.1.5 新加坡半导体产业人才培养模式

新加坡政府在 1991 年制定了跨世纪发展战略《新加坡：新的起点》，规划了 20 世纪前 30 年的发展，指出要在 2030 年将人均 GDP 发展到与美国相同的水平。为了达到这一目标，新加坡采取了多项措施，包括吸引更多跨国公司在新加坡设立地区总部、鼓励将本国企业发展成具有世界一流水平的企业、积极推进结构调整与产业升级、加速整体经济从技术"引进型"向"创新型"转变、全面提高教育质量等。

吸引半导体人才及企业到新加坡发展的首要条件是良好的营商环境，包括当地政府的政策、便利的交通位置和健全的司法保障。回顾新加坡的经济发展，其政府在调整各阶段经济结构中发挥了重要作用，让新加坡摆脱了依靠低端劳动力的经济结构，发展成为亚洲的金融、科技中心。

注重人才培养的新加坡有着全球顶尖的教育资源。新加坡国立大学在 2021年的 QS 世界大学排名中排名第 11 位，南洋理工大学排名第 12 位。新加坡国立大学的材料工程全球排名第三，计算机科学与信息系统全球排名第四，电气工程全球排名第五；南洋理工大学的材料科学全球排名第一，电气工程全球第四，机械工程全球第五。而这些专业都与半导体行业息息相关，因此大量的相关专业的人才也是新加坡能够吸引半导体厂商的关键因素。南洋理工大学是东南亚地区重要的高等学府，提供了完整的半导体人才培养通道，其课程设置见表 7-7。

表 7-7 南洋理工大学半导体相关专业课程设置

类别	电气与电子工程	
必修课	社会工程学 从计算思维到编程 高等数学Ⅰ&Ⅱ 电气与电子工程物理基础 简明工程实践 EEE 实验室 电路分析 模拟电子 数码电子	半导体基础 电气设备和机器 工程数学Ⅰ&Ⅱ 数据结构与算法 信号与系统 工程电磁学 数据科学与人工智能简介 工程通信
选修课	数字集成电路（IC）设计 模拟 IC 设计 先进晶圆加工 高级半导体器件 集成电路（IC）封装 通信工程 计算机工程 数据智能与处理 生物医学电子 电力与能源 智能系统与控制工程 项目管理与科技创新 用于无线通信的射频电路 遗传算法和机器学习 电磁兼容设计	量子信息与工程 LED 照明与显示技术 先进半导体物理学 激光技术 光电子学高级工程 微处理器 建模与控制 沟通原则 半导体器件与加工 数字信号处理 电力系统与转换 计算机通信 简明光子学 集成电子电路

新加坡依托其得天独厚的地理位置，成为亚洲集成电路领域重要的人才输出基地之一，其人才培养模式有如下特点：

1）课程设置偏重基础：因为新加坡本土并不适合需要大规模产业配套的晶圆和集成电路生产行业，本土仅有一些中小型的封测企业，因此人才培养以实用为主，旨在让毕业生能够牢固掌握集成电路相关基础知识，并不强调大而全的课程体系的建设。

2）公私合作：新加坡一向有注重公私合作的传统，特别是高等教育机构与企业之间的合作关系。多家企业与新加坡的大学和研究机构合作进行半导体研发、实践项目和实习计划，为学生提供与实际工作需求相匹配的培训和经验。

3）设施共享，联合创新：新加坡拥有先进的研究设施和实验室，比如新加坡与麻省理工学院联合研究院，提供世界一流的研发环境和资源，为新加坡的相关高校提供设备共享服务。新加坡先进制造研究院致力于推动半导体制造、自动化和智能制造等领域的创新，通过长期联合各高校的相关机构，以资金、技术、金融等手段为在校学生、教师提供创新的温床。

7.2 我国半导体国际化人才引进和培养模式探索

随着各主要国家纷纷将发展半导体产业上升到重大战略层面，全球不约而同地认识到由于半导体产业发展的关键点之一就在于人才竞争，必须出台相关法案和政策加强对当地半导体人才进行培养、保护和激励等，并积极引入外脑，迅速提升本国在该领域的技术势能。

各国这些政策势必将对全球半导体产业的人才流向产生不同程度影响，以及直接和间接加剧国内半导体人才短缺和产业发展升级的困境。对此，探索其中的破局方法和策略具有极大的战略意义和重要性。有观点认为，在强化海外引才保障方面，我国应最大限度推动"应引尽引""能引则引"，以及尽快出台相关措施，系统性、全方位地保障半导体行业重点企业和人才的合法利益。为此，本节做出一定的探索与展望。

7.2.1 我国半导体国际化人才引进模式

在当前所处复杂的国际形势下，欧美的各种芯片法案等给我国利用国际人才和创新资源带来了不可忽视的挑战，但国内半导体产业界仍在向技术门槛更高的半导体设备、材料和核心零部件等领域进军，然而，成功与否的关键就在于人才。同样重要的是要有行之有效的破局路径和策略。

但首先需要明确的是，解决"人才荒"和关键技术都是系统工程，不能急于求成。印度著名市场研究公司 Counterpoint 也认为，半导体人才储备和竞争将是一场马拉松，而不是短跑。有半导体制造雄心的国家和地区必须制定整体战略，以提升现有人才库的技能。

随着美国对我国半导体产业的限制以及全球竞争激烈程度的增加，我国应采取一系列的可行方法来应对这种局面。首先，我国需要加强海外引才的保障，尽可能地吸引更多的人才回国发展，实现"应引尽引"和"能引则引"的目标。同时，我国也需要在自主培养领域给予超常规的支持和发展，推动形成产学融合的人才培养体系，这将有助于满足国内产业发展对高素质人才的需求，并提升该领域的竞争力。

客观而言，国内半导体行业的某些岗位薪酬并不亚于美国。然而，美国集成电路产业在技术提升机会、发展空间和环境等方面具有优势，因此吸引了世界各地的大量芯片人才。对此，我国可以从美国芯片法案中增加人才供给的六大途径中汲取一些经验。这些途径包括加强 STEM 教育、加强先进制造类课程培养、推动课程改革、吸引其他行业人才、改革签证系统和移民政策等。

1. 引进半导体人才"三部曲"

（1）明确引进半导体人才的目标

引进国际化人才时，首先需要根据企业的具体情况和战略发展要求来量身定制岗位。除了根据具体业务需求物色合适的人选外，企业还需要明确这些人才在公司战略中的作用和位置。引进国际化人才的目的通常是需要借助他们的能力来打造机构化的能力，并将其内化为组织能力，从而成为企业未来的核心竞争力与 DNA。所谓铁打的营盘流水的兵，不管人才怎么流动，只有机构化能力才真正能够传承下去。然而，许多企业在引进人才时可能没有深入思考如何实现这一目标。

如果引进外来国际人才的目的是建立机构化能力，那就需要与考核明确挂钩。比如，需要建立起什么管理体系，什么流程；任职期间，要带出什么样的队伍，实现什么样的技术成果，研发出什么样的产品等，都要有明确的目标。

（2）构建引进人才支持框架

很多企业认为，引进人才自然就能将国际最佳实践和整套系统架构全盘引入，但通常会存在以下问题：

首先，现有内部人员的能力与引进人才完成任务的能力可能存在较大差距。

其次，实践经验丰富的国际企业通常具备系统而有序的管理流程和体系，并且在专业化分工方面非常明确，其能力发挥依赖于现代化公司体系架构，而这却是很多国内企业的短板，他们往往寄希望于一个引进的人才就能解决所有问题。

再次，每家企业都有自己的文化和行为方式。对于一个引进的人才，特别是外籍人士来说，了解和适应公司的特质，必然需要一段时间。

因此，企业必须清楚地意识到可以为引进人才提供什么样的支持和空间，才能使其成为组织中的有机部分并开始运作，否则很有可能造成其无法扎根成长，甚至无法发挥作用。企业需要充分了解自身的局限性和业务诉求，并可以真正合理利用资源，那么引入人才与这样的团队进行匹配，整合就比较容易实现。

最后，还需要考虑如何设立相应机制，使其发挥最大作用。有些企业家认为，现有内部人员能力低，理念也不好，所以不如招聘一些具有先进理念的外来人才来帮助工作。古语云"橘生淮南则为橘，生于淮北则为枳"，这意味着如果企业的机制和体制没有调整，即使引进来的外来人才具有先进的理念，也很容易被同化掉。

（3）循序渐进发挥引进半导体人才的作用

半导体企业在引进外来人才时，必然要与内部管理能力进行对接。外来人才的作用需要时间来体现，所以这种对接需要分阶段分步骤进行，有时候还需要建立内部沟通机制。引进人才应该先被安置在一线职能部门，通过相关工作，他们可以更好地理解业务并体验企业文化。当他们证明了自己的能力之后，就可以被具体指派去经营指定的业务，并对该业务的业绩负责。这样的安排能够让外部人才更好地融入企业，并逐渐展现他们的才能。

2. 政府主导引进半导体人才

1）以重大活动为平台和抓手。为更好地引进国际化半导体人才，可以充分利用从中央到地方制定的各种计划，组织实施一系列国际化人才的大型活动。半导体集成电路产业发展有重要布局的省市和地区应该率先提出建设半导体国际人才高地的计划，并推出引进和利用国际化半导体人才的相关举措。渠道包括组建官方权威的平台、设置海内外服务机构并开展相关活动等，例如"中国国际人才市场""中国国际人才交流大会""海内外高科技人才活动周"等。

2）以优惠政策为手段。为增加对国际化半导体人才的吸引力，出台针对性优惠政策，通常包括福利性政策和发展性政策两类。福利性政策主要有住房、医疗、安家费用、配偶子女安排等；发展性政策主要有各地政府为引进半导体人才提供的事业发展平台、成果转化奖励、创新创业支持等。

3）以柔性引进为主要方式。柔性引进就是指打破国籍、户籍、身份、档案、人事关系等人才流动中的刚性制约，建立在关系不转、户口不迁、双向选择、来去自由基础上的国际化半导体人才利用方式。可以通过技术转让、技术入股、合作研究、培训讲学等多种方式发挥国际化人才的作用，也可以通过开展海外高层次人才地区行、聘请海外专家兼职顾问等方式，建立与海外高层次人才的关系。柔性引进灵活性较强，可以吸引更多的国际化半导体人才为国内的半导体产业发展服务。

3. 我国半导体国际化人才引进模式展望

我国半导体国际化人才引进面临以下几个问题：

1）对国际化半导体人才的作用存在认识误区。我国半导体产业重点布局地区虽然比较注重国际化人才的培育与引进，但一直存在人员水土不服、不能充分发挥作用、引进和使用成本太高等问题。还有些地区寄希望于一蹴而就产生效果，在短期内引进一小批人，转化几项科技成果。半导体产业的培育发展是一项非常复杂的系统工程，只凭借少数人、短时间的努力，很难见到成效，并且受"柔性"引进方式和服务时间的限制，引进的国际化半导体人才也很难充分发挥作用。

2）缺乏系统性和针对性的引进政策与战略规划。近几年，从中央有关部委到各省区市，从科研院所到高校，都推出了很多引智项目来发展高新技术产业，但缺乏统一、系统、方向清晰、重点明确的引进国际化人才战略，造成各地对国际化人才引进、使用带有临时性和局部性。而且，各地政策出台时间集中、标准雷同、使用方式类似，导致部门、地区、院所、高校之间难以形成合力，条块分割、重复引进和支持等问题突出，在人才引进上还有可能出现"恶性竞争"，人为抬高引进成本和难度。

3）体制机制不够完善。我国目前国际化半导体人才的引进主要依靠政府部门和熟人介绍，各方面的管理制度和市场机制尚不完善，也缺乏明确的准入标准和有效实用的工作技术与方法。如通过网络招聘会的形式，犹如大海捞针，很难找到适合的人才。而通过国际猎头公司引进高端国际化半导体人才，虽然效果很好，但相关费用太高，许多单位无法承受。

引进国际化半导体人才涉及多个部门，这些部门往往各自为战，相互之间缺乏有效的协调，优惠政策的作用难以发挥。此外，缺乏对国际化半导体人才需求信息的采集、汇总渠道，缺乏有效的预测分析和评估制度。

4）重硬轻软。为了吸引更多的国际化半导体人才，从国家到地方都下大力气加大产业载体建设，改善科研环境，积极鼓励创新创业，在"硬环境"建设上下足功夫。但是一些地区除了给予数额较高的一次性补助以及生活上的照顾和安顿外，在人才使用的"软环境"方面则改善较少。实际上真正的人才更看重的是国内的"软环境"能否符合要求。法规不够健全、政策透明度低且落实不到位、企业经营理念和管理方式落后等软环境因素同样紧紧制约着吸引和留住高端人才。

在愈演愈烈的全球人才争夺中，如何吸引更多的国际化半导体人才并充分发挥所长，显得更加重要，几点展望如下：

1）根据国家战略和半导体产业发展的需要，编制国际化半导体人才规划，"理得顺"国家人才需求。

在国家层面上，可根据我国半导体产业发展国际化半导体人才需求现状，编制出台《国家半导体产业利用国际化半导体人才规划》，明确我国半导体产业重点领域、重点行业国际化半导体人才需求的重点、主要任务以及保障措施等。各地区则要根据国家的总体战略布局和要求，结合本地区半导体产业发展的总体要求、重点领域和主攻方向，遵循战略性、前瞻性及主动性原则，制定具有区域特色的半导体人才发展规划，明确本地区国际化半导体人才引进和培育的重点，并以此为基础公布国际化半导体人才供需的详细目录，广泛宣传，畅通海外国际化半导体人才供求信息，以及时引进一批能够突破关键技术、发展半导体产业、带动前沿学科发展的国际化领军人才和研发团队。

2）正确处理政府与市场之间的关系，突出企业的主体地位，"拎得清"国际人才的价值。

在市场经济条件下，利用国际化半导体人才必须发挥市场机制的作用，以一线用人单位为中心，突出企业、科研院所、产业园区等研发组织的主体地位，改变目前政府主导引进国际化半导体人才的状况。政府的主要职能是提供相应政策和制度框架，通过健全引进国际化半导体人才的服务网络体系、完善人才引进渠道、定期更新人才信息、支持人才市场发展等多种方式，为各方组织引进国际化半导体人才创造良好的外部环境，不干预用人单位对国际化半导体人才的选择、引进和使用。市场则为国际化半导体人才资源的流动和配置提供平台，人才中介机构、咨询服务机构等提供国际化半导体人才的相关信息，进行人才的价值认证，促进国际化半导体人才的合理有序流动和优化配置。企业和科研院所、产业园区等组织是利用国际化半导体人才的主体，要根据各自发展的需要，明确急需的国际化半导体人才的类型、数量、专业、技术水准和职业能力等具体要求，并根据用人部门的实际能力和市场行情，制定个性化的国际化半导体人才引进措施以及相关的福利待遇，以吸引国际化半导体人才的进入。

3）搭建国际化半导体人才发展的平台，创新引才制度，"引得进"国际人才。

建立聚集高尖端人才的全球化平台，为人才引进争取主动权；以国家发展需求为导向，进一步完善人才引进政策措施，精准提升引才效率；适当简化人才往返签证等相关程序，为高尖端国际半导体人才提供快捷通道，更策略地鼓励更多优秀国际人才来华发展；充分利用现代传播手段，全面宣传半导体行业的最新人才和技术咨询，打破西方的信息封锁，吸引更多的人才加盟我国半导体产业。

4）根据不同类型国际化半导体人才的不同需要，搭建不同的发展平台，为国际化半导体人才提供发挥作用的空间，做到搭建服务平台，"用得好"国际人才。

探索利用国际化半导体人才的新途径、新渠道、新方式。成立跨部门的统一的国家或重点地区的地方性的"猎头"公司，为利用高端国际化半导体人才提供服务；建立集信息存储、沟通联络、信息为一体的国际化半导体人才数据库，吸纳国际化半导体人才加盟；支持设立各种形式的人才中介机构，充分发挥官方和民间渠道、虚拟市场与实体市场的作用。

5）完善国际化半导体人才服务体系，优化引进国际化半导体人才的社会环境，优化环境服务，"留得住"国际人才。

要进一步完善专业化、特色化、个性化的服务体系，对与国际化半导体人才有关的政务服务进行变革，坚决杜绝每个部门都有不同要求、每一步都有意想不到的"麻烦"现象的出现，为国际化半导体人才提供精细化和便捷性的服务。提供国际化的教育、医疗服务体系和生活环境。甚至可以在半导体产业聚焦区专门开辟一到两个有一定规模的国际化半导体人才生活区，方便国际化半导体人才特别是外籍人士的生活，也使之有一种归属感和熟悉感，从而做到优化环境服务，"留得住"国际人才。

6）探索自主培养高层次国际化半导体人才，"打得开"更大的人才格局。

在加大吸引海外高层次人才的同时，我国必须高度重视本土科技人才的国际化培养工作，尤其是加强对具有创新意识、国际视野和复合型知识的国际化半导体人才的培养。

一是加大对国际科技人才的科研扶持力度。提高半导体人才计划和科技项目的系统性和资助效率，尤其是要为领军型人才团队提供稳定的科研经费保障，继续鼓励外国专家承担我国科技计划项目。

二是构建产学研紧密融合的国际科技人才培养模式。一方面将半导体人才引进、培养与科技创新工作紧密结合，引导国际科技创新及技术型人才更多地流向大学和科研院所，积极促进产学研密切合作，鼓励和促进科技成果转化；另一方面鼓励多方参与、多种模式的办学方式，培养满足半导体产业发展需求的实用型人才和卓越工程师。

此外，还要努力构筑国际化半导体人才培养平台和国际科技合作平台载体建设等。

7.2.2　我国半导体国际化人才培养模式

近年来我国半导体产业的飞速发展，也离不开曾经引入了一批具有专业技术和产业经验的国际人才，基本上覆盖了半导体产业的各个环节，包括设计、制造、封测以及设备、材料、EDA 与 IP 等产业链。这些高端人才在到我国工作之前基本上都有丰富的从业经验，同时大都具备国际顶尖学府的学历和学位。国内这些年在 ISSCC、IEDM、VLSI 等顶级会议上屡见学术成果，也与高端技术人才引入高校有直接的关系。

由于半导体产业具备典型的跨界、跨学科的特性，因此国际化半导体人才的培养对于整个行业来说非常重要，主要的人才培养渠道还是以高等教育和企业培养为主，以职业教育为辅。

目前半导体国际化人才的培养途径主要有以下几种模式：

1）院校通过合作办学的形式培养，这种模式是最主流的国际化人才培养渠道。

2）专班模式，通过领军人物建设专班，力求迅速解决行业的突出问题。

3）产学联合培养模式，通过与企业合作，打通人才培养和就业的最后一公里。

4）政产重点培养模式，当地政府重点投入，打造人才高地，迅速积累资源。

第8章 半导体产业人才培养与发展的思考和展望

半导体产业因其技术、资金、人才的多重密集型产业特征,决定了服务和优化产业生态需要建立稳定的高水平人才队伍。对此,政府端、高校端、行业端、企业端都为引进、留住或培养人才出谋划策,在积极行动。本章将结合各方观点,总结提出半导体产业人才培养与发展的相关思考和展望。

8.1 半导体产业人才培养与发展的现状

8.1.1 人才缺口分析与现状

结合前面章节的介绍,本节将进一步进行人才缺口与现状的分析。

我国半导体产业人才供给主要来源于国内高校培养、高端领军人才引进、社会培训以及企业自主培养等几种方式。

目前半导体产业人才培养缺口的现状主要在于以下几个方面:

1)半导体专业人才培养基数不足。全国 28 所示范性微电子学院,已经成为集成电路人才培养的重要平台,招生人数稳中有升,再加上各地院校集成电路学院、现代产业学院等相继建成,半导体产业人才有望基本实现稳定输出。但实际而言,各项专项培养计划在本科、硕士和博士等培养阶段招生人数以及质量而言,尚无法满足目前产业人才的短缺现状。同时,半导体产业对材料、化学、物理等弱相关专业学生的吸引力较低,对专业人才基数扩大也有一定影响。

2)领军人才缺乏。领军人才,如大项目建设的团队负责人,CPU、GPU、DSP 系统架构师,高端核心芯片的设计总师,制造全流程工艺线的总管理人才等,其需要深厚的专业知识和多次产品试错、技术迭代的经验积累,成长过程至少需要十几年。我国半导体产业的快速发展相对较晚,加上有的企业等不及培养自己的技术领军人才，致使整个行业的领军人才严重缺乏。

3）"塔基"人才的缺失。半导体产业人才还有"塔尖"和"塔基"人才的说法。所谓"塔尖"，是指半导体相关专业内有影响力的名牌高校，以及知名集成电路设计、制造等产业链企业，它们在公众舆论中被想象为半导体人才供求的主体，从而形成一种预设的"场景"，似乎整个产业的人力短缺问题，主要存在于"塔尖"部分，因此诸如"高校为何培养不出顶尖人才""半导体如何与金融、互联网、房地产争抢人才"等相应的议题也相继衍生，其实也并未完全、真正地切中要害。

事实上，半导体产业人才缺口，除了处于"塔尖"人才，制造、封测乃至设备、材料等产业构成的"塔基"部分对人才的需求也更要被关注和重视。

如图 8-1 所示，根据有关人才发展报告，从总量上看，半导体"三业"（即本书所提出的 DMP-Based），即设计业、制造业和封装测试业的从业人员，加上设备材料等上游产业从业人员，设计业之下的"塔基"部分无疑构成半导体产业从业者的绝对主体。这部分从业者，在受教育程度、薪酬水平、工作形态、工作环境、工作内容上，都与"塔尖"部分有着相当大的差异，并不能由设计业所代表。

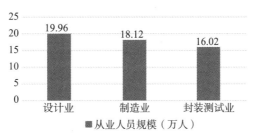

图 8-1　2020 年我国直接从事集成电路产业人员规模图

资料来源：《中国半导体产业人才发展报告（2020—2021 年版）》。

在人力资源开发上，"塔基"部分面临着比"塔尖"更严峻的挑战，据集微咨询在《中国集成电路行业人才发展洞察报告（2020 版）》中提出的观点，半导体集成电路相关专业毕业生对口就业比例低，源于同龄人对高薪白领工作的普遍性向往，难以接受在集成电路这样人才培养周期较长的行业沉淀成长。不过在设计业，由于近年来资本竞相涌入，薪酬水平急剧攀升，许多初创企业工作环境也与互联网 IT 企业趋同，其对本专业人才的吸引力已经大大增强。相比之下，制造、封测等"塔基"部分的细分行业，对人才的吸引力近年来并未出现明显改善。

另据行业资深人士观察并认为，与外界的认知不同，在晶圆制造和封装测试企业，往往一半甚至更高比例的员工属于操作岗，对专业甚至是学历都没有很高的门槛，大专及以下学历员工不在少数，至于专业技术岗位的工程师，则往往根据其负责的工序工艺性质不同，有着化学、材料、机械、统计等其他专业背景，真正来自微电子专业工艺方向的科班生反而很少见。

制造、封测乃至设备材料，本质上均属于以制造职能驱动而非研发驱动，工程师日常工作往往要穿着无尘服，在车间环境中接触各种化学品，工作内容日复一日少有变化，甚至要三班倒上夜班，职业发展需要长期的现场实践经验积淀，薪酬水平也较设计业有明显落差，因此不少工程师会选择跳槽至设计企业，回到体面而又光鲜的"白领"职场。专业人才少、培养单位少、培养周期长以及从业人员待遇偏低是当前半导体设备和材料产业在人才方面的主要问题。

除了这样的跨行业人才流失，随着国内集成电路制造、封测产能的快速扩张，为了填充产线各环节人力，往往还存在不同工厂之间批量"挖墙脚"的现象，进一步加剧了"塔基"行业招人难、留人难的困境。

4）人才争夺激烈，不乏恶意竞争，总体失衡。因缺乏有效激励机制和行业吸引力，高校到产业的人才流失不容忽视。据不完全统计，2020年集成电路相关专业毕业生规模在21万人左右，但进入产业的人才总体比例不高，其中只有13.77%的毕业生选择进入本行业。显然，人才供需也有不小的落差，其余大部分集成电路专业毕业生向金融行业、软件互联网行业的流入仍旧占比不低。"留住"人才和"培养"人才同样重要，目前我国高校培养的人才向产业输送的机制仍有待完善。

由于产业迅速发展，人才缺口巨大，国内企业想尽办法吸引人才，对于人才出现恶意竞争的现象，从而导致了企业用人成本急剧攀升。同时国内半导体行业尤其是集成电路产业领域整体离职率高于正常流动率导致人才供需失衡。

8.1.2 瓶颈

我国半导体产业近年来所取得的成绩得益于国家产业政策、各方才智的努力以及行业人才资源的长期积累，然而人才资源缺口也是目前制约我国半导体产业深入发展的瓶颈。

第一，半导体产业所面临的人才结构瓶颈，突出表现为行业高端领军人才稀缺。

半导体产业高端领军人才并非单纯的技术研发人才，而是能够集成技术创新与产业创新的复合型人才，其对前沿技术发展方向和商业发展模式都能够发挥应有的引领性作用。高端领军人才的形成既是长期科研积累的结果，更需要依托于产业实践积累丰富的隐性经验与商业直觉，两者构成互为反馈的闭环，这与半导体产业高度资本密集型和技术密集型特征是分不开的。技术创新需要产业资本的支撑与验证，而产业发展也为技术创新指明了方向，这决定了高端专业人才难以在单一的科研或产业环境中培养。

客观上，高端领军人才在全球半导体产业领域也属于稀缺资源，对于产业基础相对薄弱且处于后发攀升期的我国半导体产业，高端领军人才的重要性及稀缺性就愈发凸显。国内高等院校、科研院所目前仍然是半导体集成电路专业人才的主要培养地和聚集地，但更多是围绕技术前沿进行探索性创新，传统的科研考核模式使这些专业技术人才主要聚焦于理论成果，更为关注论文专利等形式的产出结果。这种人才培养方式存在两个方面的突出问题：一是缺乏对产业发展方向和技术前进方向的预判；二是所获得的科研成果与产业实践之间存在一定的偏差。高端领军人才供给与产业发展密切相关且相辅相成，受制于产业基础以及当前人才培养体制机制等因素，半导体集成电路高端领军人才的稀缺瓶颈客观上将是一个长期问题。

第二，半导体产业所面临的人才规模瓶颈，突出表现为半导体集成电路专业人才培养规模及供给规模的持续性不足。

如前面相关人才报告显示，2020 年我国集成电路相关毕业生规模在 21 万人左右，且其中仅有 13.77% 的集成电路相关专业毕业生选择进入本行业从业。从全国高校来看，开设集成电路专业的工科院校虽然增多，但进入本行业从业的比例偏低，实质上数量并不多，且培养质量和水平又参差不齐，而同时具备本硕博等完全培养层次的高校更是有限，这就从根本上限制了每年的人才供给规模。这与集成电路专业建设对工程设备及资金投入等基础条件的要求较高有关，专业的开设也具有较高门槛。

此外，半导体产业作为基础性的实体产业部门，具有自身的客观发展规律，其发展过程事实上较为漫长，除个别头部企业，大部分企业的利润创造能力远比不上虚拟经济。以某国内知名企业为例，该企业年报显示 2021 年净利润达到 112.03 亿元，但此前四年则均未超过 50 亿元，2018 年甚至只有 3.6 亿元，与其超过 2300 亿元的总资产相比，不仅利润规模和利润率偏低，而且波动性较大。从我国就业市场景气指数来看，半导体产业的景气指数要明显低于电子商务、互联网产业、金融等，这也导致部分相关毕业生并不愿意进入该行业，加剧了半导体产业面临的人才缺口问题的瓶颈。

第三，高校人才教育与培养的瓶颈。

半导体产业涉及的交叉学科非常多，非常强调多学科的融合以及复合型人才的培养。既要懂半导体原理和相关技术，也需要对电子、信息物理、化学、材料等多学科触类旁通。但是在漫长的一段时间中，半导体产业一直遵循着摩尔定律的概念发展，高校教育也一直沿袭着传统的教学课程和方式。一边追赶，一边改革，不免有许多被忽略或未引起重视的要素。而且随着产业发展进入到新阶段，半导体集成电路的内涵和外延也在不断扩展，高校专业和课程设置的问题也越来越多。

在半导体集成电路人才培养和教育方面，也有不少高校的教师反映过当前国内微电子专业课程体系不完整的问题，比如我国的微电子专业基本没有开设计算机体系架构、通信与网络、媒体处理等方面的课程，但移动互联网时代，这些都是非常关键的知识点，这也让国内的集成电路高校教育走入了瓶颈。

综上所述，席卷全球的半导体产业"人才荒"，同样是我国半导体产学研各界绕不开的课题，从总量上的泛泛之谈到不同业态的区别分析，从脑海里只有重点高校到注重职业教育，对这一课题的认识正在不断深化。随着各方参与者群策群力，我国半导体产业终将破解人才培育这一最根本的发展瓶颈。

8.1.3　短板、痛点和差距

相对来说，半导体集成电路相关专业是涉及面更广的交叉学科，大学教育存在明显的学科教育的短板与学科差别。

1. 大学教育的短板

（1）教材体系的"重男轻女"

以集成电路设计与集成系统专业为例。该专业的大学课程一大半是物理，例如某知名大学微电子专业的核心课程中，与物理相关的有：固体物理学、半导体物理学、半导体器件电子学、量子信息学引论、纳电子学导论等。但是，单有物理并不能学好集成电路，还需要很多其他学科，如电子、数学、化学、机械学、材料学、力学、化工、自动化，甚至生物学等。

同时，半导体集成电路的产业流程也包括了方方面面，如先要功能设计，再要逻辑设计、逻辑综合、仿真验证、设计出芯片，然后还要去流片、测试，中间需要考虑工艺、流程、材料等问题。其中芯片制造需要经过几十步甚至上千步的工艺。这些问题和环节除了理论之外，更需要实践。然而，据有关统计，包括众多双一流在内的很多高校，微电子专业教材都是大同小异的，几十门学科教材的90%以上都是在讲如何设计，而有关大规模集成电路中生产制造方向的教材远不足10%。

或许半导体关键核心人才的培养不是在高校课堂上"高谈阔论"，不是在实验室内"纸上谈兵"，而是在分工明确的产业链流水线作业上既要耐得住寂寞，又要真枪实战，才能铁杵成针。

（2）专业"跟风"、结构不合理

国内部分高校的专业设置存在"跟风现象"，只是因为"集成电路很热"，匆匆设置集成电路专业，并未充分考虑自身的师资和办学条件，也未能面向产业需求有针对性的培养。比如，有的高校教师没有流片经验，还开设集成电路设计专业，这就造成了资源的浪费，而且毕业学生的产业适用性差，会出现毕业即失业的现象。

建议加大专业审核和专业评估的力度，加强对高校设立集成电路相关专业的管理和指导，鼓励优势高校对兄弟高校进行对口帮扶，指导和帮助基础薄弱的高校进行集成电路专业建设和师资培养。

（3）层次结构不合理

高校对半导体产业的基础研究、技术研发以及技术实践操作的人才培养不均衡。实际上，半导体产业链的设计业、制造业、封测业和材料业对人才层次的要求是不同的。例如，以目前行业从业人员学历占比来看，设计业中研究生约占37%，本科生约占 48%，大专生约占 15%，而制造业中研究生约占 20%，本科生约占 32%，大专生约占 48%。

建议不同的高校应结合自身优势和特色，结合面向区域范围特点、各个业态的薪酬水平和学生来源等，找准培养的定位，"不求我有，但求我优"；企业也要逐步改善薪酬，提升企业文化的适应力，当然还需要国家层面给予政策扶持和宏观引导。

（4）产业人才培养要求与实践条件等机制不符

半导体行业的特点决定了需要大量工程人才。半导体行业相关专业学科与一般的工科学科不同，它的工程化要求是极强的。这就导致即使学历教育完成后，不论是本科还是研究生都不是能直接在一线上岗。刚从高校毕业的人才往往不能直接被企业使用，还需要经过 1 年左右甚至更长时间的基础专业技能培训才能实现真正的"上岗"。

由于半导体产业涉及的工具和实验设备昂贵，以及师资稀缺等因素，导致大部分高校毕业生在学校所学的专业知识主要是基础理论，缺乏企业所需的专业技能，培养出来的毕业生与企业实际需求有一定的差距。

此外，在行业内，对科研人员的激励和培养体制机制也不到位，基础支撑条件不够，导致创新型人才不愿从事科研工作或无法充分发挥作用。

2. 培养模式产教脱节的短板

高校的人才培养和产业需求脱节，造成这一局面的主要原因有：一方面，有些高校延续传统的教学方式，不愿意以产业需求为导向进行教学改革，导致企业认为高校培养的学生"不好用"；另一方面，企业又不愿意参与到高校的人才培养中，觉得教育是学校的事情，即使接纳了学生实习或者开设企业课程，最后学生毕业了也未必会到自己公司就业，可能给竞争对手培养了人，出现了所谓人才培养"最后一公里"脱节的现象。

3. 校企合作机制未通、供需未畅的难点

我国半导体产业人才培养在产教融合培养模式中存在严重的"校热企冷"的现象，以及高校师资力量短缺的现象，这是如今我国半导体人才培养过程中较为突出的困难。这主要由于以下四个原因造成的：

1）联合培养计划对学生的去向没有约束力，企业花了钱和时间，却没有办法留住人才，甚至出现为竞争对手培养人才的案例。

2）产教融合定制班的名额往往有限，远远达不到企业的人才需求数量，使得企业觉得杯水车薪，不愿过多投入。

3）集成电路人才培养的周期较长，与企业对人才需求的迫切性不相匹配，因此"远水解不了近渴"。

4）产教融合人才培养的计划和内容与企业对人才知识结构的期待依旧有差距，这是由于一些高校的教学体系相对陈旧，且教师缺乏生产实践的经验，使得学生也严重缺乏实践能力。

目前，高校和集成电路企业合作的双赢路径还未真正清晰，"校企合作"易于流于形式，仓促开始、匆忙结束的局面居多。在产学合作的内在动力方面，高校希望通过产学合作接触行业的最新技术和工具，提升人才培养质量。企业则期待通过校企合作实现包括后备员工的培养、选拔以及潜在新技术和新产品研发等。

目前的校企合作，相当比例还局限于冠名、捐资等形式，更多的企业还将之视为一种品牌宣传、公关手段，实质性的产品研发等合作仍然少见。如何实现校企合作培养的机制畅通、供需通畅，尚待企业、高校、政府等各方合力破解。

4. 产业人才供给侧与需求侧标准不匹配的矛盾

近年来的半导体集成电路相关高校毕业生数量呈逐年递增态势，这在一定程度上能够满足半导体企业招聘的需求；但从质量上看，半导体企业对创新型人才缺口增大，因此企业对高层次或高性价比人才需求进一步扩大，导致就业市场结构性失衡，出现半导体企业"缺人荒"和大学生尤其是相关专业"就业难"并存的局面。这主要是由于高校毕业生（供给侧）的就业质量和用人企业单位（需求侧）的人才标准不匹配造成的。造成这种不匹配的原因主要有：企业人才引进机制不完善导致招聘时企业与大学生存在严重的信息不对称，高校专业课程设置及人才培养方案实践性弱导致大学生就业能力未达到企业标准，以及当代大学生就业观念尤其是对半导体产业发展的认识有待调整等。因此，充分发挥半导体企业与大学生人力资源要素的最大效用，也是解决半导体用人企业"选用育留"问题的关键要素之一。

8.1.4　症结及原因

我国半导体产业发展的核心之一就是构建新型人才培养机制。这需要产业界、科研界、教育界的协同合作。高端领军人才匮乏、基层实操人员理论实践结合薄弱、缺少创新人才，这三者正是导致我国半导体集成电路人才缺口的主要原因，我们从不同的角度来进一步分析其症结和原因。

（1）从高校的角度来看

高校是人才培养和输送的重要通道，半导体集成电路人才也不例外，但培养数量与产业需求仍存在很大差距，培养质量在快速提升，但仍存在上升空间。

各高校集成电路 / 微电子学科名称各异，学科壁垒高，学校和企业存在较大认知差异，以及知识和实践之间的差异。培养的学生和企业操作脱节，还需要经过企业长时间的培训才能正式上手。因此，如何搭建校企融合最后的"一公里"路程成为当前人才发展的重要因素。

首先来看初级人才。以 51job 数据看，如国内某大型半导体设计企业所需的人才，微电子专业占比只有 6%。以某大型集成电路制造企业的招聘信息来看，微电子专业毕业生只占员工数的 10%～20%。其余的岗位需要电子、通信、物理、化学、材料、机电等其他专业的毕业生，因为工艺工程师需要化学与材料等专业的人才；设备工程师需要机械、机电、自动化专业的人才。

这些集成电路之外的专业，国内很多高校都开设，优秀毕业生也很多，但他们之中很少有人了解集成电路，而半导体企业需要的恰恰是这种能跨界的人才。所以，我国半导体产业的初级人才并不十分紧缺，资源错配的主要原因是高校不了解半导体集成电路产业真实的用人需求，无法形成真正的供求匹配。

其次基础创新的人才也最为紧缺，如器件研究、新工艺与特殊工艺开发及半导体材料研发等方面的高级人才。

而如半导体材料专业的学生，就业难、薪水低已是常态。这种局面下，他们纷纷转变职业方向，去学芯片设计或改行别的专业。

（2）从产业的角度来看

一是芯片产品定义的高级人才短缺。目前，我国能深刻理解整机和终端市场需求，能分析整机未来发展趋势、终端市场的预测、竞争对手的发展，还能结合公司技术实力，创新性地去定义芯片的战略人才太少。所以国内的产品大多相似度较高，使得"内卷"现象较为严重。

二是芯片产品线管理的高级人才紧缺。芯片公司最常见问题的就是延期，主因是一颗芯片从市场调研开始到产品上市，环节很多，每个环节都对技术与经验要求很高，要把整个环节串联成一个和谐的流水线，要保证方向、质量、成本、期限等按照计划完成，是非常复杂和困难的事，因此太多公司的产品不断出现延期交付，以至于错过了产品的最佳时间窗口。

三是芯片公司的质量控制高级人才紧缺。由于山寨市场的庞大，国内大多数芯片公司对质量的理解与重视不够。现在山寨市场逐渐萎缩，消费者都开始重视"用户体验"了，芯片企业的质量管理显得尤为重要，特别是想进入高端整机的企业。重视质量人才，是未来芯片设计企业能否崛起和生存的最低要求。

四是芯片公司高级管理人才和 CEO 缺乏。由于芯片技术门槛太高，环节太多，很多资深的工程师只能精通一两个技术，甚至一两个环节，即使他们晋升到了 CEO 的位置，还有相当多的知识短板。特别是技术背景的老总，对于如何管理公司，大部分经验非常欠缺，缺乏基础理论和系统的管理、经营常识。

五是管理跨国团队的高级人才紧缺。随着跨国并购及国内部分较大的企业到海外去设立研发中心，需要以我国团队为主力，去管理可能有大量的外籍员工的海外团队，因此如果缺乏现代化的管理方式、全球视野，将导致效率低下和文化对立。而现实恰恰是我国缺乏既有管理技巧又有全球视野的高级管理人才和企业领袖。

（3）从产业链生态的角度来看

第一，我国的半导体产业链"链而不畅"。半导体产业链包括了EDA（电子设计自动化）、IP（知识产权）、芯片设计服务、芯片设计、芯片制造、芯片封测、半导体设备、半导体材料。这个链条只能把芯片设计并生产出来，但芯片不能直接变成钱，需要整机厂商认可，还要完成最后一步销售。因此，真正的供求关系，是芯片设计公司与整机厂家。我国绝大部分芯片设计公司是中小微型，它们的市场渠道有限，销售力量不够，须借助芯片代理商的力量。然而，行业相关各种政策、组织、会议，基本无视整机厂及代理厂，"主动"隔离了渠道与客户。所以半导体产业拉长产业链，需要把客户及渠道拉在一个链条上，从内心里认同它们的伙伴地位，尊重客户，尊重渠道。

第二，画地为牢、"生态割据"的状态。作为全世界最大的芯片用户，我国一直希望能把国产芯片产业做大做强。各方都在努力，但思路不同，导致目前"生态割据"的状态，整个产业形聚神散现象突出，严重分散包括基础软件、基础研发等开发力量。这种局面必须扭转才能形成在国际上有竞争力的芯片产业。再有，各地的高科技园区及有关科技部门，为更好地服务当地企业，都积极打造一个当地的科技产业生态，不过都只局限在园区或当地，且很多政策也设置了相关有局限性的条件，相对封闭。任何芯片类高科技企业，都需要从全球、全国的人才、技术、市场、资本中寻求支持，都需要从全球、全国去寻找上游供应商、中游合作伙伴及下游客户。所以，工信部提出"打造中国芯生态体系"，我们需要良好的生态体系。

第三，中小微公司和产业"群众"被忽视。各界都关心高端与核心，都想去做高端与核心的技术和产品。然而大部分的芯片从业者做不了这两个领域。只有那些具有特殊资源或规模的公司才能做，要么很有资金，要么很有技术。国家抓高端、抓核心没错，但各种产业政策在地方落地时，应该覆盖更广才合适。目前大基金及各地方基金、有关部门，都盯着国企和已做大的企业，固然这是涉及国家安全的产业布局，但我国的芯片公司中，90%是中小微企业，而市场上需要的芯片种类与型号成千上万，特别是创新的产品，往往产生于中小微公司，因为他们没有退路，更愿意拼命，也更愿意去突破。所以，支撑整个行业繁荣的主力不仅仅是大企业，中小微企业也是基础技术研发与技术创新的主体。覆盖产业需求和生机活力的激发，必然是国企与大公司的龙头带动，以及核心产业链的中小企业、有情怀的群众型公司、产业链上下游的"百花齐放"。

8.2　半导体产业人才培养与发展的思考

8.2.1　解决我国半导体产业现存的人才缺口问题的思考

前面提到，半导体人才的来源途径其实主要就两条：一是自身培养，二是外部引进。

由于我国半导体产业人才缺乏的主要原因之一是人才的供给与产业发展的增速不匹配，因此单纯依托高校或者企业自身培养半导体人才，难以在短期内实现大量人才的快速供给，扭转当前人才需求紧张的局面。特别是分析当前我国半导体产业人力供需状态，除总量不足以外，结构性问题也十分突出，企业对设计研发与工艺制造领域的高端领军人才十分渴求。因此，从外部引进就成为一项非常重要的、改善集成电路人才不足矛盾的有效途径。其实，历史上那些半导体产业进入起飞期阶段的国家和地区，都引进过大量外部人才。这是快速弥补人才缺口、改善人才队伍结构的通行手段。

一家大型半导体企业是由不同人员组成的，包括技术研发、生产制造、生产管理、品质管理与销售、投融资等多个方面，如果扩大到整个产业层面，需要的人才类型就会更多。仅光靠"挖角"是远不能满足需求的。我国半导体产业的发展首先必须立足自身的人才培养，否则根本解决不了系统性的问题。

建议措施是可通过行业协会和产业联盟等组织，形成行业内的规范和约束，制约企业之间对领军人才的恶性竞争，尤其是区域范围内，使有条件的企业注重和加强自己的领军人才培养，为可能成为领军人才的苗子提供优质资源，促进其尽快成长；加大高端领军人才的引进力度，地方政府应制定超常规的政策，吸引有志自主创新创业的人才，其自身作为领军人物，作为"榜样的力量"，可以快速聚集技术骨干和工程师，形成产业和技术高地。

8.2.2　促进产教融合和校企合作对策的思考

针对人才培养"校热企冷"现象，可以通过产业园区搭建产教融合平台或其他形式，如虚拟园区产业大学等方式，把企业、院校和行业协会、团体等各方需求和资源进行整合，在园区产教融合平台上展开合作，帮助各界减少时间、沟通和创新成本。

建议校企双方对此做出调整和改变，高校改变学生的培养计划，根据实际情况适时适地地调整课程和评价体系；企业方可与学校联合培养硕士，共建培训机制，提高学生实践能力，以学生作为校企融合的纽带，缩小校企之间的距离。也可通过专业机构教育培训，以及产教融合等多元化的方式来促进人才的培养和生态建设，这也不失为一种行之有效的途径。

另一方面，尽管在院校层面，近年来已经涌现出诸多如校企合作或企业主导的项目或竞赛，为集成电路专业学生创造了越来越多的实践机会，但从培养学生能力的角度看，这样的集成电路设计项目往往是通过牺牲功耗等指标，做出单项性能纪录以供发表，对工业界意义有限，远不如与研究所或企业的横向课题合作有价值，后者是真正从工程角度解决实际问题，有助于学生的工程思维养成，今后在企业可以快速适应进入角色。

在师资培养方面，师资力量是人才培养的基石，而如今高校集成电路师资力量的短缺，也为人才培养增添了许多阻碍。但由于受到"五唯"（即唯学历、唯资历、唯"帽子"、唯论文、唯项目）评价体系的限制，导致高校难以招聘到掌握多项技能的教师资源，而目前缺乏的集成电路高端产业人才，往往需要进行融合式的培养，即掌握产业链中的多项技能，而不仅仅掌握单一技能。因此，在培养高端领军人才方面也尤为困难。

有高校专家表示，如今高校都在极力呼吁破"五唯"，不只是把论文、专利、承担项目、获奖情况、出国（出境）学习经历等作为教师的限制性条件，这对于集成电路专业而言尤为重要。这是由于集成电路本身是"慢工出细活"的产业，很难在短时间内出创新性的成果，但是若想在高校成为集成电路专业的老师，却不得不与"五唯"进行"死磕"，这也使得很多优秀的人才不愿意回到高校成为老师。而许多高校的老师，也苦于"五唯"的困扰，无法把过多精力放到教学本身上。

在半导体集成电路相关高校教师的破"五唯"方面：首先，高校可以从企业中聘用有研发经验的高级管理人员，甚至退休的研发人员，担任高校教师，这也是美国、日本等半导体先进国家的高校常规的做法。其次，高校应支持青年教师中途停职去参与企业的研发工作，并将其作为专业职称评定的必要条件，从而提升青年教师的实践能力，在教育学生时也能传授更多实操经验，而不仅限于书本知识的讲解。此外，还应当鼓励高校之间的教授兼课，把有限的优质教育资源放大，让更多高校的学生有机会得到优秀教师的经验传授。

高校应积极响应新工科教育改革，打破原有的传统教学方式，探索实践产教融合协同育人新模式，以产业需求为导向，企业参与高校的人才培养全环节，在培养方案制定、课程建设、实习实训和项目研究等环节由校企共同完成，实现校企协同育人的无缝衔接，打通半导体人才培养"最后一公里"。

然而，人才培养是"慢工出细活"的工作，而半导体产业的创新也正是一种工程化的创新，是在不断试错中积累经验发展起来的。这些破解之道很难在短时间内取得跨越式进展，还需一步一个脚印，稳步前行。

8.2.3   应对培养人才"远水不解近渴"的问题的思考

高校是半导体产业人才的稳定源头，社会化培训是快速提升在职人员水平和规模的捷径，企业自主培养是人才成长的长远之计，只有上述三个环节相辅相成地联动，才能更好更快地推动整个半导体产业的发展。

要解决人才短缺的燃眉之急，首先，高校在专业学位研究生的培养环节，就要面向企业需求加大对企业定制培养的力度，通过联合培养、双师制等方式，将源自于企业的研发生产任务作为学生的研究课题，锻炼学生适应产业环境和岗位职责的能力，毕业就能上手；其次，在行业协会和产业联盟的指导下，头部高校和企业应各自发挥专业知识和工程技术的优势，肩负起对在职人员培训的任务，通过非学历教育，快速提升在职人员的专业基础和专业技能，打通相关行业工程人员的转轨通道；再次，探索立足产业园区的区域性大学为抓手，以开放、共建、合作、多赢为主要理念，以面向区域产业，解决产业人才"最后一公里"等需求为己任，为企业人才与产业发展赋能的产教融合、校企合作新模式；最后，企业应有计划地选派重点培养的技术骨干和领军苗子到优势高校和国家研究机构进行访学交流，并做好管理和经营、素养等知识更新和技能提升的培训，修炼内功，提升其可持续成长的理论功底和对前沿领域的敏锐度与前瞻性。

8.2.4   加强国际交流与合作，共同培养人才的思考

半导体产业人才的培养，也应采取国内外双循环的策略，鼓励高校通过本科和研究生中外合作办学项目，与国外该领域的知名高校密切合作，引进国外优质教学资源和师资力量，"不求所有，但求所用"，加快高层次半导体人才的培养进程；鼓励高校探索创办国际校区，以全新的模式全面开展国际合作，以专业群、学科群建设为抓手，成建制地培养具有国际化视野的半导体产业高端领军人才。

8.2.5   培养高端领军人才的思考

第一，加快加强集成电路科学与工程一级学科建设。在国家统一布局之下，充分发挥各高校的学科优势，建设"一校一特色"的集成电路交叉学科，进而构建"特色化、差异化"交叉学科的高校集群，全面提升我国集成电路学科的科学研究和人才培养水平。

第二，以"新工科"教育理念为指导，开展本科新工程教育改革。在注重数学、物理和专业核心课等"看家课程"的基础上，通过项目式、挑战性课程体系的构建，加大实验实践环节的比例和深度，开展工程知识、工程能力、工程素养

的综合训练，为学生成长为高端领军人才打下坚实基础。

第三，建设集成电路产教融合创新平台，为半导体人才培养提供条件保障和支撑。集成电路专业的人才培养需要设计、工艺和测试等实验平台，传统的教学实验条件不能满足高质量人才培养的需求，高校本身也很难有足够的经费投入芯片专业实验室的建设。通过在产业聚集区域的优势高校建设国家和省部级集成电路产教融合创新平台，可以快速提升芯片人才培养的实验和研究条件，并为本区域高校提供支撑，集中力量办大事。

第四，加大产业优秀人才的引进力度，提高高校师资队伍的国际化、工程化水平。地方政府应制定更有针对性的芯片产业引才聚才政策，鼓励有志于教书育人的高端领军人才以全职或兼职的方式到高校任教。高校应打破传统的人才引进机制，坚决"破五唯"，不拘一格，引进业界有丰富工程经验的资深工程师，让他们在教学科研一线将先进的工程理念和技术传授给学生，真正做到"名师出高徒"。

8.2.6 用人企业在"选用育留"方面的思考与建议

我们参考了爱集微、薪智平台、猎聘网、科瑞国际等相关机构的报告和数据，为半导体用人企业"选用育留"人才提供一些参考和建议。

1. 企业应健全人力资源管理制度和机制，合理配置人才和岗位构成

在人才的选拔、开发、保持和利用等方面引入相关有效和高效机制，必要时进行适当变革，并遵循成本－收益原则，采取最适合企业的战略，储备更多优质的人才资源，实现企业可持续发展。

2. 企业应该树立正确的用人观，健全员工培养机制

应克服困难，注重内外部因素的调整与调配，主动积极与高校合作，进行校企合作的探索与实践，同时要适当放宽招聘标准，改变以往只招收"211"、"985"或"双一流"院校毕业生的规定，探索更适合企业选人与用人的创新方式和方法。此外，企业还应健全就业保障机制及员工培训机制，充分保障员工自身利益，进而提升员工对企业的认可度和忠诚度，更好地服务于企业，为企业可持续发展而努力。

3. 企业应建立人才数据库，有效降低信息不对称

半导体企业对高质量人才的需求不断增加。然而在招聘过程中，存在众多主观或客观因素导致 HR 没有充足的时间去全面了解应聘者，容易错过优秀的人才。同时，由于信息传播渠道不完善等原因，高校毕业生无法及时准确接收到企业招聘信息，导致企业与大学生之间存在严重的信息不对称。这既不利于企业人才招聘，也不利于大学生就业求职。因此，企业要建立健全人才数据库，主动与高校合作，不断吸收高校优质人才，为企业储备充足的新型优秀人才。

4.在招聘阶段要实现内外部对齐

（1）内部对齐

校招 HR 和用人部门先进行沟通，对齐校招的招聘岗位和用人标准。通常校招 HR 负责把控候选人的核心素质和行为能力，而用人部门确定所需专业知识、经验和技术能力。

通过内部对齐制定出最终的校招人数、精确的岗位分析、清晰的选拔标准和形式，选择合适的校招渠道和人才筛选工具。

（2）外部对齐

接下来就是校招 HR 按照与用人单位对齐后的招聘需求，去匹配合适的院校来进行招聘。通常有四种方式来锁定招聘的目标院校。

1）根据用人部门要求确认。根据用人部门提报和确认所需岗位的专业要求来确定目标院校。把招聘需求进行职能分类，比如营销储备方向、职能类方向、视觉设计方向、财务方向、技术研发方向等。

2）根据人才盘点分析确认。根据企业内部的人才盘点报告，分析现有的某个岗位的员工的毕业院校和所在专业的相关数据。这样既可以分析这个院校培养人才的效果，还可以邀请企业内部员工回母校进行演讲，对学生来说关系更近，易于招聘。

3）根据校招历年数据分析。根据企业历年的校招数据，查看校招生历年的保有率、毁约率、到岗率，根据数据来选择高校。

4）根据目标院校划分。初步确定好了目标院校后，可以按照重要程度等级进行划分，以最少的资源精准投入到校招活动中，合理规划校招路线。

5.重视求职者、在职者重点关注的指标，及时做出调整

很多白皮书、人才报告中都会提到求职行业偏好、岗位选择偏好、获取求职信息渠道偏好、签约决定因素偏好等重要信息，企业人力资源部门、负责人要重视此类相关信息，并及时做出相关调整，以便在选人用人时"对症下药""对人定策"。

（1）年终奖、"特殊"福利的工作体验

据相关报告，在职场人普遍关注的年终奖方面，近 8 成集成电路从业者有年终奖，电子半导体 / 集成电路行业较全行业相比更具优势，除了年终奖之外，集成电路行业内的公司也为员工带来了更好的"特殊"福利，如免费茶歇、节日奖品、员工活动这类较为基础的福利，还有企业年金、家人医疗保险、免息住房贷款这类较新型的福利。

（2）公司的硬件设施、食宿条件

当下，职场人对于公司的硬件设施要求普遍较高，从全行业来看，有高达 58.8% 的职场人表示对公司各项硬件设施"都不满意"，而半导体集成电路男员工对公司食宿更满意，这一比例为 53.3%。整体来看，16.3% 的电子半导体 / 集成

电路职场人认为"班车免去上下班劳顿",明显高于全行业 8.2% 的平均水平。

（3）工作时间及工作日安排

39.1% 的电子半导体/集成电路职场人每天工作 10 小时以上，而全行业每天工作 10 小时以上的职场人占比为 25.4%。说明电子半导体/集成电路行业整体工作强度更高。但是，调研发现，集成电路行业的周末加班情况好于全行业，表示周末偶尔需要加班的占比最多，约 4 成，与全行业基本持平；而表示周末"频繁加班"（17.5%）和"周末即是工作日"（15.4%）的集成电路受访者比例均低于全行业；周末不需要加班的集成电路职场人则占比 17.2%，高于全行业的 12.9%。值得一提的是，选择"自愿加班"的集成电路受访者占比 9.8%，明显高于全行业3.8% 的平均水平。行业向好的发展前景或一定程度让员工产生了更高的工作热情和动力。

（4）职场发展规划的重要性

职场人的发展规划同样与行业前景密切相关，有 38.5% 的集成电路从业者想跳槽去其他公司，在选项中排在第一位，高于全行业 30.2% 的水平。而想转行的从业者占比仅为 17.2%，明显低于全行业的 29.3%，并且也低于高技术制造业（23.8%）、生物医药/医疗（20.4%）、新能源（17.3%）等新兴行业，但半导体行业对较资深技术人才"留才"因各方面条件、待遇满足度较高，所以效果较好。

（5）行业发展的教育、影响与实际潜力

虽然电子半导体/集成电路是技术密集型行业，对从业人员的专业适配性要求较高，但是从调研数据发现，在问及入行原因时，29.6% 的集成电路职场人选择了"看好未来发展前景"，比例与"听从家人、朋友建议"相等，排在首位，其次是自己喜欢、感兴趣（22.2%），之后才是专业对口（21.6%）。而从全行业来看，选择专业对口（32%）的职场人占比最高。看好行业前景的则不到 2 成。这表明，相比全行业的职场人，行业前景和个人兴趣对集成电路人入行的驱动力更强，或一定程度上更有利于激发从业者的工作热情。

在被问及"影响一个行业未来发展前景的主要因素"时，72.5% 的电子半导体/集成电路职场人认为国家政策最重要，排在首位。其次是"国际环境"，占比48.8%，高于全行业的 41.4%。由于一些国家发起"芯片战争"，对电子半导体/集成电路等"卡脖子"技术加大限制，对行业影响较大，身在其中的从业者对此感受更加明显。此外，选择"技术是否进步"的集成电路人占比 42.6%，排在选项第三位，这一比例较全行业高出 10 多个百分点，从侧面体现了技术对电子半导体行业发展的重要性。

技术的迭代、政策的支持与引导、市场的勃发，都使电子半导体/集成电路行业迎来新的发展机遇，以充满活力的姿态持续发展。与全行业相比，电子半导体/集成电路行业在薪资方面、工作环境上更有优势，尤其是技术岗位发展潜力大。企业要充分利用行业发展良机，通过各种招聘渠道宣讲行业信息，宣传相关政策、经济形势等，并借助视频面试、直播招聘等多种方式，触达有志于进入电子半导体 / 集成电路行业的求职者，与求职者建立联系，并告知第一手岗位信息，让企业求人与求职者求职的距离、理想职位的相互选择更近一步。

8.3　半导体产业人才培养与发展的展望

8.3.1　建立科技强国目标下半导体人才战略与政策、治理路径的展望

实现科技强国，一定是注重科技人才培养、人才引进和人才使用。未来能够支持人工智能、量子计算等新兴高精尖技术发展的，必然是一个完备的、领先的半导体产业链，更是一个科学、有效的中国科技人才战略。

半导体产业和科技自立自强不仅要关注半导体集成电路核心技术创新，更要关注相关人才体系的建立供给。具体来说，坚持科技、教育、人才三位一体协同推进，实现人才"需求 – 供需匹配 – 供给"环节的有效连接，弱化参与主体边界，实现共同发展机制。

要制定对人才大胆使用、善于使用的激励政策，对于国际化人才引进力度更是要持续加强。要站在半导体战略性发展的视角下，从半导体人才培养的政策层面来看，要通盘考虑，均衡发展。

1.实施以创新价值、能力、贡献为导向的人才评价制度

1）进一步探索半导体行业内分配机制的创新，建立重能力、重贡献、重实绩的收入分配制度。

2）积极探索政府奖励、单位奖励、社会奖励等多渠道融合的激励机制，推行市场化高层次领军半导体人才激励制度。

3）关注高层次半导体人才软环境建设，创新政策设计，解决高层次半导体人才工作与生活的后顾之忧。

4）建立科学明晰的人才评价制度，推动技能人才常态化认定，通过突出操作和实践的多维度人才评价体系建设，激发年轻半导体产业从业人员钻研核心技术能力，明确行业内人才的能力迭代方向与机制。

2.继续加强半导体集成电路专业人才培养的政策引导展望

高校仍然是集成电路专业人才培养的主阵地，稳步推进高校集成电路人才培养规模与质量提升，是解决集成电路人才短缺和供给瓶颈的根本对策。应在总结国家示范性微电子学院成功经验案例的基础上，推动示范性微电子学院进一步扩容，适当扩大专业招生与培养规模，从政策引导、资金支持等方面，激励更多高校加快推进专业建设。

3.基础素质与实践素养协同推进，积极提升高校院所集成电路专业人才培养

质量的展望

要深化交叉融合的人才培养方案建设，未来的人才培养应围绕集成电路科学与工程一级学科建设，减少高校课程培养体系与行业实际操作之间的差距。例如，对标产业发展需求，分类融合多学科知识与教材，打造一流的模块化教学模式；大力引进半导体产业人才进入师资队伍，强化放大"集成电路科学与工程"一级学科设立的意义与带动作用。

在基础素质方面，应及时总结示范性微电子学院的人才培养经验，加强集成电路基本教材编制，形成可供推广复制的培养方案范本，助推集成电路人才培养质量的提升。与此同时，应紧密结合当前高等院校新工科、新理科、新文科建设，加强数理化基础专业与集成电路专业的协同发展、融合发展，推动商业思维通识教育，着眼于高素质人才培养的长远目标。

在实践素养方面，应统筹多方资源，采用多种形式，积极推动集成电路专业形成产教融合、校企联合的培养机制，着力培养具有产线经历的专业人才。如目前有些半导体企业向高校提供免费流片的合作计划，有利于高校带来新的产学研机会，还能够帮助学生掌握工艺流程，也有利于厂商不断改进工艺水平，实现多方共赢。在梳理相关做法经验的基础上，可以考虑通过税收抵扣、科研专项支持等举措，积极鼓励支持更多半导体企业参与到免费流片计划。

4.建设新型集成电路人才培养平台及相关机构的展望

重点在于细化教育界、产业界和科研界的三方协同共赢路径。

（1）开展集成电路产学研融合机制的试行

共同细化落实专业学生的教学团队、课程体系、教材编写及培养目标的制定。依托国家重点项目，共建实习实践实训平台，实现多方资源的整合。同时厘清协同机制，实现院校、企业之间的人才柔性流动。

（2）构建多层次实践教学体系

充分利用国家职业培训机制，实现相关院校学科知识布局和课程体系设计，建设一流项目化课程资源，实现相关院校的科研教师团队与行业技术应用实操人才的能力互补。

（3）提前布局集成电路人才的社会培养实践平台

提前布局交叉融合育人平台，提供跨区域、跨产业链和跨企业的从业人员交流平台，统筹各类院校、企业等各地资源，保障相关专业学生获得实训及系统学习的机会。通过共建联合实验室、联合基地等合作模式，开展长期化、网络化专业人才实践培养机制建设与运营。此外积极拓展相关行业知识的在职培训，完善行业资格认证标准，吸纳更多相近专业人才投身半导体行业重点技术领域的发展。

（4）建立集成电路人才与产业促进中心

借鉴成功经验，美国大学对于美国的半导体产业技术发展起到非常重要的作用。1982 年美国成立了 SRC（美国半导体研究联盟）。SRC 通过鼓励原始创新，紧密结合企业需求，公益性地提供芯片研发的必要服务，解决了半导体技术发展中很多核心技术，我们也可以借鉴一下 SRC 的经验，成立我国半导体集成电路人才与产业的促进中心，整合企业与高校的资源、信息渠道、人才培养满足产业的发展。

（5）缓解供需空间错配，提高人才资源配置效率的展望

一方面，要对半导体产业布局进行必要的宏观统筹，把握半导体产业高资本和人才资源投入的基本特征，优化产业空间布局，重点围绕科教和人才资源丰富地区推动半导体产业共生集聚式发展。对于过去形成的但科教和人才资源相对稀缺的重要半导体产业基地，应鼓励集成电路专业科研机构异地举办研究院或教学机构，形成产教融合、供需匹配的人才培养模式。

另一方面，应充分发挥数字技术的作用，国家要加强科技人力资源体系化平台建设，通过大数据挖掘等数字技术分析对接企业需求与市场供给，编制半导体紧缺人才目录，摸清并动态同步掌握产业岗位紧缺状况，探索构建跨区域、泛区域的集成电路专业人才数字化服务平台，提供人才信息发布、人才政策查询、人才工作办理等一体化服务功能，有效破解人才供需空间错配问题，提高人才资源配置效率。

建设产业需求侧的数字化平台，编制行业技术与产业发展紧缺人才动态清单，重点包括：

1）编制半导体紧缺人才清单，包括紧缺级别分布、紧缺岗位画像、需求企业情况、岗位工薪分布、技能图谱等。

2）加强岗位紧缺度指数设计，区分流动性紧缺、供给性紧缺、一般紧缺、小规模供给性紧缺。

3）开展人才现状评估和需求科学预测，从经济、社会发展的高度，通过前移回归分析、深度学习等研究方法更精准地预测人才需求趋势。

（6）积极引进与存量提升并举、扩大高端领军人才引进力度与规模的展望

领军人才特别是高端领军人才缺乏，是当前亟需解决的突出难题。当前阶段，集成电路高端专业人才队伍建设，应采用积极引进与存量提升协同推进的举措。

具体而言，应全景绘制半导体产业人才导航图，构建规模适度的高端领军人才数据库，依托重点企业和平台企业，一人一议，一团队一议，力争在相关专业技术领域组建具有领先水平的创新团队。

要加大海外高层次人才的引进力度，锤炼和培养芯片行业"帅才""将才"。

吸引高端专业人才，应注重人才生态环境的优化及制度创新，着力推动商居环境的规范化与便利化。要注重人才发展"软环境"和"硬环境"的建设，通过人才引进和人才培育的"双板斧"提升产业高层次人才的保有率。例如，为国际

高端领军人才的引进创造有利宽松的环境，在更大范围、更广领域、更高层次上吸引包括非华裔在内的国际集成电路重点技术领域人才，建设分层次、多梯队的国际人才队伍和合作平台，形成真正具有核心技术攻坚能力的集成电路人才体系化建设。

此外，积极扩大高端领军人才规模，还应做好存量提升的文章，通过开展在职研修培训、推进校企合作对接、创办技术与产业发展论坛等制度化举措，为半导体产业人才的知识更新与技能提升创造有利条件。

（7）防止金融资本无序扩张、保障人才供需稳定的展望

受数字经济发展以及外部环境变化的影响，资本市场对于半导体产业过度关注，在产业利润增长有限的背景下，只能通过资本炒作与资产泡沫化来满足金融资本逐利的目的。大量初创企业的关注焦点在于潜在市值而非利润创造，有些企业甚至仅有概念而无实际产品，为了达到资方所要求的快速扩张并尽快上市的目的，在人才供给限定的情况下通过高薪在短期内大量招聘人才，由此带来的后果就是对集成电路专业人才供需格局造成显著冲击，加剧了集成电路企业所面临的人才缺口。

实现集成电路人才供需匹配，应从宏观层面上构建半导体产业长期发展战略及技术路线图，明确产业发展方向、路径与重点领域。依托国家层面规划发挥引导作用，带动半导体产业稳步持续发展，尽可能避免金融资本无序扩张导致的"脱实向虚"及"资产泡沫化"对产业发展造成负面冲击。长期稳定发展预期的形成，也将会进一步保障集成电路专业人才培养与供给的持续性与稳定性。

8.3.2 从产业融合角度对于人才培养的展望

以下这几个方面值得关注：

一是注重长期，借鉴国外成功经验，产学研需要长期紧密合作，一体化协同创新。以 16nm 的光刻图形技术为例，这项技术由美国 SRC 资助四所美国大学进行长达 12 年的研究。这种细水长流的长期投入，助力美国产学研一体化协同创新，由商业公司通过收购、知识产权转让等多种形式实现技术的产业化。

二是注重实训，建立集成电路产学研融合协同实训平台，为各高校提供更好的教学实践条件，提升集成电路领域人才工程实践能力，将平台建设成为学生创新创业的实训基地与孵化器，缩小高校人才培养与企业用人需求间的差距。

三是注重对口，推动校企深度合作，人才供需两侧充分对接，积极引导高校的毕业生更多进入本行业从业，培育一批具有工匠精神的人才队伍，鼓励高校教师前往企业挂职锻炼，增强实践能力。

四是注重政策引导，政府作为企业和高校等科研单位沟通的桥梁，可以投入资源促进产教融合、鼓励社会培训，为企业和高校留住人才出台政策，如加大集

成电路海外高端领军人才吸引和保留。高校也应当发挥集成电路一级学科的优势，主动对接国家战略和经济需求，培养人才在学习书本知识的基础上，提升实践能力，了解产业技术的发展与进步。多方资源的整合，才能建立企业间人才合作平台，规范人才流动机制，为更好促进人才流动和优化配置提供服务。同时高校作为人才的孵化场，在培养半导体行业人才的过程中，要注意针对性、融合性，不能闭门造车，及时了解需求，培养"高中低"三层次的优秀人才；加强与用人单位的沟通，可以与企业合作承担一些横向课题，理论实践相结合，进一步提高学生能力。在学科的设置上，不仅要解决有无的问题，还要解决适配性的问题，多调研、多加强联动。

8.3.3　从企业人才"选用育留"角度对于人才的展望

根据相关白皮书及调研报告显示，人才离职的主要原因有三点：

一是薪酬待遇：行业间竞争激烈，企业之间互相挖角，加之制造业受产能扩张影响来不及培养人才，不惜以高薪争夺人才（30% 以上）。

二是家庭原因：生活配套和子女教育是导致人才离职的主要原因，大量人才流向以"高薪＋落户"政策吸引人才的城市。

三是职业前景受限：半导体集成电路产业人才成长周期较长，技术类人员未来的职业发展受到一定制约，对于优秀人才的吸引力逐渐减弱。

在过去几年行业快速发展后，加上目前的半导体下行周期的到来，如今行业已经渐渐回归理性，企业用高薪手段进行挖角快速成长的现象也会逐渐减少。行业里已经能客观理性地评判人才的价值，这对行业健康发展来说，是一件好事。

有业内人士预测，未来十年内，整个行业将有更多的基层人才进入，行业规模将不断扩大。同时，高薪挖角的行为依然是存在的，这也是引进和留住高端领军人才最基本的手段。未来数年内高端领军人才薪资仍将是大幅上涨的状态，而随着更多的半导体从业人员进入，基层人才可能会逐渐回归"理性"。

企业人才的"选用育留"，可以简单归结为引进人才、留住人才以及培养人才。在留住人才方面，一般来说取决于三个方面，即工资待遇、工作的吸引力以及工作环境的协调性和安全感。将这三个层次做好，才能让高端领军人才安心并愿意留下。

引进人才可以从薪酬、股权等措施入手，而留住人才便是从生活家庭配套、人才政策等方面去努力，而最后的培养人才会是最终整个半导体人才策略的归宿。

客观来说，国内半导体行业人才不足，本土培养出的人才更是少之又少。既缺乏领军人才，又没有足够的基层人才。对于基层人才的补充，随着国家政策扶持，未来各高校将加大培养相关人才的力度。

对于高端领军人才的薪酬问题已经得到解决，工作吸引力对于从事半导体行业数年的高端领军人才来说也算不上问题。部分企业为了提高工作吸引力，也给予了高端领军人才一定的公司股票，以对他们进行激励。

至于工作环境的协调性与安全感可以理解为家庭原因，包括工作地的生活配套和子女教育问题。例如，解决高端领军人才子女的教育问题，以解决员工的后顾之忧。并且与高端领军人才签订长期住房协议，例如居住 5 年以上可将房产赠予高端领军人才，让高端领军人才感受到企业的真诚、政策的实实在在。

我国半导体产业要逐步迈向"自主可控"，其中缺乏人才，尤其是领军人才是个关键因素，高端领军人才在任何国家和地区都是稀缺资源，仅仅是优厚的薪资待遇其实并不足以打动这样的人才。这需要国家能出台相应的整合性政策，解决领军人才的后顾之忧。因此必须有计划地同步改善，但是它涉及诸多结构性矛盾的解决，如教育改革、诚信体系及人的素质提高等，所以需要时间。然而只要方向正确，相信在人才政策制定以及变革、落地的过程中，人才问题一定能得到妥善解决。

在人才的培育方面，产教融合会是未来培养半导体行业人才的最重要途径，同时也是填补人才缺口的长远之计。对于高校来说，应该以培养社会或者产业需要的人才为目标；对企业来说，利用好高校资源，主动合作，给予高校工程教学项目指导；对政府来说，出台相应政策，支持、引导产教融合，鼓励高校与企业的合作。

8.3.4　从高校教育角度的展望

培养人才本身就是一个阶段性和长期性的工作，并不是早上撒种浇水，晚上就能结果，而半导体产业也是一个要"冷板凳坐足"、要更"耐得住寂寞"的产业，无论是人才教育还是产业及人才投资，都要有足够的耐心和恒心，激进、速成都难以得到最优结果。

如今，高校教育的变革还在稳步推进中，早期的示范性微电子学院建设以及相关人才基地建设也小有成果。这是一个循序渐进的过程，一批优秀的半导体人才从校园输出到社会，或者回流到学校，才能有第二批乃至后续更多半导体专业和精英人才，去反哺高校教育的人才培养和产业发展。

另外，关于产学研的结合，虽然目前仍在推进中，但鲜有成果出现，被更多期待的同时也成为经常被诟病的一点。其实我国不少专业都存在专业教育与实际应用、产业发展脱钩严重的问题，但半导体人才培养和教育的性质决定了纸上得来终觉浅，绝知此事要躬行。

产、学、研的三位一体，是普遍的共识，高校和企业乃至政府、行业的参与和合作，不是拉横幅签字拍照，而是真正落到实处，以己之长补他人之短。但冰冻三尺非一日之寒，细化到每个领域，都有无数的细节问题要逐一解决。

参考文献

[1] 张卫. 一路"芯"程——集成电路的今昔与未来 [M]. 上海：上海科学普及出版社，2022.

[2] 谢志峰，陈大明. 芯事：一本书读懂芯片产业发展史 [M]. 上海：上海科学技术出版社，2018.

[3] 王迎帅. 芯知：大变局下的半导体集成电路产业剖析 [M]. 上海：上海科学技术出版社，2023.

[4] 冯锦锋，郭启航. 芯路：一书读懂集成电路产业的现在与未来 [M]. 北京：机械工业出版社，2020.

[5] 中国半导体行业协会. 2021 年中国集成电路产业运行情况 [R].

[6] IC Insights. The McClean Report[R].

[7] 国家职业技术技能标准　集成电路工程技术人员（2021 年版）[S].

[8] 尚滨鹏. 浅谈通信发展的历史现状与未来 [J]. 科技展望，2016,26(16)：40-43.

[9] 曹洁漪. 智能卡市场分析 [J]. 计算机光盘软件与应用，2013,16(5)：37-38.

[10] 熊皓辉. 浅谈计算机系统集成的特点及发展趋势 [J]. 信息记录材料，2020,21(7)：27-28.

[11] 袁茂峰. 低价多媒体芯片受宠电子阅读器市场 [J]. 上海信息化，2010(7)：52-54.

[12] 阴志华. 中国多媒体芯片 10 年发展之路 [J]. 数字通信世界，2009(2)：26-27.

[13] 马智伟. 北斗导航发展步入黄金期推动芯片国产化 [J]. 集成电路应用，2015(2)：26-27.

[14] 李薇. 消费电子领域的中国角色 [J]. IT 经理世界，2015(9)：72-74.

[15] 科锐国际. 2022 人才市场洞察及薪酬指南 [R].

[16] 中国日报网. 产教融合协同育人 高质量发展需破局集成电路产业人才短缺困境 [R].

[17] 2022 年中国大陆集成电路设计人才需求报告调研组. 2022 年中国大陆集成电路设计人才需求报告 [R].

[18] 邓子立. 我国集成电路产业人才发展现状、问题及建议 [J]. 中国人事科学，2021(7)：66-73.

[19] 安谋科技，芯谋研究. 2022 芯片设计业人才市场趋势 [R].

[20] 蔡蕊，郭志琼. 企业人才需求与大学生就业匹配机制研究——基于供给侧结构性改革背景 [J]. 经济研究导刊，2019（19）：185-186,195.

[21] 智联研究院. 电子半导体 / 集成电路人才需求与发展环境报告 [R].

[22] 猎聘. 2022 年半导体行业研究报告发展现状及趋势、中高端人才数据及人才招聘策略与建议分析 [R].

[23] 前瞻产业研究院. 2021 年中国 31 省市人才政策对比及效益评价深度分析报告 [R].

[24] 猎聘大数据研究院. 2022 半导体中高端人才报告 [R].

[25] 中智咨询 . 集成电路行业人才管理研究报告 [R].

[26] 北京半导体行业协会 . 我国各省市集成电路产业政策汇总 [R].

[27] 郜小平 . 一文详解：新政出台后国产半导体行业要如何乘风破浪？ [R].

[28] 中国集成电路产业人才发展报告编委会 . 中国集成电路产业人才发展报告 (2020—2021 年版)[R].

[29] 王阳元 . 集成电路产业全书 [M]. 北京：电子工业出版社，2018.

[30] 赵巍胜，尉国栋，潘彪，等 . 集成电路科学与工程导论 [M]. 北京：人民邮电出版社，2021.

[31] 全国专业学位研究生教育指导委员会 . 专业学位研究生核心课程指南（试行）[M]. 北京：高等教育出版社，2020.

[32] 中芯国际 . 2021 年中芯国际环境、社会及管治（ESG）报告 [R].

[33] 猎聘网 . 2022 半导体行业中高端人才报告 [R].

[34] 前程无忧 . 2021 年 Q1 集成电路 / 半导体市场供需报告 [R].

[35] 科瑞国际 . 2022 人才市场洞察及薪酬指南 [R].

[36] 人力资源和社会保障部，工业和信息化部 . 国家职业技术技能标准　集成电路工程技术人员（2021 年版）[S].

[37] 潘庆中 . 国际人才引进、激励、融入战略探析 [J]. 人民论坛·学术前沿，2021（24）：33-41.

[38] 中国电子报 . 探秘新加坡电子业：国际化人才战略促发展 [R].

[39] 集微咨询 . "展望 2020"半导体行业的人才攻防：顶尖人才流失，如何破局？ [R].

[40] 黄莉，薛巍 . 我国引进国际化人才存在的问题和对策 [J]. 党政干部学刊，2016（2）：44-48.

[41] 任孝平，迟婧茹，孟繁超，等 . 以色列引进、培养和使用国际科技人才的经验及启示 [J]. 全球科技经济瞭望，2022，37（8）：47-53.

[42] 汤美芳 . 浅谈国际化人才的培养与引进 [J]. 当代社科视野，2012（7-8）：36-39.

[43] 陈川 . 韩国产学研携手培养半导体人才 [R].

[44] 胡玥，吕清花，李劲，等 . 集成电路学科建设与人才培养模式的国际化战略分析 [J]. 集成电路应用，2021，38（9）：23-25.

[45] 集微网 . 国际半导体人才攻防战：中国应最大限度"应引尽引"、"能引则引" [R].

[46] 集微职场 . 中国集成电路行业人才发展洞察报告 [R].

[47] 集微职场 . 中国集成电路行业热点城市薪酬报告 [R].